田晓林 著

金融市场发展及投资机会

The Development of Financial Markets and Investment Opportunities

中国社会科学出版社

图书在版编目（CIP）数据

金融市场发展及投资机会/田晓林著．—北京：中国社会科学出版社，2016.6

ISBN 978－7－5161－7614－6

Ⅰ．①金…　Ⅱ．①田…　Ⅲ．①金融市场—研究—中国　Ⅳ．①F832.5

中国版本图书馆 CIP 数据核字（2016）第 025292 号

出 版 人	赵剑英
责任编辑	侯苗苗
责任校对	张　英
责任印制	王　超

出　　版	中国社会科学出版社
社　　址	北京鼓楼西大街甲 158 号
邮　　编	100720
网　　址	http://www.csspw.cn
发 行 部	010－84083685
门 市 部	010－84029450
经　　销	新华书店及其他书店

印刷装订	三河市君旺印务有限公司
版　　次	2016 年 6 月第 1 版
印　　次	2016 年 6 月第 1 次印刷

开　　本	710×1000　1/16
印　　张	18.75
插　　页	2
字　　数	292 千字
定　　价	69.00 元

凡购买中国社会科学出版社图书，如有质量问题请与本社营销中心联系调换

电话：010－84083683

目　录

探索内生增长模式
提高产业竞争力[①]

在探索国内产业发展轨迹时，我们需要一些新的视角。众所周知，中国经济在 2003 年之后，出现了新的增长。但仔细分析就会发现，这些增长主要是由基础性产业和高额投资推动的，其中尤其以银行借贷资本发挥的作用为大。同时有证据显示，中国的万元 GDP 资源消耗系数远远高于世界平均水平。宏观调控的主要着眼点是控制供给、控制源头，如收缩银行信贷、控制土地供应、停止行政审批立项等。这些手段会在短期内收到使过热的经济数据下降的作用，但不是提高整体经济效率的有效方法。

保持经济长期稳健增长的唯一手段是竞争优势。竞争优势产生于两个方面，一是产出，二是效率。考虑到就业问题的压力，中国的宏观管理政策经常会照顾到劳动密集型产业的发展。但其实劳动密集型产业扩张的半径非常有限，而资本和技术密集的产业，由于技术外溢而产生的报酬可能有递增的现象。实践证明，以报酬递增为主要特点的内生增长模式是维持产业长期竞争力的一个重要条件。

内生的经济增长从何而来？只能靠人力资本的长期积累和技术外溢，而人力资本的积累是从对技术的研发、创造和革新中来的。如果我们对人力资本的评价体系存在偏差，如文凭主义、背景主义、权利主义等，就很难形成长期的内生经济增长模式路径。

改革开放以来，我国对外依存度逐渐提高，享受国际贸易带来的商品和服务已经成为人们生活中重要的组成部分。然而，目前在电力、空调、汽车、电子等行业，其产品中的核心部件或核心技术，绝

① 本文发表于 2004 年 6 月 18 日《证券时报》。

大多数仍然由国外提供。而我国以加工工业为主体的商业模式对这些产品的增加值很小，以代工为主的上市公司盈利水平既低且不稳定。

大量进口和使用国外高附加值产品，需要国内储蓄的长期支持和经济长期稳定增长所产生的收益支持。实际上，当我们把商业银行不良资产和资本外逃考虑在内，计算我国可利用的实际储蓄余额时，可能并没有外界夸大得那样多，尤其是作为可投资的现金资产更要大打折扣。近年来，我国工业技术的自我价值创造和价值增加，还没有出现实质性的拐点。中国经济的快速增长，客观上讲，主要是一个技术密集型产品的消费过程。如果自身储蓄曲线不断下降，改善自身处境所消耗资源的曲线不断上升，两条曲线一旦出现交会点，而内生增长模式仍不能发挥作用的话，中国经济就会长期下降。

经过多年的发展和积累，中国年国内生产总值已相当于全球最大经济体美国的约 1/8。在如此巨量的经济积累和流量运行的条件下，政府政策和产业界应当为改善有利于价值创造的环境而努力，将内生增长模式作为支持一个经济体长期发展的必要条件。

内生经济增长与产业投资[①]

分析投资背后的决定或影响因素，有必要关注我国经济长期发展的必要条件和具有稳定收益和长期增长的行业。

众所周知，中国经济在2003年之后，出现了新的增长。但仔细分析就会发现，这些增长，主要是由基础性产业和高额投资推动的。巨额的投资来源于几个方面，如外资的直接投资、民间资金的投资冲动和银行的信贷资金等。其中，尤其以银行借贷资本发挥的作用最大。同时有证据显示，中国经济的万元GDP中的资源消耗系数，远远高于全世界平均水平。宏观调控的主要着眼点是控制供给、控制源头，如收缩银行信贷、控制土地供应、停止行政审批立项等。这些手段，会在短期内具有使过热的经济数据下降的作用，但如何才能提高整个经济体的绩效，这个问题值得深思。

改革开放以来，我国对外依存度逐渐提高，享受国际贸易带来的商品和服务已经成为人们生活中重要的组成部分。然而，我们看到，影响我们生活品质改善的电力、空调、汽车、建筑等，包括很多如电子类的先进产品中的核心部件或核心技术，绝大多数仍然由国外提供。而我国以加工工业为主体的商业模式对这些产品的增加值是非常小的，以代工为主的上市公司盈利水平既低且不稳定。

大量进口和使用国外高附加值产品，需要国内储蓄的长期支持和经济长期稳定增长所产生的收益支持。实际上，当我们把商业银行不良资产和资本外逃考虑在内，计算我国可利用的实际储蓄余额时，可能并没有外界夸大得那样多，尤其是作为可投资的现金资产的估计更要打折扣。这还没有包括我国城镇养老保险资金应付缺口。改革开放

① 本文发表于2004年9月10日《中国经济时报》。

以来，我国金融资产高速增长的一个重要原因是货币当局坚持货币创造，以支持经济发展，缓解金融资源紧张状况。如我国 M2/GDP 的比值连续攀升，近年更是居全球之首。

近百年来，我国工业技术的自我价值创造和价值增加，还没有出现实质性的拐点。中国经济的快速增长，客观上讲，只是人类渴望改善自身处境，自发、天然地利用了西方文明成果的一个过程，即主要是一个技术密集性产品的消费过程。如果内生增长模式不能发挥作用，那么，随着利用自身储蓄曲线的不断下降，和改善自身处境所消耗资源曲线的上升，一旦这两条曲线处于交会点，中国经济就会长期下降。也许等到我们逐步进入老龄化社会后，普通居民承担着巨额的养老和医疗费用的时候，感受会更痛彻。

中国的年国内生产总值已相当于全球最大经济体美国的约 1/8。在如此巨量的经济积累和流量运行条件下，政府和产业界应当为改善有利于价值创造的环境而努力。内生增长模式作为支持一个经济组织长期发展的必要条件，可以肯定的是一种稀缺资源。这种模式，相信是所有投资行业人士“众里寻她百千度”的。金融发展可以通过发现那些出色的公司和优秀的项目改善自身处境；投资行为作为金融的组成部分，当然更不例外。

与之相应的，近几年在国内的投资，应当主要选择有某种主权性质的资产，如机场、港口、高速公路、电力、矿产资源等；以及面向大众群体的有独特产品特点的消费品，如饮料、白酒、信息产品终端、短信娱乐等。除以上两类的资产外，同时还应当密切关注有长期增长潜力的上市公司。

The Chinese Capital Market: Problems and Future Prospects[①]

Abstract

The problems and the future fate can be a hot topic on discussion, both in the press and in academic papers. In this article, the market important problems will be counted one by one such as: not connected with the money market, non – negotiable equity, information disclosure, corporation governance, insider control, lack of efficiency. However, by contrasting to these problems with the powerful advantages such as unity of political and economic system, steady and fast growth of Chinese economy, foreign investors' optimal interest, the essay implies that the Chinese market could have a prosperous future.

Introduction

The Chinese capital market had existed for fourteen years after it was established in 1990, when Shanghai Stock Exchange, as the first stock exchange after 1949, began to operate. From then on, the Chinese capital market developed rapidly. Along with the mainland's fast developed economy, the Chinese capital market also drew much attention from abroad. Many foreign investors had shown their interest in establishing business in China even before China entered the WTO in 2001. On the other hand, there are many problems are in the face of the government and the investors. Does the Chinese market still have the motivation and energy to develop? This is a

① 本文是笔者2004年接受《中国日报》采访时准备的底稿。

question which this essay, along with many market professionals, is interested in answering.

However, there are many conditions can be taken advantage of to solve the problems. In short, the future prospects of the Chinese market lie into the determination of the highest level of decision – making, the statues of the development of Chinese economy, and the confidence of the foreign and domestic investment.

Problems at the Present

There are many flaws in Chinese capital market today. First and foremost is that this market was not connected to the money market. Until now, the interest rate is generally speaking regulated by the Central Bank in order to protect the state – owned – banks. And the money market was exclusive to other private investors except banks, securities companies and mutual fund companies, which are only part of the capital market. And consequently, the monetary policy will be blocked in the intersection between the money market and the capital market as the central bank operations will be discounted.

The second problem in the Chinese capital market is that the bigger part of equity which is in the hand of the government is normally non – negotiable. And the government implied the market several times that it was interested to sell the state – owned equity to the privates. Unfortunately, every time after the government' s told the market this information, there would be an index slump because the market was worried about that the huge sum of high – estimated shares would pour into the market. It is often described by the media and the investors that the enormous non – negotiable shares are the swords above the investors in the Chinese capital market. It is really a hot potato in the hands of the government.

The next question in the Chinese capital market is information disclosure. In the past few years, information disclosure became better under the strict demand by the China Securities Regulation Commission (CSRC). But sometimes these public companies would rather tell the public as less as they possibly can even at the risk of receiving the condemnation from the public and the exchange stores, especially when they played bad on their business.

The coming question after information disclosure is corporation governance. As it is well known, most State – owned companies are lack of the real owner and the real manager. So, the function of board of directors, regulators and representatives from employees are often called shadow bosses in these companies. In addition, the small shareholders often had no time and energy to supervise the managers. And the non – executive directors mostly are illustrated as vases. The governance of companies made huge progress internationally, especially in the US. in the past decades. But contrastingly in China today, it is only at the primary stage. The corporation governance needs the support from the law fulfillment and the culture promotion.

The insider control in the listed companies is the main reason that hurts the efficiency of these companies, which are the base of Chinese economy. Unfortunately, research from several scholars (Zhao Xueqin, 2002) showed that the main reason that led the performance decrease of the listed companies is insider control. For example, many of the managers were more interested in their own businesses, which were often in the similar products or distributions, to those of their responsibility for the listed companies. These managers sometime fatten their own business through selling products with a higher price than the market prices to the listed companies so to make the easy money.

Lack of efficiency is the last but not least of the problems in the Chinese financial markets including the capital market. Many researches (Wang Zhenshan, 2001; et al.) showed that the low efficiency of banking system and direct financing system wasted precious capital when China was at the start line to take off in the last two decades. According to statistics, the amount of bad loan surged to 1400 billion RMB after the establishment of the four Financial Assets Management Companies in 1998, whose aim was to settle the bad loans received from the Four Stated – owned Banks in the nominal amount of over 1000 billion RMB. And figures estimated that the securities market made about 1000 billion RMB capital drain. In fact, many ST and PT listed companies are not easy to bail out because these companies had the net assets near to zero and countless complicated legal issues.

Future Prospects

It was commonly agreed that the Chinese economy will stride forward although with many difficulties, e. g. unemployment, rise of cost, and local government interference. The growth rate of GDP gained over 9% in 2003 and it is forecast by many international institutions that the GDP speed in 2004 will also exceed 9%. China has been to be the engine of Asian development. The Capital market is the main part of Chinese economic. So, perhaps the optimal elements for the Chinese capital market in the future will overwhelm its problems now. The steady and fast growth of Chinese economy provides an opportunity to solve the problems the Chinese capital market faced. The real economy provides a substantial base for the financial market.

The uppermost advantage in China is its unity of political and economic system, even though this system cannot perform well all the time. But the determination of the financial reform from the highest level of decision – making is powerful and definite. This power will become stronger when there are both supported by the people and with wisdom leadership. Moreover, the level of the decision – making has been aware of the policy coherence of economic and political system steady and efficient, and the importance of the moderate development speed that China must keep. So, the road of the Chinese capital market in the coming days probably can be explicated as "to solve problem in the progress".

The third advantage for the development of the Chinese capital market is some of the problem is in solving although the way is difficult and sometimes hard to reach the successful goal in a single step. But good beginning is half success. There are many scholars at home and international think tank helping Chinese financial reform. In September 2004, the committee consists of the specialists and officers from the Central Bank, the CSRC, and the CBRC (China Banking Regulation Committee) began to work to cope with the financial issues. During the beginning this year, the Council of State promulgated the Opinions on the Development and Steady about Capital Market Reform. This could be a milestone on the road to a bright future to the market.

From the viewpoint of the foreign investors, Chinese market is attractive, both in real economy and capital market. China has surpassed the USA and became the No. 1 country that took in Foreign Direct Investment (FDI) in 2003 by the total number of over 50 billion US dollars. For the capital market, CSRS had admitted the QFII (Qualified Foreign Institution Investor). In addition, more and more foreign financial companies launched joint venture with home securities in fund management industry, e. g. the famous J. P. Morgan and Allianz, and so an. Hence, evidences showed that Chinese capital market has its charm.

Conclusion

The development of Chinese economy is an enigma according to the international economic researchers and the press. The miracle of the fast and steady rise astonished many experienced observers. The Chinese capital market, probably another maze made investors feel complex and puzzled and hard to sleep both with problems sometimes seemed serious and future sometimes dimmed, and sometimes dazzling opportunities. Nevertheless, the market welcomed its 60 million A – shareholders and its negotiable market value is about 1300 billion RMB, almost equally to that of Hong Kong, imaging this market is only fourteen years old.

References and bibliography

[1] Zhao Xueqin, "The Optimization and Institutional Innovation of the Chinese Securities Market", PhD. Dissertation, Fudan University, 2002.

[2] Wang Zhenshan, *On the Efficiency of the Chinese Financial Section*, Economic Management Press, 2000.

[3] He Dexu, "An Analysis on the Structure of the Chinese Capital

Market", PhD Dissertation, Shan'xi Economic and Financial Institute, 1999.

[4] Wu Jinlian, "It is Necessary to Speed up the Program of Financial Reform", Paper on the Year Forum of the International Finance, Beijing, July, 2004.

中国金融资产定价权之争[①]

《中国经济时报》今日载文指出，最近有两种声音吸引了众多人士的注意。一是唱空中国股票市场投资价值的声音，二是鼓吹中国外汇储备过多而寄望于人民币升值的呼声。后一种声音早已有之，而且已有好些年。但前一种唱空股票市场投资价值的声音却不能不引起警惕。在中国社会科学院金融研究人员田晓林博士看来，这两种声音的实质应落在“争取金融资产定价权问题”上。

田晓林认为，从产业的角度看，我国在核心技术和产品上的全球定价权还微乎其微。而产业标准和定价权是获取产业垄断利润最主要的手段。随着金融市场进一步开放的预期，对于资本市场中资产定价权的争夺，变得明显起来。一些国外机构甚至政府通过夸大中国外汇储备的作用而鼓吹人民币升值，以及通过夸大中国证券市场股权分置的弊端而唱空股票市场投资价值。其主要手段是通过“深入研究报告”，试图影响国内资金撤离市场，或者干扰政策部门的视线。

文章称，不仅是国外机构，国内的许多人士与研究机构也在做这方面的研究与预测，并且也看空中国股票市场的投资价值，其中包括中国股市“千点论”以及“推倒重来”的讨论与预测。

文章指出，在这方面，争论最多的是上市公司市盈率的问题。前一段时间境内外人士一直在对比国内上市公司与境外上市公司在市盈率方面的差异，多数人与机构认为中国上市公司市盈率偏高或过高；国内的一些权威人士包括证监会相关人士则表示，要认识到中国证券市场与国外的差异，国内外在市盈率的计算标准与尺度方面是不一致的。

---

① 本文发表于2005年1月28日《中国经济时报》。

对此，有专家提出，中国应根据国情来确定本国金融资产定价问题，要把本国金融资产包括上市公司市盈率及发行价的权力掌握在自己手上，境内外一些机构的研究报告可以作为参考，但不能当成依据。

文章提到，事实上，有许多人会对境外机构或政府唱空中国股市投资价值提出疑问，目前进入中国的 QFII 资金数额不是在与日俱增吗？在新年一开始的 1 月 10 日，国家外汇管理局又批准东方汇理银行 QFII 投资额度 7500 万美元。至此，我国批准的拥有投资额度的 QFII 家数达到了 25 家，QFII 投资额度达到了 35 亿美元。这些资金已经在不断地注入中国股票市场，如果唱空的话，境外投资机构本身不也亏本吗？

文章指出，从数额来看，35 亿美元即使全部投入中国股市，对于上万亿元的大盘来说也是微不足道的。而这些投资机构全是国际知名的大机构。在现有的准许 QFII 投资额度有限的情况下，唱空股票市场投资价值对未来的投资是极为有利的。这与鼓吹中国人民币升值其实是异曲同工之事。另外，中国证券市场的投资价值也并非完全受股权分置影响。

文章最后指出，田晓林提醒金融市场的机构、投资者，特别是政策的制定者，一定要认识到“唱空股票市场投资价值”的危害性，保持“与狼共舞”的警觉，脚踏实地解决好中国证券市场的各种现实问题，保护好我国居民财富增加的成果，为我国自己的资产定价权说话。只有这样，中国股票市场才不至于一蹶不振。（唐福勇）

谨防国际投机资本冲击市场[①]

我国自2001年加入世界贸易组织以来，随着对缔约各国履行开放市场承诺的落实，各行业和区域经济已经全面融入世界经济一体化的潮流，宏观管理面临比以往更复杂的局面。随着对外经济交往的深入和我国经济体的壮大，外国资本在我国经济中扮演的角色越来越重要。包括产业政策、财政政策和货币金融政策在内的宏观管理和调控，已经必须将外资作为重要的参考变量。我国政府的经济和政治政策越来越受到国外厂商、政府和有关组织的关注，因为中国经济的走势与其利益关系越来越密切了。然而，国际资本是趋利的，而且大部分发达国家的政府和企业对于国际通行的市场规则和经济制度都比较熟悉。我国经济进一步融入全球经济，客观上要求我国政府完善宏观管理的综合手段，不给这些巨大的趋利集团留下明显的政策破绽。

由于我国还没有完全放开外汇管制，因此这些全球趋利资本通过各种相对隐蔽的环节和渠道进入国内。国际游资对外汇管制国家的金融体系发动挑战，在于通过抬高本国以外币计量的资产价格，增加国内成本，从而减少贸易出口，进而有可能增加本国失业，减少消费，降低该国的国际竞争力；同时通过对金融市场的操作，扰乱和破坏支付体系，掠取该国金融资产。在外汇开放的国家里，投机资本不需要费如此周折。国际资本可以在股票市场、外汇市场、期权市场和产业市场（主要是房地产市场，因为房地产市场供应相对有限，且房地产的供应不如其他制造业快速）进行立体的、价格上反方向的操作，从而发挥金融市场的杠杆作用，用为数不多的资本，统一行动，对一个国家的货币和金融体系乃至整个经济体制进行狙击。20世纪90年代

① 本文发表于2005年5月17日《证券时报》。

亚洲金融危机蔓延的发源国就遭到这种手法的袭击。尤其是，国际政治力量与经济力量可能会集结起来，通过全球金融投机控制战略资源。我们从美国政府双赤字政策和放任美元贬值的政策，以及一大批政要和经济界人士强烈要求人民币升值的举动上，就可见一斑。

在面对全球经济一体化的过程中，我国宏观管理所需要应对的困难和挑战要比封闭条件下复杂得多。当前，国际趋利资本已经分几路兵团进军我国市场，希望与政策博弈获得超额收益。这几条途径是：进入房地产市场炒高房地产价格；进入 A 股市场打压 A 股指数；进入外汇管制体系博弈人民币升值；撤离长期直接投资，迅速减少我国外汇收入来源和国内产品供应；以及通过美元贬值时的中国政府和居民外汇实际资产损失。宏观调控应当注意综合运用政策工具和市场手段，多方位、多角度操作，从容应对，降低我国金融和经济体系风险，免受国际投机资本的侵害。

中美货币政策　合作胜于对抗[①]

随着中国经济的不断发展，中美两国的经济关系将越来越密切，其相互之间的影响也将越来越显著。中美两国经济的相互影响首先表现在相互之间的货币政策上，其中最为人们所关心的就是人民币汇率问题。

近年来，美国朝野上下要求人民币升值的呼声日益高涨，给中国政府带来了很大压力。其实，在这种压力面前，中国政府并非束手无策。第一，美国国内目前的“双高”赤字压力，与美联储一直执行宽松的美元政策，放任美元贬值有关。中国巨额的外汇储备中，有相当一部分是美国的政府债券，如果中国开始大规模调整外汇币种结构，出售美元资产的话，美国通货膨胀的压力将会更大，这个道理需要对美国讲清楚。第二，中国政府可以通过采购国外商品来冲减外汇储备压力，也可以主动调整进出口贸易策略，来赢得贸易伙伴的支持。

21 世纪中国和平崛起几乎是不可逆转的趋势，强大的经济必然要求人民币成为区域经济的主要币种。也就是说，人民币至少在亚洲主要经济区域内会成为最受欢迎的货币之一。半个世纪前，日本曾经是亚洲经济的发动机，但是今天，这台发动机已经换成了中国。人民币活动的半径将不断扩大。此外，中国经济增长的巨大物质需求将会带动商品和原材料消费的增长。与投资有关的应当是商品期货，尤其是中国作为主要消费国的商品价格，如金属和农产品的价格，将可能维持长期向上的走势。

与中国经济长期增长相伴随的是中国的能源需求。中国已经开始在不同的国家和地区进行能源战略布局，并且在国内强调能源消费的

---

① 本文发表于 2005 年 6 月 17 日《证券时报》。

结构优化，以降低国内的能源风险。但这还不够，与世界发达国家的能源利用水平相比，中国每万元 GDP 能源消费数量是其十多倍。中国在能源的需求和提高能源效率方面存在长期的、巨大的商机。几乎可以这样判断：仅在提高中国能源利用效率方面，就存在着很大的投资机会。过去，中国大型的能源公司承担勘测和开发的全部财务风险和投资收益，如果外资能够设立中国能源基金或能源高效利用基金，并且与发达国家开展能源技术合作的话，就会形成多赢局面。

如果仅仅从投机的角度看问题，以人民币是否升值作为增加或减少投资的理由，是有很大的风险的。对中国资产价格看好的外资，不应仅仅盯住发达地区的房地产项目。事实证明，由于基金经理们经常向客户公布他们所学的收益率计算方法和思维模式，往往形成集体的盲动，而错失直接的、常识性的投资机会。此外，投资界应当比以往任何时候都要更加关注中美两国货币政策的协调问题。博弈论分析的基本结论告诉我们，中国和美国之间，在货币政策上进行长期对抗几乎是不可能的，因此，两国之间货币政策的合作因为对双方都有好处而会成为长期现象。需要投资界深入关注的是两国之间的货币市场、货币工具和政策的变动，将为国际金融市场提供哪些有利的机会，或者带来哪些威胁。可以肯定的是，中美两国经济政策的协调和博弈，将成为未来影响金融市场资产价格的最深刻、最持久的因素。

适应性市场假说的研究进展[①]

适应性市场假说（the Adaptive Market Hypothesis，AMH）早期思想主要由 Farmer 和罗闻全（1999）、Farmer（2002），以及罗闻全（2004）提出。适应性市场假说的主要理论基础之一是生物进化理论。这个假说认为，金融市场（或某一市场）的环境可以看作一个生态圈，每个投资者（包括机构投资者、个体投资者）依靠这个生态圈生存，生态圈里充满了类似生物界的竞争和捕猎。不同的投资者所具有的投资技术好像他们生存技巧。像生物圈有四季循环一样，市场也有盛衰荣枯。投资者具有的投资技术不能一成不变，随着市场环境的变化，投资技术需要创新。投资者保证在市场生存是第一要点。适应性市场假说的另一个重要理论依据是西蒙的有限理性学说。适应性市场假说从金融市场微观个体的投资决策过程进行观察，在承认有限理性学说的基础上，进一步认为从适应和进化的角度可以比较好地解释金融市场中人类的决策过程。另外，适应性市场假说借助萨缪尔森的一般均衡模型，检验了美国证券市场的有效性，得出的结论是美国证券市场的有效性并非随着时间而一直处于不断改善的状况，而是有一定周期性变化的。这种现象好像是生态学中的周期循环现象。最后，适应性市场假说将近几十年来在西方金融投资市场占主导地位的有效市场假说以及近十几年来兴起的实验金融学和行为金融学结合起来，产生了一种新的综合。这个假说对著名的代表有效市场假说的随机行走模型和代表行为金融的情绪进行了生态学和进化理论角度的观察和检验，结果该学派放弃了随机行走模型，并认为情绪在人类的决策过程中至关重要。投资者在金融市场中的行为主要是一个自我启发、自我

① 本文发表于2005年第4期《经济学动态》。

适应的过程，其中包括投资者行为乖戾、贪婪与恐惧等诸多行为，都可以从动态生物学的角度予以解释。该学派最主要倡导者是美国麻省理工学院斯隆商学院金融学教授、华裔学者罗闻全，他也是该学院金融工程实验室主任，2004 年当选为台湾“中央研究院”最年轻的院士。

现代金融体系是一个相当复杂的体系，一般认为，传统的金融理论大多反映了金融体系的某一个或某一些侧面。以当前最主要的有效市场理论和行为金融学派为例，有效市场理论的确受到一些例证的挑战，比如2000 年左右的高科技投资泡沫；而行为金融学派最主要的缺陷是不能用数量化的形式来表示何种程度为投机过度，何种程度为非理性的繁荣或衰退。由于适应性市场假说综合了许多基础性的理论体系的成果，其中包括有效市场理论和行为金融的成果，而且这些成果几乎代表了现代经济学和金融学发展的脉络、轨迹和趋势，因此该学说展望了一个相当乐观的前景：二三十年后，适应性市场理论有可能成为金融市场投资的主流理论。

一　适应性市场假说的思想来源

如前文所述，适应性市场假说是综合了多种主流的金融市场投资理论和现代实验科学和心理学的先进成果，其主要的思想来源有以下几点。

（一）适应性市场假说思想的一个主要来源是“进化心理学”

进化心理学最早由 E. O. Wilson（1975）开始研究，他将竞争、繁衍和自然选择的原理运用到社会活动分析中，从一个新的角度对人类行为作了解释。他的研究内容包括利他、公正、亲系选择、语言、交配选择、宗教、道德、伦理，以及抽象的思考（Barkow 等，1992；Pinker，1993，1997；Crawford 和 Krebs，1998；Buss，1999；Gigerenzer，2000）。“社会生物学”的称呼就是 Wilson（1975）提出的。实际上，借鉴生物学原理研究经济学的方法并不鲜见。比如马尔萨斯、达尔文和华莱斯等的研究，都吸收了生物学的原理（Hirshleifer，1977）。熊彼特的商业周期理论、企业家精神和资本主义精神等也借助了生物学的原理。他在研究企业活动的“创造性毁灭”和“爆发”时采用的概念类似于 Eldredge 和 Gould（1972）在自然选择中提出的

“间时均衡调整”的概念。近年来，经济学家和生物学家正努力通过将社会生物学运用到经济学中而打通这两个领域的连接，如 Becker（1976）、Hirshleifer（1977）以及 Tullock（1979）。而进化博弈理论（Maynard Smith，1982；Weibull，1995）、进化经济学（Nelson 和 Winter，1982；Andersen，1994；Englund，1994；罗闻全，1999）和经济复杂系统研究（Anderson，Arrow 和 Pines，1988）等新的领域的研究更是经济学与生物学交融的产物（Hodgson，1995）。

在金融领域，罗闻全（1995，1998，2001，2003）拓展了自然选择理论在期货市场中的运用。Hirshleifer 和罗闻全研究了过度自信的投资群体在竞争性证券市场的表现。Arthur 等（1997）研究了软件代理基础模型，在这个模型中，软件的运行设置了自我启发功能，这是从生物进化动态学借鉴来的。Niederhoffer 在 1997 年出版的《金融投机教育》中，将交易商比作“食草动物”，将投机商比作“食肉动物”，而弱小的投资者则是“食腐动物”。Bernstein（1998）指出，在实际的交易中关于有效市场假说中的均衡观点从来不曾有过，而市场动态学倒是对市场有很好的解释，因此他的观点是投资管理应当采取积极策略。

（二）适应性市场假说思想的另一个重要来源是有效市场假说和行为金融学说，以及这两种学说的长期争论

从 20 世纪 60 年代到 90 年代，有效市场假说在西方金融投资理论中占有无可替代的垄断地位。这个学说认为市场是有效的，证券的价格已经充分反映了影响证券价格走势的市场信息。证券次日的交易价格与前日的价格无关，价格是不能预测的。有效市场假说的思想起源于萨缪尔森（1965）题为“正确预测价格随机变化的证明”的论文中。在该论文中，萨缪尔森认为在信息完全的有效市场中，如果价格能被市场所有的参与者正确预测的话，则价格的变化是无法预期的。罗伯特（1967）和法玛（1970）证明了这种假说。法玛的著名论断“价格完全反映出了所有信息”，为有效市场理论构建了框架。关于有效市场假说的一个形象的表述是萨缪尔森所说的，基金经理的择股成功率与大猩猩投掷飞标的中标率相似。有效市场理论的核心假设是经济学中经济人的完全理性说。

但是，自20世纪90年代以来，实验经济学和行为金融学派开始兴起。行为金融理论认为，人类决策过程相当复杂，在决策过程中，人们除了要计算自己的利益最大化外，还受到有限的信息、智力、情绪等的影响，因此投资者在投资决策时并非绝对的冷静、理智，这样就造成了证券市场经常会出现暴涨和暴跌。

由于有效市场假说和行为金融学派对金融市场观察的角度不同，依据的核心假设也不同，因此得出了不同的结论。应当承认，两个学派的思想都部分地反映了金融市场表现出来的一些特性，为金融投资理论奠定了广博的基础。但是在学说上，两个学派都不能完全说服对方，他们之间进行了长达十几年的争辩，直到2004年5月，在纪念有效市场学说代表人物法玛的生日学术会议上，行为金融学派的代表塞勒，还与法玛进行了辩论。

（三）适应性假说思想的第三个重要来源是诺贝尔经济学奖获得者西蒙提出的“有限理性”学说

有限理性学说认为经济个体由于受到信息搜集成本和智力计算的限制，在决策时往往只采取“满意”的策略，而非古典经济学假设的那样是“完全理性”的［西蒙（1982）；Sargent（1993）；Rubinstein（1998）；Gigerenzer 等（1999）；Gigerenzer 和 Selten（2001）；Earl（2002）］。但是，西蒙的理论也有一个缺陷：即个体感到满意的程度如何度量呢？如果这个满意点用微观经济学的成本—收益法分析的话，本身又说明这个个体对他的效用最大化点是知道的，那么显然他就不会选择只是满意的程度了。

对于这一点，适应性进化假说的解释是，该问题不能用分析法解决，而是要通过所谓的“试错法”，即自然选择。面对新的环境需要个体决策时，他们会依赖于过去经验的最佳猜测上，并通过结果来调整自己的选择。如果他们得不到他们过去选择所得到的反馈结果，他们就不能进行经验积累。通过这种方法，人们得到自我启发，以应付各种各样的经济挑战。只要这种挑战是相对稳定的，这些自我领悟的人们就会逐渐达到最优化决策程度。

二　适应性市场假说对投资决策行为的总结和解释

应当指出，适应性市场假说虽然来源于上述重要的基础性理论，但是又没有完全拘泥于这些理论。适应性市场假说在借鉴上述理论的条件下，发展了自己的观点。

首先，适应性市场假说吸收了有效市场假说的一般均衡内核，它同时也吸收了实验经济学、个体行为决策理论和现代认知理论。在个体行为决策方面，适应性市场假说主要借鉴的研究成果有：Fischoff 和 Slovic（1980），Barber 和 Odean（2001），Gervais 和 Odean（2001）的过度自信问题研究；DeBondt 和 Thaler（1986）的过度反应问题研究；Kahneman 和 Tversky（1979），Shefrin 和 Statman（1985），Odean（1998）的厌恶丧失研究；Huberman 和 Regev（2001）的羊群效应问题研究，以及 Tversky 和 Kahneman（1981）的心理计算问题研究，Lichtenstein 等（1982）的概论估算失误问题研究，Laibson（1997）的过度悲观问题研究，Bell（1982）和 Charke 等（1994）的后悔现象研究。上述成果，说明了人类在不确定条件下做出决策的特殊行为偏好的形式。这些研究认为投资者经常是非理性的，是非理性导致了金融市场的毁灭性行为。我们可以通过这些理论研究发现适应性市场学派和行为金融学派相融合的特征。适应性市场假说同样吸收了现代认知科学的成果。该学说吸收了如西蒙（1982），Kahneman、Slovic 和 Tversky（1982），Hogarth 和 Reder（1986），Gigerenzer 和 Murray（1987），Dawes（1988），Fishburn（1988），Keeney 和 Raiffa（1993），Plous（1993），Sargent（1993），Thaler（1993），Damasio（1994），Arrow 等（1996），Laibson（1997），Picard（1997），Pinker（1997），Rubinstein（1998）以及 Starmer（2000）等对个体决策问题所做的深入研究。适应性市场学说主要是在研究方法上对经济学和金融学、心理学、决策科学、大脑和认知科学等学科成果的交叉运用。这些综合性研究为人们更深入地理解投资者的决策行为提供了帮助。

其次，适应性市场学说综合了西蒙的有限理性、满意决定观点和动态进化学说，用以解释竞争、合作、造市行为、一般均衡、动态非均衡等市场状况。众所周知，有限理性学说自 20 世纪后半叶提出以来，西方经济学界对“完全理性人”进行了重新认识。适应性市场假说认为市场效率可以用动态方法分析，就像昆虫的数量的增减是季节、食物、天敌和它们适应环境的能力的函数一样。另外，如果环境发生了变化，过去的经验对新环境就不适应了。这种情况下，人们行为会出现“偏差”。但是从进化论的角度看，在这种条件下，这些自我启发的个体的行为不能简单地将这种行为冠以“非理性”的命名。对于这种情况，适应性市场假说建议的命名是“适应失误”，并举例说，在岸上的鱼的蹦跳看起来奇怪而无用，但在水中，这种动作就可以使它逃脱它的捕食者。同时，适应性市场假说采用了有效市场理论的分析思路，市场价格反映了经济中本质“物种”要素和市场“环境”的全部。“物种”是指不同的市场参与者，比如养老基金、经纪商、造市商和对冲基金，其形态各不相同。该假说认为如果多种物种在一个市场中竞争一种有限的资源，市场就可能非常有效，比如美国10年期国债，价格对市场信息的反应非常迅速。如果在资源丰富的一个市场中只有少数的物种在竞争，这个市场的效率就会相对弱，比如中国古代文物市场。

适应性市场假说假设市场利润是市场参与者赖以生存的食物，当市场竞争加剧时——不管是由于食物的减少还是竞争者数量的增加，最后会导致物种数量的减少，从而缓解竞争的激烈程度，然后新的循环重新开始。在一些特殊条件下，比如在一些物种的绝迹、食物的永久匮乏，以及环境的剧烈改变下，循环变得严峻起来。在这种条件下，市场力量的交互作用和金融创新就变得迫切了。

从适应性市场假说角度看，投资者行为乖戾是常见的。一是这些乖戾起源于这些生物体对他们要进入的金融环境的自发适应过程（比如刚入行的中小投资者）；二是他们对市场的影响取决于他们数量的大小，以及他们与更了解市场的群体数量的对比。比如1998年著名的长期资本公司的失败，就是由于对流动性和安全性更看中的投资者数量超过了企图从市场套利的对冲基金的数量。适应性假说建议，投资策略应当随着利润周期的变化、对行业周期变化、同行业竞争对手加入市场的状况，还有获利机会和形式的吸引力等的变化而变化。

最后，适应性市场假说并没有仅仅停留在对理论的逻辑推导上，该学说还对历史数据进行了模型检验。检验主要集中在某种金融资产的价格是否能够反映多种多样的市场信息，以及概率性质的资产价格检验（Cootner，1964；罗闻全，1997）。Leroy（1973）、Merton（1973）、

Rubinstein（1976）、Lucas（1978），以及 Breeden（1979）研究了怎样用金融资产价格的标准模型准确地表述价格、偏好和概率同时决定"一般均衡"模型。在这个一般均衡模型中，整个市场在不确定的条件下，供求价格相等，个体和厂商都使自己的福利得到了最大化。由于引进了概率的假定条件，使得金融研究的一般理论可以扩展到非确定条件下，而且可以作为分析各种决策过程的基础。

检验的模型设计主要是利用微观经济学中的供给、需求曲线。需求曲线表示金融市场许多投资者的总偏好，每个投资者受预算条件约束下的效用最大化驱使。预算约束是由价格和其他因素如收入、储蓄需要、借贷成本等组成的。同样，供给曲线是每个金融资产供应的总和，受资源约束下的利润最大化驱使。资源约束是由价格和其他如原材料成本、工资和买卖成本组成的。概率影响供求双方，他们面对时间和不确定性——不确定的收入、不确定的成本、不确定的生意环境——分别计算自己的消费和产出计划。

三　适应性市场假说对随机行走模型和情绪研究

股票价格的随机行走模型是有效市场假说的重要组成部分。比如1965年法玛在他重要的论文"股票市场价格的随机行走"中说："在有效的市场中，市场交易的价格就是反映该证券的内在价值的价格。"证券价格波动，服从随机行走模型，因为投资者无法预测该证券明天会遇到什么样的新消息刺激。在行为金融理论出现前的几十年时间里，随机行走模型几乎就是有效市场假说的代名词，1973年，普林斯顿大学的 Burton Malkiel 出版了名为《华尔街的随机行走》一书，该书当时销售了一百万册，影响范围很广。然而，Larson（1960）、Alexander（1961）、Osborne（1962）、Cootner（1962）、Steiger（1964）、Niederhoffer 和 Osborne（1966）、Schwartz 和 Whitcomb（1977）的研究表明，随机行走模型并不能完全涵盖金融市场的特征。罗闻全和 MacKinlay（1988）检验了随机行走假说，他们对美国股票市场1962—1985年每周收益指数进行了检验，发现其结果并不符合随机行走模型。

此外，几乎所有参与金融市场投资的人都知道贪婪和恐惧是市场中最常见、最极端的两种情绪。适应性市场假说学派将对这两种情绪的研究扩展至情绪本身在人们决策中所起的作用。如 Grossberg 和 Gutowski（1987）、Damasio（1994）、Elster（1988）、罗闻全和 Repin（2002）、Loewenstein（2000），以及 Peters 和 Slovic（2000）的研究认为，情绪作为非理性行为，可以看作是投资者进化、为争取生存机会而适应环境过程中必然相随的特征。根据认知神经学和经济学的交叉研究，决策过程和情绪之间有重要的联系。罗闻全和 Repin（2002）的实验证明，即使是经验极其丰富的交易员，在交易时紧张情绪会自然产生。他们的研究强调，情绪反应是人对金融市场风险的适时反应。经验丰富的交易员，在于他能够在特定市场状况下在一定程度上控制情绪干扰。事实上，不少在金融市场从事一线交易的交易员，都提到交易决策时强调“利用直觉”，显然这种直觉不是完全理性的范围。

Damasio（1994）和 Rolls（1990，1994，1999）的研究认为，情绪在人类认知和决策中占有比理性更重要的地位。比如：当人类在很短的时间里面临“利—害”选择时，情绪成为第一反应。这种对利害的情绪上的权衡，同样能使得很多动物在面对各种环境时进行“利—害”选择（Rolls，1999）。从进化的角度看，情绪对动物从环境中学习从而提高它们的生存效率起了巨大的作用。对于市场参与者而言，这个进化的积极意义比单纯地衡量他们的投资获利动机要全面。根据达尔文自然选择理论，全球金融市场的剧烈波动和竞争要求那些成功的交易商存活下来，不成功的交易商则会被这个市场所消灭。

四　适应性市场假说的市场指导作用

20 世纪下半叶以来，西方金融学研究的一个重要特征是从市场交易入手，以经验性数据为基础提出新的发现和假说。因此，西方的金融学理论在一定程度上强调理论对于市场投资的指导作用。适应性市场假说虽然是近年来才逐渐发展起来的前沿理论，但它不仅有理论上创新的意义，而且在实际市场操作上也有一定指导作用。归纳起来，主要有以下几点：

首先，适应性假说认为风险和收益之间的关系，在时间序列上是不稳定的，即在一定时期内，投资的风险和收益可能并不对称。这种不对称性取决于市场生态圈中形形色色参与者的规模和偏好、管制环境和税收制度。由于这些决定因素一直在变化，风险和收益可能被影响。当然，权益的风险溢价也会随时间和路径而改变。在理性预期均衡模型中，如果风险偏好随时间而改变，权益风险溢价也要变化。适应性进化假说的洞察力在于它认为总的风险偏好并非固定，而是随着自然选择力量变化的。自然选择决定了市场参与者之间的相互影响，在市场中深受损失的投资者，可能离开这个市场，剩下的那些投资者投资风格很可能截然不同。通过自然选择，历史在发挥作用。根据投资管理的最新理论，投资偏好是分析投资行为首先要考虑的概念。

其次，适应性市场假说认为市场的套利机会总是存在的。Grossman 和 Stiglitz（1980）曾对这种情况给予了解释。他们认为，如果没有获利机会，市场搜集信息的动力将随之消失，金融市场的价格发现功能就会瘫痪。从进化的角度看，金融市场的流动性的存在说明获利机会的存在。当投资者追逐这种获利机会时，获利机会由于投资者之间的竞争而消失。但是旧的获利机会消失了，随着机构组织的变化和商业情况的变迁，新的获利品种和机会又会出现。虽然有效市场假说认为市场效率总是在不断提高的，但适应性市场假说并不完全赞同这种观点。相反，它认为动态市场甚为复杂，比如常见的投资风潮变动、恐慌、狂热、泡沫、狂跌等现象，在其他市场生态环境中也经常能看得到。由此可见，适应性市场假说基于动态市场的高度复杂性提出了积极的资产管理策略，以及 Niederhoffer（1997）提出了市场是由“食肉动物”和“食腐动物”等构成的观点。

再次，适应性进化假说认为套利机会存在，并至少有一种策略在一定时期是有效的；只不过连续性地使用一种策略会使收益下降，单一的投资策略难以应付市场环境的变化。为此，罗闻全通过计算机模拟运算了自 1871 年到 2003 年 4 月标准普尔综合指数的月收益的滚动一阶自回归 pl 状况。如果按照有效市场理论的算法（随机行走假说的收益在时间序列上是不相关的，因而 pl 应当为 0），p^l 应当在市场交易的早期年份里数值比较大，而近年来随着美国市场效率的提高，该数值应当显著下降。然而，根据滚动一阶自回归检验的结果，美国的市场效率呈现周期性变化的现象，比如根据数据检验 20 世纪 50 年代市场效率要高于 90 年代。这种结果，与有效市场假说的假设显然不同。为此，Bernstein（2003）对资产组合投资中资产策略性配置模型进行了批评，他建议投资经理考虑采用战术性资产配置策略。

最后，适应性市场假说认为创新是生存的核心。有效市场理论认为只要承担一定的风险，就能得到一定程度的预期回报。而适应性假说认为由于风险/回报的关系随着时间的变化而变化，并不是只要承担风险就必然会有回报。要想得到稳定的市场预期收益就必须采取与市场环境相适应的策略。对于金融市场的参与者而言，生存是唯一的目的。尽管利润最大化、效用最大化，以及一般均衡仍是市场生态的重要表现形式，然而在充满竞争、风险和波动的市场生态圈中，生存是第一要求。

五　与有效市场学说和行为金融学派代表在市场表现方面的比较

适应性市场假说不仅仅停留在纯理论的研究上，还积极参与了市场的投资实践。该学说代表性的市场运作为成立于 1999 年的 Alpha Simplex Group 公司，罗闻全是创始人之一。该公司投资理念奉行的就是上文介绍的适应性市场假说，并主要通过研究和技术的创新，发展长期的、价值增加型的投资技术，以发现受市场偏激行为所形成的投资机会。由于时间较短，该公司的盈利状况尚不明显。不过，他们综合运用计算机金融学、金融工程学、经济学、会计学、决策科学、心理和认知科学、统计学、数学和计算机科学等对股票选择、资产配置、建立组合、风险管理等业务进行管理，这种尖端的研究技术无疑值得国内的同业重视。

法玛是有效市场假说之父，也是多维基金公司（Dimensional Fund Advisers）的创始人之一。目前，这家公司管理着 560 亿美元的资产。该公司的投资行为是有效市场假说的延伸，因为相信市场难以战胜，其投资策略是选择幅度很宽的领域进行投资，而不是集中投资，在指数基金的投资上采取消极策略。根据晨星公司（Morningstar Inc.）的数据，他们在过去 10 年的平均业绩超过了标准普尔 500 指数的 16%。他们管理的最大基金是投资于小型的，被市场低估的公司股票。

塞勒是行为金融学派的两大代表人物之一，也是富乐和塞勒基金管理公司（Fuller & Thaler）的创始人之一，目前，这家公司管理着 24 亿美元的资产。正如行为金融理论认为的那样，市场的投资者经常会受到情绪的影响而做出不理性的投资决策。因此，该公司放手让基金经理尽其所能选股，试图超越市场。公司主要投资在未来预期高收益的公司股票上。不过自 1997 年成立以来，公司的年平均回报率为 6%，仅高于同期标准普尔 500 指数的 3%。

参考文献

[1] 田国强主编：《现代经济学与金融学前沿发展》，商务印书馆 2002 年版。

[2] 王闻：《金融市场中的进化论假说》，《经济学动态》2004 年第 7 期。

[3] [美] 库佩尔：《直觉交易商》，清华大学出版社 1998 年版。

[4] Bernstein, P., 1998, "Why The Efficient Market Offers Hope To Active Management", *Economics and Portfolio Strategy*, Oct. 1. New York: Peter Bernstein, Inc.

[5] Damasio, A., 1994, *Descartes'Error: Emotion, Reason, and the Human Brain*, New York: Avon Books.

[6] Fama, E., 1965, "The Behavior of Stock Market Price", *Journal of Business*, 38.

[7] Kahneman, Daniel, & Tversky A., 1979, "Prospect Theory: An Analysis of Decision under Risk", *Econometrica*, XVLII, 263 - 291.

[8] Kahnemann, D., Slovic, P. & Tversky, A. (eds.) (1982), *Judgement Under Uncertainty: Heuristics and Biases*, Cambridge: Cambridge University Press.

[9] Lo, A., "The Adaptive Market Hypothesis: Market Efficiency from an Evolutionary Perspective", *Journal of Portfolio Management*, 2004.

[10] Mandel J. M., 2002, "Who Keeps Cool on the Street?", *Business Week*, April 15.

[11] Rabin, M., 1998, "Psycholgy and Economics", *Journal of Economic* Literature 36, 11 - 46.

[12] Samuelson, P., 1947, *Foundations of Economics Analysis*, Harvard University Press.

[13] Sargent, T., 1993, *Bounded Rationality in Macroeconomics*, Oxford, UK: Clarendon Press.

[14] Thaler, R., (ed.), 1993, *Advances in Behavioral Finance*, Russell Sage Foundation.

[15] Wilson, E., 1975, *Sociobiology: The New Synthesis*, Cambridge, MA: Belknap Press of Harvard University Press.

[16] ____, 1997, *The Econometrics of Financial Markets*, Princeton University Press.

[17] ____, 1999, *A Non – Random Walk Down Wall Street*, Princeton University Press.

QFII 国际化眼光的启示[①]

2005 年以来，QFII 在我国证券市场的投资表现十分显著。从大量增仓封闭式基金，到持续增仓 A 股，再到青睐股改股，其投资思路明晰，手法独特。QFII 投资的主要方式是“运动战”，并且板块效应显著。据统计，2004 年年底，沪深 A 股上市公司十大流通股中 QFII 持股家数仅有 47 家，到 2005 年上半年，QFII 持股家数已达到 93 家，持股家数和持股数均翻倍。此时正好市场连续下跌，国内部分基金公司有恐慌性抛盘迹象。在股改试点初期，境内投资者一度纷纷抛弃试点股，而 QFII 却开始积极吸纳。上半年，G 申能及 G 韶钢等 8 家个股十大流通股股东中均有 QFII 身影。进入 8 月后，以基金为代表的内资机构，大幅度减持周期类股票，如钢铁、石化等大市值行业股票，而在第三季度，瑞士银行、高盛、摩根士丹利等知名的国际投行大手笔增持 G 宝钢。其中，瑞士银行跃居宝钢第一大流通股东，高盛公司环比增持 70%，摩根士丹利的持股数增加到 6608 万股。截至 2005 年 11 月，约有 50 亿美元的 QFII 投资额度被获准投资，未来一段时间，QFII 投资额度将增加到 100 亿美元，约相当于 800 亿元人民币。QFII 已经逐渐成为我国证券市场投资的一支重要力量。前期 QFII 的大手笔增仓与内地机构的先后减持形成鲜明对比，值得关注。根据国际经验，上述现象的背后原因和启示主要有以下几点。

首先，公募基金表现普遍要弱于私募基金。我国证券市场投资基金市值至 2005 年第三季度约为 1600 亿元，均为公募基金，相当于国外市场的共同基金。根据国际学者 Ackermann、McEnally 等的研究，由于对冲基金这种私募基金在决策机制、费率结构、激励机制、规模

① 本文发表于 2005 年 11 月 29 日《证券时报》。

以及投资策略等方面与公募基金有所不同，对冲基金普遍的表现要超过公募基金。根据VAN对冲基金顾问公司的统计，美国市场1995—2000年对冲基金与共同基金的业绩对比，表现最好的前10名对冲基金的平均收益率达到53.6%，而表现最好的共同基金平均收益率为36%，同时表现最差的对冲基金的平均收益率为-7.7%，而表现最差的共同基金的平均收益率为-19.8%。而QFII的内部投资体制，与私募基金的管理机制相似，或者说QFII机构完全具有这种能力。因此仅从基金结构而言，QFII具有这方面的基础优势。私募基金业绩表现出色的主要原因是私募基金管理人与出资人之间的特殊交易结构。第一，基金管理人作为一般合伙人要部分出资，作为其全部管理资金的一部分。基金管理人这种双重代理身份，使其更具有努力提高业绩的动力。第二，对冲基金经理的收入必须达到事先约定的基准（或最低收益率）回报率之后，才能得到管理费用，否则只能拿薪金。在业绩标准设定方面，对冲基金经理必须接受高标尺条款，即管理分红必须达到要求的标尺条款。如果因当年盈利任务未完成，次年管理费的收缴要回补上年未完成任务部分，弥补结束后才可以收取管理费。第三，对冲基金一般具有最低投资规模和资金的最短锁定期，出资人在锁定期内资金不能撤离，保证了资金的稳定性。第四，国外的私募基金通常规模较大，大规模的资金其规模效应显著，能够支付最优秀的研究费用的信息资料费用，有助于其随时掌握全球金融市场的动态，形成跨市套利的快速决策。为鼓励对冲基金的发展，1997年6月，美国证监会（SEC）放宽了对冲基金的投资者上限为100个的人数限制。第五，对冲基金的投资策略灵活，可以使用杠杆、卖空、互换、套利以及其他衍生产品投资技术。其投资策略一般不同于共同基金的买进—持有策略，而是采用动态投资策略，使得其资产表现往往与大盘指数几乎没有相关性。虽然美国本土注册的对冲基金要求投资者人数不得超过500个，但如果私募基金来源于离岸市场的话，其税率和投资者人数以及信息披露更加自由，为基金管理人提供了更加宽泛的投资策略选择和心理优势。

对于共同基金，国际上通行的管理费收取标准最少由基金规模和表现两项指标决定，我国目前证券投资基金管理人的收入一般只与规模有关。我国证券投资基金的收费方式在面临市场竞争方面需要改进。此外，我国证券市场的私募基金数量已经达到约 5000 亿元人民币的规模，是市场的重要投资力量。对于我国私募基金的发展应当采取鼓励的态度，使其有合法的身份积极参与市场，提高实战水平，完善整个股票市场机构投资者之间的均衡博弈结构。

其次，QFII 的资金成本低，有利于其在 A 股市场表现出有耐心的、长期的心理优势。QFII 在设立时，并未要求其明确资金来源，同时批准额度对于这些大的国际性机构来说，所占其自有资金比例极小，这些机构的国际市场筹资能力又特别强，因此推测 QFII 的资金成本接近于国际资本市场价格。美联储自 2004 年 6 月 30 日从 40 年来的低点 1.0% 开始，连续升息 12 次，到 2005 年 11 月 1 日将美元基准利率上调至 4.0%，即便按照高盛公司的乐观估计，人民币兑美元汇率继续升值 20% 计，QFII 投资到 A 股的资金成本约为 4.8%。如果按照世界银行 2005 年 6 月 1 日公布的伦敦同业拆借美元利率，则更低至 3.53%，加上 20% 的升值预期，其成本为 4.24%。然而，根据我国学者的研究，我国银行贷款的资金成本尽管在全国按照区域性市场划分有一定的差别，但平均成本为 10% 左右，大部分的贷款机构不能按照人民银行公布的信贷利率价格从银行筹集到资金，而申请信贷过程中增加许多交易费用。按照金融市场结构理论和IS－LM模型，如果按照银行资金成本的实际价格，折算证券市场投资回报率的话，我国证券市场的平均市盈率（P/E）应达到 10 倍，并且每股收益全部用于分红计算，才具有证券市场与信贷市场相等的资金回报率。这个前提条件在目前的市场状况是很难达到的，这诱发了国内基金经理对我国证券市场整体估值不看好的判断。由于像美国的金融市场主要以证券化资产为主，其联邦利率基本上可以作为一个真实价格用于计算对应的证券资产融资的价格。我国金融资产以储蓄性信贷资产为主，资金的价格更应当主要地以信贷资产价格计算。

可以看出，由于国内和国际金融两个市场存在比较大的结构性差异，以及摩擦成本（或称交易成本）的存在，直接影响了不同国别背景的机构投资者对同样的人民币资产价格计算的证券价格产生了巨大的分歧。QFII 对我国证券市场的投资，使得 A 股市场成了国际金融市场和国内金融市场金融资产价格传导的枢纽。我国金融市场结构失衡，各子市场之间分割严重，多层次市场建立滞后，在这个问题上得到了直接的表现。

再次，也要看到 QFII 投资机构为获取有利的投资机会对市场进行有诱导性分析的信息传递和扩散背后的利益动机。最为典型的是，自 QFII 被批准进入中国 A 股市场以来，这些机构有的研究人员在不同场合、媒体和时间里，多次发布认为 A 股估值过高的信息，直到演变成我国本土证券投资人士与其针锋相对的 PK。讨论的结果姑且不论，但我们至少应当看到，证券市场作为一个资本流动和趋利性极强的场所，每个交易方都有自己的利益立场，研究人员各为其主。此外，假设按照 QFII 的投资理念和价值判断的标准看，从 QFII 大幅增仓的结果看，至少有一点可以明确，A 股不是没有投资价值。实际上，我国流通股资产价格大幅下跌的最主要原因，与我国证券市场发展制度变迁有关。由于我国证券市场在全流通改革之前政府行为不能规范，通过控制上市资源造成流通股价格高企，而此次全流通改革的力度大、速度快，过去二级市场的 A 股投资者普遍具有亏损心理阴影，一定程度上造成了国内投资者对 A 股市场缺乏信心的后果。

最后，我国证券投资专业人士应当扎扎实实地研究市场，用全球化的眼光来判断市场。通过自己独立的、客观的判断，争取话语权，不人云亦云，比如 QFII 机构研究人员所举的印度基金经理的案例，恰恰由于国内机构投资者很少关注而显得被动。同时必须承认，我国证券投资行业虽然人才济济，但要追赶 QFII 这些在发达市场脱颖而出的杰出机构，尚有不小的差距，其中最突出的差距是投资的国际化眼光。以 G 宝钢与纽约交易所上市的浦项和米塔尔为例，11 月 17 日，G 宝钢报收于 3.85 元，市盈率 4.8 倍，未来 3 年里的年分红回报率接近 8%；同天，世界钢铁巨头米塔尔在纽约证券交易所报价为 26.51 美元，分红回报率为 0.75%。另一个巨头韩国浦项钢铁的报价为 50.66 美元，分红回报率为 3.08%，均大大低于宝钢水平，但这两个外资钢铁企业近两年的股价走势要稳健许多。最近 5 年，浦项和米塔尔最大涨幅接近 5 倍，面对近期钢价整体下调的局面，米塔尔的下跌幅度不足 16%，浦项的下跌幅度为 6.5%。若以目前 A 股市场的估值水平，理论上外资只需用 1100 亿元人民币就能全面收购中国最大的三个钢铁上市企业：宝钢、武钢和鞍钢新轧。而根据我国研究人员的估计，这样的总估值远远未达重建一个宝钢的资金需求。仅由此判断，国内投资机构与国际投资机构在钢铁行业全球的投资价值的认识是非常不同的。

在金融市场全球跨市套利的背景下，我国投资机构如果不能用国际化的眼光来判断国内资产，很可能会将 A 股市场中坚资产和影响力让与他人，在对我国金融资产定价权争夺中失利。随着我国金融服务贸易领域的开放，我国金融市场与全球金融市场的融合和互动将变得更加深入，我国金融市场资产价格的变化将更多地受国际金融市场变动的影响。我国机构投资者应当正视差距，刻苦修炼；要直接跟踪和把握国际资本市场的几大中心作为动态发源地的状况。取法其上、得乎其中，以国际化的眼光判断资产价格的变动趋势，迅速提高自己管理资产的能力和水平，真正担负其资产管理人的责任，不辱使命。

我国私募基金的问题、出路与前景[①]

我国私募基金是伴随我国证券市场共同成长的机构投资者。虽然关于私募基金的作用、地位在学术界和政府主管部门并没有得到共识，但是私募基金对于活跃市场、分散市场风险等方面的作用则不可否认。近期以来，我国金融市场局面发生的一些变化，将对我国私募基金产生重要的影响。

对于我国私募基金的研究，主要有李惠（2001）、夏斌（2002）、韩志国（2002）。剩余的是一些硕士研究生论文，如吕德忠（2000）、王彬（2000）、李春（2000）、何声焘（2000）、李果（2000）、黄东明（2000）、郝磊（2000）、潘道义（2000）、马晓峰（2000）、韩淑伟（2000）等。相比之下，我国研究对冲基金的学者较多，仅博士论文就有陈儒（2000）、孙建冬（1999）、程翼（2001）、陈肇强（2004）、陈高翔（2002），以及刘壮成（2005）等。由于国际金融市场基金业的法规发育相对成熟得多，国外学者对基金的研究一般分为共同基金与对冲基金。在此两大类之下，又有许多研究其子项目的研究成果。私募基金在国外的研究文献中几乎没有。我国通常所指的私募基金在很大程度上相当于国际资本市场所说的对冲基金。

一　我国私募基金生存环境发生了很大的改变

1. 国际私募基金市场出现新动向

近年来，国际资本市场出现了的一个显著现象首先是私募基金的

---

① 本文发表于2006年第60期《经济研究参考》。

② 本文借鉴了《上海证券报》记者周宏提供的宝钢、浦项和米尔塔的案例，在此致谢。

发展速度很快，业绩引人注目，其模式越来越受到一些大的机构投资者的认可，成为国际金融市场的焦点。根据欧洲私募股权与创业资本协会统计，2003 年欧洲私募股权的总投资额达到 291 亿欧元，总的融资量达到 270 亿欧元。普华永道世界投资报告认为，2004 年私募股权投资额占 GDP 的份额在北美、欧洲和亚洲分别为 0.97%、0.28%、0.23%。近 5 年来，美国的私募股权基金总量增长了 1 倍，达到目前的约 7000 亿美元的规模。此外，全球对冲基金增长迅速，1990 年全球大约有 390 亿美元对冲基金资产，到 2003 年，已达到 6500 亿—7000 亿美元的资产规模，平均每年的增长速度超过 25%。过去 5 年，美国退休基金总数约 5 万亿美元资产，在对冲基金、私募股权基金、房地产基金以及衍生金融工具中投资的比例从 2% 增长到 5%。著名的加州退休基金、宾夕法尼亚州退休基金，以及通用电气（GE）等，都放宽了对私募基金的投资限制比例，而欧洲的许多退休基金也提高了投资于私募基金的比例。根据世界银行的统计，我国养老基金从 2001 年到 2075 年的收支缺口将达到 9.15 万亿元人民币。以现行的投资体制，应付如此大的开支是不可能的，唯一的办法是在充实账户的同时，提高投资收益率。提高投资收益率的办法之一就是将部分资产委托给表现优秀、诚实信用的私募基金管理。根据美国市场 1995—2000 年对冲基金与共同基金的业绩对比，表现最好的前 10 名的对冲基金的平均收益率达到 53.6%，而表现最好的共同基金平均收益率为 36%，同时表现最差的对冲基金的平均收益率为 -7.7%，而表现最差的共同基金的平均收益率为 -19.8%。对冲基金这种私募基金形式收益水平显著高于共同基金这种公募基金。因此，不能将养老基金完全依赖于受政府制定管理费价格保护的证券投资基金管理公司。最后，在创业投资方面，2003 年，仅欧洲管理的资产就有约 1.8 万亿美元，这些分布在 36 个欧洲国家，平均每个国家的风险投资资产约为 500 亿美元，是我国的近 40 倍。可见，我国的创业投资发展有极大潜力。我国私募基金应当认识到上述这些国际私募基金界出现的新动向，并密切关注其对国内市场所产生的深远影响。

我国私募基金类似于国际金融市场的对冲基金（Hedge Fund）。比如纽约商品交易所对对冲基金的定义为：有可能投资与多样化资产的私人机构投资者，他们的交易行为和投资行为是代表其客户的利益，这些客户多数是高净值的私人。这里，除了高净值的私人客户之外，其他的内容完全与我国的私募基金相同。而我国的私募基金的资金来源其实也有许多是民营企业和私人投资者，当然也包括一些国有机构。而国外大部分的大型机构的资金一般投资与共同基金（Mutual Fund，例如类似于我国的证券投资基金）。对冲基金在50年前刚刚出现，自20世纪80年代末期以来，对冲基金发展迅速，每年的增长速度达到25%。根据Temont公司统计，1990年大约有390亿美元投资在对冲基金中，到2003年，有6500亿—7000亿美元的资产由对冲基金管理，这些资产分布在约5000个基金中，平均每个基金的数额超过1亿美元。同时，全世界的对冲基金数量有92%在美国，有7%在欧洲，只有1%左右的数量存在于亚洲和全世界其他剩余地区。可见，美国是对冲基金的主要控制地。而现代信息技术已经足以使巨额资金在数分钟以内，从全球其他地区汇集到一处。相比较而言，我国私募基金规模很小。根据我国学者估计，我国A股市场的私募基金规模大约有5000亿元人民币，合600亿美元。规模较大的单一基金数额估计为2亿—3亿元人民币，合3000万—4000万美元。

2. 私募基金在国内的投资面临外国投资者的竞争

私募基金生存的重要条件是资金来源稳定。私募基金的资金来源不光受到国内储蓄、证券、信托、保险、外汇等理财产品的竞争，也受到外资金融机构开发的互换产品的竞争，以及外资商业银行和投资银行对私人银行业务的开拓的竞争（私人银行业务的主要客户是高净值私人投资者）。据统计，目前在我国的外资银行共有225家营业性机构和240家代表处，本外币资产总额为796亿美元。越来越多的外资银行正在进入中国市场。外资银行在金融产品开发和市场开发方面拥有丰富的经验，对于开发我国市场也是有的放矢。例如渣打银行和荷兰银行在2005年5月推出的理财金融产品是比较典型的互换业务。而私人银行业务也受到外资银行，尤其是有经验的欧洲银行的强烈关注。20世纪末期以来，东南亚经济的快速发展，使得欧美私人银行业务在东南亚各国储备了开发亚洲市场的经验。近20年来我国经济的持续高速增长以及积累的巨额民间储蓄，受到了这些银行的密切关注。相比之下，我国私募基金的资金来源主要是靠基金经理与资金方的特殊私人关系维系。这对于发展一种可利用现代营销技术开发客户的业务是难以成功的。如果没有客户的资金，私募基金名存实亡。

随着我国证券市场的逐步对外开放，许多合规投资者对我国A股进行了重点的、持续性的投资。由于这些外资机构资金来源稳定，操作经验丰富，分析市场工具科学，其在A股市场的盈利将可能有持续性。以2006年上半年以来的QFII投资成绩即是明证。此外，国外不少熟悉亚洲市场的对冲基金看好中国经济的长期发展，以及近期以来人民币升值预期的作用，许多对冲基金以变相的手段进入我国证券市场，使得证券市场存在有“神秘资金”的猜测。再者，虽然我国目前实行资本管制，但是国外资金要想进入国内市场，手段还是比较多的，甚至可以通过金融工具创新中的“互换”（Swap），与境内的私人机构合作，以境内身份投资，但实际控制人和操作人与对冲基金完全相同。与合规的QFII相比，这些以对冲基金为背景的资金操作手段可能更加凶悍。对冲基金进入市场的首要目的是盈利。对于我国目前A股市场规模较小，许多上市公司流通股本小的情况下，更加容易通过造市获取超额利润。我国证券市场开放是一个大的趋势，为长远计，我国的私募基金应当对当前的形势予以警醒，认真研究、学习国际对冲基金的经验和技术，发展稳定的资金来源和风险控制技术。

3. 法律地位尚待确认

过去，由于私募基金身份不能得到确认，加上我国对私人及其机构筹集资金有严格的限制，使得私募基金在证券市场投资的手段主要以短期、投机为主。一般是做完一个波段后，将客户资金归还，并将剩余利润按照事先约定进行分割。其实，这种政府管制的方案既不利于金融市场的正常发育，也不利于我国机构投资者能力的培育。对于私募基金不予承认的态度，其背后的原因，可能是担心对市场的破坏作用，此外可能担心与国有机构合作导致国有资产流失的问题。上述两个担心，在现代交易技术的监管方面都可以获取到有效的证据。对市场的破坏，不光自身承担着巨大的投资风险，而且承担着司法风险。在这些风险面前，私募基金一定会仔细考虑的。此外，如果私募基金与国有机构合作，并且存在国有机构资产流失的话，应当从国有机构经营监管的源头寻找解决方案。比如不能因为银行的信贷腐败，就把商业银行关张了事。市场，尤其是金融市场，其趋利性是非常强的。如果市场不开放，私募基金发展就会出现畸形。对于私募基金的身份地位不予确认，并没有导致私募基金不与国有机构合作并形成的国有机构资产流失的可能性。同时，在其他资产市场上，典当、抵押、私人机构之间借款甚至吸储等各种私人筹集资金的形式已经完全开放了。近期，我国主管部门高层多次在不同场合表示对私募基金身份予以确认的信息，但有些表态还是有强烈的金融控制的影子。主管机构应当深入研究国际对冲基金市场发展的态势，以及恰当地把握我国金融市场发展的阶段特点，给私募基金以平等的国民待遇。

二　不同种类私募基金的出路

私募基金是资本市场的重要组成部分，国际市场对其内涵一般分为对冲基金、私募股权基金和创业投资基金（也可称为风险投资基金）。我国私募基金通常专指从事与证券市场投资的、非公募形成的机构投资者。据统计，我国A股市场的私募基金规模大约有5000亿元人民币。规模较大的单一基金数额估计为2亿—3亿元人民币。市场结构面临变迁，其发展方向将出现显著变化。当前证券市场的深入发展以及外资背景的投资机构的竞争，要求我国私募基金机构业务分工将更加细密。这个私募基金业面临结构性变动。私募基金应当积极调整，主动适应，选择自己擅长的领域，摸索适合自己的盈利模式。

1. 出路之一——并购型基金

股票市场的全流通改革是政府的既定目标。改革结束后，股票市场的流通股数量将比改革之前增加3—4倍。上市公司之间的收购也将比全流通之前简单得多，敌意收购（hostile acquisition）的压力也将迫使现有上市公司的管理层更加密切地与股东合作，以避免被收购的被动局面出现。此外，股票全流通后，为达到产业扩张的目的，上市公司之间的相互收购也将变得容易且更有经济效率改善的意义。通常上市公司不论何种形式的收购，都会给其财务结构带来较大的影响，并导致股票价格有所变化。这种变化必然对私募基金的投资模式带来变化。其中有些私募基金可能专注于这样的业务，由目前的普遍投机性私募基金转变为专业化从事上市公司并购甚至产业并购的合作伙伴性基金（M&A Fund）。这种收购基金正是发达国家金融市场为数庞大的私募股权基金（private equity fund）中的一种。以近年来在我国多有斩获的美国凯雷集团为例，该公司自有资金约为 80 亿美元，而投资带动的资金可达 800 亿美元，比我国 A 股市场全部私募基金的总数还要多。强大的资金优势、政治优势和全球资本上谙熟的人脉关系，对一些并购项目基本上可以进行一些“外科手术”式的操作，即整体收购，不用十分费力地拿到海外资本市场上市，获取超过 30% 的年收益率。此外，近年来在内地非常活跃的房地产投资商凯德置地（capitaland），其母公司则是新加坡交易所上市的大型房地产商嘉德置地集团在中国的全资子公司。这些国际投资机构，以全球化的金融眼光来看待机会，巧妙地组合资产，进行跨国金融市场套利。因此，在国际私募股权基金迅速发展的状况下，我国的私募基金行业的政策限制，将逐渐变得宽松。以当前国内证券市场规模，定位为收购基金的私募基金机构，一般需要有 3 亿元左右人民币自有资产的机构可以向这个方向摸索，通过 3 倍的杠杆比例，带动 10 亿元左右的投资。此外，还要深入研究国际并购基金的商业模式，争取寻找跨国金融市场套利的机会。

2. 出路之二——对冲型基金

随着上市公司股票全流通的实现，上市公司的股票数量将增加数倍，这为参与股票投资的资金的流动性增加了方便。加上证券监管严格程度的增加，单个的机构投资者很难像以前一样利用“坐庄”的资金和信息优势，获取超额的利润。此外，由于价值投资理念的逐步被人们认识，通过合谋锁定股票数量，从而推高股价的操作方式变得越来越高风险。由于股票数量的增加，以及单一机构持有股票引起的要约收购披露义务，使得单一股票中的投资者呈现一种类似于垄断竞争或充分竞争的市场格局，单一的机构很难具有先行优势。最后，随着股票市场做空机制的形成，股票买卖的任何一方对股票价格的预期走向比单一走势时变得更具有易变性（Volatile）。因此，单纯地锁定价格并且推动价格上涨的操作模式全部需要改写。即便没有最后这一点，由于上述三个原因，对于单纯从事股票买卖的投资机构，只能遵循有效市场理论（EMH）的指导，对价格的瞬时偏离进行适当的投机。然而，在一个逐渐成熟的二级市场上，价格非理性波动所出现的套利机会时间十分短暂，并且股票数量的增加和持仓品种的增加，私募基金经理通过个人盯盘的方式也将变得不适用。因为基金经理受个人体能和智力的影响，在瞬时的价格波动中，难以很快判断投资机会。因此，通过编制计算机模型和程序，并且将交易指令嵌入到这种程序中，成为私募基金管理资产的最佳方式。所不同的是，在交易指令嵌入程序时，基金经理必须清楚地知道自己的预期收益率和与其风险承担系数。当基金管理人对自己所管理的资金的风险偏好有完全的认识，并以此为基础制定投资策略时，市场机制的最佳配置资源的功能才能得以体现。这种方法是西方大型金融市场投资中最常见的手段之一，而随着我国证券市场的开放和发展，其用途逐渐成熟。比如最近上市的宝钢权证，就完全可以用计算机设定的模型进行交易，其控制交易风险的能力远远高于交易员（操盘手）的瞬时决策。这种私募基金实际上最后将演变成为比较典型的对冲基金（hedge fund）。目前，国内已经有声称为对冲基金的投资机构，但是其网站显示，其设计的产品还显得过于狭窄，难以与当前的市场状况相匹配。从事对冲投资的机构，对资产的规模不受限制，最主要的是开发有效的风险控制和转移技术。

3. 出路之三——创业投资基金

20 世纪末，我国在科教兴国战略的指引下，各地成立了不少风险投资机构。由于当时纯粹意义的风险投资环境并不十分成熟，而股票市场火爆，不少风险投资公司的投资组合中持有二级市场股票。这部分机构有的演变成为主要在二级市场投资的机构投资者。但是随着我国证券主板市场改革逐步完善，以及外资风险投资公司在风险投资领域的成功的示范效应。上述这些机构还将会有参与风险投资这种直接投资的兴趣。同时，由于其有参与二级市场的经验，其投资的二级市场的上市公司的主业很有可能是其风险投资选择直接投资项目的重要依据，也是其风险投资项目退出的重要出口。而股票全流通的改革和证券主管部门对上市公司经营业绩的要求的增加，上市公司必须实实在在考虑其并购的项目能够为其经营业绩加分。而不同于过去市场中单纯为制造题材的收购。在这种条件下，上市公司、风险投资公司、被投资项目的创业者，以及该上市公司的股票投资者，可能得到多赢局面。虽然这种模式对于风险投资公司有内幕交易（inside trader）的嫌疑，但是以现行国内的法律体系和执法空间，这种模式具有一定的可操作性。此外，发达市场一直持续关注的内幕交易实际上也是在法律和法规限度内获取合法的、相对可靠的利润的重要手段之一。上述这种投资模式，可以成为一部分有创业投资经验和背景的私募基金探讨的发展方向。

实际上，我国快速成长的中小型企业一直是风险投资机构掘金的领域。据安永公司的统计，2004 年，我国完成的风险投资金额已经达到 12.7 亿美元，而在 2002 年，这个数据只有 4.18 亿美元。其中外资已经成为我国风险投资事业发展的重要力量。比较而言，外资在项目选择和退出机制上更具有优势。比如高盛对蒙牛的投资（Pre – IPO），以及凯雷集团对携程网（Ctrip）的投资。这样的盈利模式是我国具有风险投资经验和背景的私募基金所必须关注的。一般从事该类业务的投资者，应当具有 5000 万元以上人民币资产。通过制定合理的资产组合，从事跨市场套利。

三　向身边的 QFII 学习

2005 年以来，QFII 在我国证券市场的投资表现十分显著。从大量增仓封闭式基金，到持续增仓 A 股，再到青睐股改股，其投资思路明晰，手法独特。QFII 投资的主要方式是“运动战”，并且板块效应显著。据统计，2004 年年底，沪深 A 股上市公司十大流通股中 QFII 持股家数仅有 47 家，到 2005 年上半年，QFII 持股家数已达到 93 家，持股家数和持股数均翻倍。此时正好市场连续下跌，国内部分基金公司有恐慌性抛盘迹象。在股改试点初期，境内投资者一度纷纷抛弃试点股，而其时 QFII 却开始积极吸纳。上半年，G 申能及 G 韶钢等 8 家个股十大流通股股东中均有 QFII 身影。进入 10 月后，以基金为代表的内资机构，大幅度减持周期类股票，钢铁、石化等大市值行业股票，而在第三季度，瑞士银行、高盛、摩根士丹利等知名的国际投行大手笔增持 G 宝钢。其中，瑞士银行跃居宝钢第一大流通股东，高盛公司环比增持 70%，摩根士丹利的持股数增加到 6608 万股。截至 2005 年 11 月，约有 50 亿美元的 QFII 投资额度被获准投资，未来一段时间，外汇管理局将 QFII 的投资额度增加到 100 亿美元，约相当于 800 亿元人民币。QFII 已经逐渐成为我国证券市场投资的一支重要力量。前期 QFII 的大手笔增仓与内地机构的先后减持所形成鲜明对比，值得关注。根据国际经验，上述现象的背后原因和启示主要有以下几点。

1. 公募基金普遍表现要弱于私募基金

我国证券市场投资基金市值至 2005 年第三季度约为 1600 亿元，均为公募基金，相当于国外市场的共同基金（mutual fund）。根据国际学者 Ackermann、McEnally 和 Ravenscraft（1999），以及 Liang（1999）的研究，由于对冲基金这种私募基金在决策机制、费率结构、激励机制、规模以及投资策略等方面与公募基金有所不同，对冲基金普遍的表现要超过公募基金。根据 VAN 对冲基金顾问公司的统计，美国市场 1995—2000 年对冲基金与共同基金的业绩对比，表现最好的前 10 名的对冲基金的平均收益率达到 53.6%，而表现最好的共同基金平均收益率为 36%，同时表现最差的对冲基金的平均收益率为 -7.7%，而表现最差的共同基金的平均收益率为 -19.8%。而 QFII 的内部投资体制，与私募基金的管理机制相似，或者说 QFII 机构完全具有这种能力。因此仅从基金结构而言，QFII 具有这方面的基础优势。私募基金业绩表现出色主要原因是私募基金管理人与出资人之间的特殊交易结构。第一，基金管理人作为一般合伙人（general partner）要部分出资，作为其全部管理资金的一部分。基金管理人这种双重代理身份，使其更具有努力提高业绩的动力。第二，对冲基金经理的收入必须达到事先约定的基准（或最低收益率，hurdle rate）回报率之后，才能得到管理费用（incentive fee），否则只能拿薪金。在业绩标准设定方面，对冲基金基金经理必须接受高标尺条款（watermark provision），即管理分红必须达到要求的标尺条款。如果因当年盈利任务未完成，次年管理费的收缴要回补上年未完成任务部分，弥补结束后才可以收取管理费。第三，对冲基金一般具有最低投资规模和资金的最短锁定期，出资人在锁定期内资金不能撤离，保证了资金的稳定性。第四，国外的私募基金通常规模较大，大规模的资金其规模效应显著，能够支付最优秀的研究费用的信息资料费用，有助于其随时掌握全球金融市场的动态，形成跨市套利的快速决策。为鼓励对冲基金的发展，1997 年 6 月，美国证监会（SEC）放宽了对冲基金的投资者上限为 100 个的人数限制。最后，对冲基金的投资策略灵活，可以使用杠杆、卖空、互换、套利以及其他衍生产品投资技术。其投资策略一般不同于共同基金的买进—持有策略，而是采用动态投资策略，使得其资产表现往往与大盘指数几乎没有相关性。虽然美国本土注册的对冲基金要求投资者人数不得超过 500 家，但如果私募基金来源于离岸市场的话，其税率和投资者人数以及信息披露更加自由，为基金管理人提供了更加宽泛的投资策略选择和心理优势。

对于共同基金，国际上通行的管理费收取标准最少由基金规模和表现两项指标决定，我国目前证券投资基金管理人的收入一般只与规模有关。我国证券投资基金的收费方式在面临市场竞争方面需要改进。此外，我国证券市场的私募基金数量已经达到约 5000 亿元人民币的规模，是市场的重要投资力量。对于我国私募基金的发展应当采取鼓励的态度，使其有合法的身份积极参与市场，提高实战水平，完善整个股票市场机构投资者之间的均衡博弈结构。

2. 资金成本低，有耐心的、长期的心理优势

QFII 在设立时，并未要求其明确资金来源，同时批准额度对于这些大的国际性机构来说，所占其自有资金比例极小，这些机构的国际市场筹资能力又特别强，因此推测 QFII 的资金成本接近于国际资本市场价格。美联储自 2004 年 6 月 30 日从 40 年来的低点 1.0% 开始，连续升息 12 次，到 2005 年 11 月 1 日将美元基准利率上调至 4.0%，即便按照高盛公司的乐观估计，人民币兑美元汇率继续升值 20% 计，QFII 投资到 A 股的资金成本约为 4.8%。如果按照世界银行 2005 年 6 月 1 日公布的伦敦同业拆借美元利率，则更低至 3.53%，加上 20% 的升值预期，其成本为 4.24%。然而，根据我国学者（谢平等，2004）的研究，我国银行贷款的资金成本尽管在全国按照区域性市场划分有一定的差别，但平均成本为 10% 左右，大部分的贷款机构不能按照人民银行公布的信贷利率价格从银行筹集到资金，而需要申请信贷过程中增加许多交易费用。按照金融市场结构理论和 IS－LM 模型，如果按照银行资金成本的实际价格，折算证券市场投资回报率的话，我国证券市场的平均市盈率（P/E）应达到 10 倍，并且每股收益全

部用于分红计算，才具有证券市场与信贷市场相等的资金回报率。这个前提条件在目前的市场状况是很难达到的，这诱发了国内基金经理对我国证券市场整体估值不看好的判断。由于美国的金融市场以证券化资产为主，其联邦利率基本上可以作为一个真实价格用于计算对应的证券资产融资的价格。我国金融资产以储蓄性信贷资产为主，资金的价格更应当主要地以信贷资产价格计算。可以看出，由于国内和国际金融两个市场存在着比较大的结构性差异，以及摩擦成本（或称交易成本，摩擦成本直接影响交易效率，一个有摩擦的市场可以看作相对低效的市场）的存在，直接影响了不同国别背景的机构投资者对同样的人民币资产价格计算的证券价格产生了巨大的分歧。QFII 对我国证券市场的投资，使得 A 股市场成了国际金融市场和国内金融市场金融资产价格传导的枢纽。我国金融市场结构失衡，各子市场之间分割严重，多层次市场建立滞后，在这个问题上得到了直接的表现。

3. 客观看待信息引导

要看到 QFII 投资机构为获取有利的投资机会对市场进行有诱导性分析的信息传递和扩散背后的利益动机。最为典型的是，自 QFII 被批准进入中国 A 股市场以来，这些机构有的研究人员在不同场合、媒体和时间里，多次发布认为 A 股估值过高的信息，直至演变成我国本土证券投资人士与其针锋相对的 PK。讨论的结果姑且不论，但我们至少应当看到，证券市场作为一个资本流动和趋利性极强的场所，每个交易方都有自己的利益立场，研究人员“各为其主”。此外，假设按照 QFII 的投资理念和价值判断的标准看，从 QFII 大幅增仓的结果看，至少有一点可以明确，A 股不是没有投资价值。实际上，我国流通股资产价格大幅下跌的最主要原因，与我国证券市场发展制度变迁有关。由于我国证券市场在全流通改革之前政府行为不能规范，通过控制上市资源造成流通股价格高企（李茂生，1996；2002），而此次全流通改革的力度大、速度快，过去二级市场的 A 股投资者普遍具有亏损心理阴影，一定程度上造成了国内投资者对 A 股市场缺乏信心的后果。

4. 我国证券投资专业人士应当扎扎实实研究市场，用全球化的眼光来判断市场

通过自己独立的、客观的判断，争取话语权，不人云亦云，比如

QFII 机构研究人员所举的印度基金经理的案例，恰恰由于国内机构投资者很少关注而显得被动。同时必须承认，我国证券投资行业虽然人才济济，但要追赶 QFII 这些在发达市场脱颖而出的杰出机构，尚有不小的差距，其中最突出的差距是投资的国际化眼光。以 G 宝钢与纽约交易所上市的浦项和米塔尔为例，11 月 17 日，G 宝钢报收于 3.85 元，市盈率 4.8 倍，未来 3 年的年分红回报率接近 8%；同天，世界钢铁巨头米塔尔在纽约证券交易所报价为 26.51 美元，分红回报率为 0.75%。另一个巨头韩国浦项钢铁的报价为 50.66 美元，分红回报率为 3.08%，均大大低于宝钢水平，但这两个外资钢铁企业近两年的股价走势要稳健许多。最近 5 年，浦项和米塔尔最大涨幅接近 5 倍，面对近期钢价整体下调的局面，米塔尔的下跌幅度不足 16%，浦项的下跌幅度为 6.5%。若以目前 A 股市场的估值水平，理论上外资只需用 1100 亿元人民币就能全面收购中国最大的三个钢铁上市企业：宝钢、武钢和鞍钢新轧。而根据我国研究人员的估计，这样的总估值远远未达重建一个宝钢的资金需求。仅由此判断，国内投资机构与国际投资机构在钢铁行业全球的投资价值的认识是非常不同的。在金融市场全球跨市套利的背景下，我国投资机构如果不能用国际化的眼光来判断国内资产，则很可能会将 A 股市场中坚资产和影响力让与他人，在对我国金融资产定价权争夺中失利。随着我国金融服务贸易领域的开放，我国金融市场与全球金融市场的融合和互动将变得更加深入，我国金融市场资产价格的变化将更多地受国际金融市场变动的影响。我国机构投资者应当正视差距，刻苦修炼；要直接跟踪和把握国际资本市场的几大中心作为动态发源地的状况。取法其上、得乎其中，以国际化的眼光判断资产价格的变动趋势，迅速提高自己管理资产的能力和水平，真正负得其资产管理人的责任，不辱使命。

参考文献

[1] 包明宝：《泛投资基金：从证券基金、产业基金到创业基金》，经济管理出版社 2000 年版。

[2] 化荣：《招财狐狸——京城私募基金实战揭秘》，经济管理出版社 2003 年版。

[3] 李茂生：《中国证券市场透析》，中国社会科学出版社 2002 年版。

[4] 凌爱文：《中国资本市场中的私募股权投资分析》，《首席财务官》2005 年 10 月 18 日。

[5] 盛立军：《中国资本市场的制度选择》，香港：中华书局 2002 年版。

[6] 盛立军、刘鹤扬、夏祥芳：《私募股权基金 300 问》，暨南大学出版社 2005 年版。

[7] 夏斌、程道富：《我国私募基金报告》，上海远东出版社 2002 年版。

[8] 郑伟鹤、陈耀华、盛立军：《私募股权基金与金融资产管理》，机械工业出版社 2004 年版。

[9] 中央财经大学课题组：《中国证券市场私募基金规模及影响的调查与测估》，国泰君安证券网，2004 年 7 月 29 日。

[10] Aragon, G., "Share Restrictions and Asset Pricing: Evidence from the Hedge Fund Industry", *Working Paper*, Arizona State University, 2005.

[11] Cumming, D. and U. Walz, "Private Equity Returns and Disclosure around the World", Mimeo, 2004.

[12] Dwyer, Maurice, *Private Equity Transactions*, Sweet & Marxwell, 2000.

[13] Fabozzi, Frank J., The Handbook of Financial Instruments.

[14] Jensen, M. "The Performance of Mutual Fund in the Period 1945 – 1964", *Journal of Finance*, 23 (1968).

[15] Jobman, Darrell R., *The Handbook of Alternative Investments.*

[16] Kaplan, S. N. and A. Schoar, "Private Equity Performance: Return, Persistence, and Capital Flows", *Journal of Finance*, forthcoming, 2005.

[17] Liang, B., "On the Performance of Hedge Funds", *Financial Analysts Journal*, 55 (1999).

[18] Ljungqvist, A. and M. Richardson, "The Investment Behavior of Pri-

vate Equity Fund Mangers", *Working Paper*, NYU, 2003.

[19] Lo, A. , "Risk Management for Hedge Funds: Introduction and Overview", *Financial Analysts Journal*, 57 (2001) .

[20] Malkiel B. and A. Saha, "Hedge Funds: Risk and Return", *Working Paper*, Princeton University, 2004.

[21] Mitchell, M. , and T. Pulvino. "Characteristics of Risk and Return in Risk Arbitrage", *Journal of Finance*, 56 (2001) .

[22] Moskowitz, T. and A. Vissing - Jorgensen, "The Private Equity Premium Puzzle", *American Economic Review* 92, 2002.

[23] Phalippou, L, and M. Zollo, *What Drives Private Equity Fund Performance*?, Mimeo, 2005.

[24] Sharp, W. "Mutual Fund Performance", *Journal of Business*, 39 (1966).

[25] ____, "Hedge Fund Performance: 1990 - 1999", *Financial Analysts Journal*, 57 (2001).

尽快让私募基金合法化[①]

我国私募基金是伴随我国证券市场共同成长的机构投资者。虽然关于私募基金的作用、地位在学术界和政府主管部门并没有达成共识，但是私募基金对于活跃市场、分散市场风险等方面的作用不可否认。近期以来，我国金融市场局面发生的一些变化，将对我国私募基金产生重要的影响。

一　国际对冲基金与我国私募基金

我国私募基金类似于国际金融市场的对冲基金（Hedge Fund）。比如纽约商品交易所对对冲基金的定义为：有可能投资于多样化资产的私人机构投资者，他们的交易行为和投资行为是代表其客户的利益，这些客户多数是高净值的私人。这里，除了高净值的私人客户之外，其他的内容与我国的私募基金完全相同。而我国的私募基金的资金来源其实也有许多是民营企业和私人投资者，当然也包括一些国有机构。而国外大部分的大型机构的资金一般都投资于共同基金（Mutual Fund，类似于我国的证券投资基金）。对冲基金在50年前刚刚出现，自20世纪80年代末期以来，对冲基金发展迅速，每年的增长速度达到25%。根据Temont公司统计，1990年大约有390亿美元投资在对冲基金中，到2003年，有6500亿—7000亿美元的资产由对冲基金管理，这些资产分布在约5000个基金中，平均每个基金的数额超过1亿美元。同时，全世界的对冲基金数量有92%在美国，有7%在欧洲，只有1%左右的数量存在于亚洲和全世界其他剩余地区。可见，美国是对冲基金的主要控制地。而现代信息技术已经足以使巨额资金在数分钟以内，从全球其他地区汇集到一处。相比较而言，我国私募

---

① 本文发表于2005年11月14日《证券时报》。

基金规模很小。根据我国学者估计，我国A股市场的私募基金规模大约有5000亿元人民币，合600亿美元。规模较大的单一基金数额估计为2亿—3亿元人民币，合3000万—4000万美元。

二　私募基金市场正在被外资蚕食

私募基金生存的重要条件是资金来源稳定。私募基金的资金来源不光受到国内储蓄、证券、信托、保险、外汇等理财产品的竞争，也受到外资金融机构开发的互换产品，以及外资商业银行和投资银行对私人银行业务开拓的竞争（私人银行业务的主要客户是高净值私人投资者）。据统计，目前在我国的外资银行共有225家营业性机构和240家代表处，本外币资产总额为796亿美元。越来越多的外资银行正在进入中国市场。外资银行在金融产品开发和市场开发方面拥有丰富的经验，对于开发我国市场也是有的放矢。例如渣打银行和荷兰银行在2005年5月推出的理财金融产品是比较典型的互换业务。而私人银行业务也受到外资银行，尤其是有经验的欧洲银行的强烈关注。自20世纪末期以来，东南亚经济快速发展，使得欧美私人银行业务在东南亚各国积累了开发亚洲市场的经验。近20年来我国经济的持续高速增长以及积累的巨额民间储蓄，受到了这些银行的密切关注。相比之下，我国私募基金的资金来源主要是靠基金经理与资金方的特殊的私人关系维系。如果没有客户的资金，私募基金则名存实亡。

随着我国证券市场的逐步对外开放，许多合规投资者对我国A股进行了重点的、持续性的投资，由于这些外资机构资金来源稳定，操作经验丰富，分析市场工具科学，其在A股市场的盈利很可能具有持续性，2005年上半年以来的QFII投资成绩即是明证。此外，国外不少熟悉亚洲市场的对冲基金看好中国经济的长期发展，以及近期以来人民币升值预期的作用，许多对冲基金以变相的手段进入我国证券市场，使得证券市场存在有“神秘资金”的猜测。再者，虽然我国目前实行资本管制，但是国外资金要想进入国内市场，手段还是比较多的，甚至可以通过金融工具创新中的“互换”（Swap）与境内的私人机构合作，以境内身份投资，但实际控制人和操作人与对冲基金完全相同。与合规的QFII相比，这些以对冲基金为背景的资金操作手段可能更加凶悍。对冲基金进入市场的首要目的是盈利。对于我国目前

A股市场规模较小，许多上市公司流通股本小的情况下，更加容易通过造势获取超额理论。我国证券市场开放是一个大的趋势，为长远计，我国的私募基金应当对当前的形势予以警醒，认真研究和学习国际对冲基金的经验和技术，发展稳定的资金来源和风险控制技术。

三　应尽快给私募基金合法身份

过去，由于私募基金身份不能得到确认，加上我国对私人及机构筹集资金有严格的限制，使得私募基金在证券市场投资的手段主要以短期投机为主。一般是做完一个波段后，将客户资金归还，并将剩余利润按照事先约定进行分割。其实，政府的这种管制既不利于金融市场的正常发育，也不利于我国机构投资者能力的培育。对于私募基金不予承认的态度，背后的原因，可能是担心它对市场的破坏作用，或与国有机构合作导致国有资产流失。其实，上述两个担心，在现代交易技术的监管方面都可以找到有效的解决办法。对市场的破坏，不光自身承担着巨大的投资风险，而且承担着司法风险。在这些风险面前，私募基金是一定会仔细考虑的。此外，如果私募基金与国有机构合作，并且存在国有资产流失的话，应当从国有机构经营监管的源头寻找解决方案。市场尤其是金融市场，其趋利性是非常强的，如果市场不开放，私募基金发展就会出现畸形。同时，在其他资产市场上，典当、抵押、私人机构之间借款甚至吸储等各种私人筹集资金的形式已经完全开放了。主管机构应当深入研究国际对冲基金市场发展的态势，以及恰当地把握我国金融市场发展的阶段特点，给私募基金以平等的国民待遇。

走可持续发展的能源利用道路[①]

——简评《中国能源发展报告》(2007)

2007年3月,《中国能源发展报告》(2007)由社会科学文献出版社出版。该书是2006年能源发展研究的延续,其中提到的几个问题,值得引起足够重视。

一 煤炭资源利用效率问题

《中国能源发展报告》(2007)提到,我国煤炭资源回收率只有32%。这说明我国一方面能源短缺,另一方面资源浪费;一方面在制造大量的运输问题和仅有的有效产出,另一方面在制造大量的环境污染问题。用经济学的术语说,即具有很大的外部效应。这一点,理应让人们对转变经济增长方式引起足够重视,深入思考并研究采取何等有效的措施。1968年成立的罗马俱乐部出版过《增长的极限》,引起了西方乃至全球对资源利用的重视。40年过去了,这个问题仍然摆在我国面前。从这一点看,《中国能源发展报告》(2007)的出版发行,如果同样能引起国人的足够重视和思考的话,未尝不算是《增长的极限》的中国版本。实际上,鄙见以为,在我国当前具体的国情条件下,需要研究能源资源的协同管理,并且迅速治理的问题——就像证监会、公安部等八大部委发布的《关于进一步做好大股东占用上市公司资金工作的通知》,对股权分置改革的障碍进行治理一样。还有,由于能源资源特别是煤炭资源,在我国能源结构中将长期占主体地位。作为公共资源,煤炭具有显著的公共产品性质。因此,国家在考虑提高这个行业的资源(实际上包括其他能源资源)使用效率时,理论上可以考虑动用最有效的管理体制和制度,比如考虑甚至动用国家

① 本文发表于2007年4月15日《中国经济时报》。

机器，实行部分管制等。

二　能源资源定价机制问题

《中国能源发展报告》（2007）提到，我国自2003年以来，能源矿产资源消耗占全球的30%。但是，在这些资源定价方面，我国还不具备主导权。从我国改革开放多年发展的轨迹看，过去主要是引进利用外资，实行对我国资源的开发，但是，随着我国外汇储备的大量增加，以及国力和世界影响力的逐渐增加，我国应当考虑利用全球资源的有效机制。现代营销理论认为，需求是决定交易的主导力量，因此，需求方对于产品的定价能力应该更强。作为能源的定价机制，应当是全球资源定价对国内资源定价的传导方向，而不是相反。但是由于全球能源的供给资源并不平衡，能源的定价权仍然在纽约、伦敦等金融中心的商品期货市场上。这给我国的启示是，应当加快建立我国的能源期货市场。由能源的需求方来制定能源的期货价格，进而引导现货价格。

三　提出能源效率是优质资源的观点，值得经济学界深入研究

本书提出能源效率是优质资源的观点，也是本书的一个重要看点。正如网络经济自20世纪90年代以来，由于对人们经济行为的巨大改变或巨大的改变潜力，从而推动了网络经济学、信息经济学的深入和独立发展一样，我国特殊的能源体制和经济变化，也可能昭示这样一个经济学理论的一缕曙光，即中国能源经济学理论值得深入研究，并且可能成为经济学研究爱好者淘得宝贝的“富矿”。在这一点上，能源效率是优质资源的观点，是否也可以像知识资本作为新世纪资本资源一样，成为广泛而备受关注的经济学新的话题，并引起人们对这个领域新的认识？

在上述问题外，该书还有一个创新之处，就是该书首次提出我国能源可持续发展及其评价指标体系，试图在数量化分析方面深入研究。不过由于是探索性的研究，有些能源可持续发展及其指标选择方面，值得进一步深入。比如，从经济学的角度理解，可持续发展实际上是资源利用在代际有效分配的问题。因此，代际的时间跨度，就成为资源利用效益最大化的一个重要约束条件。在评价体系中，可持续发展的时间跨度并不是特别清晰。其他一些诸如此类的问题，也需要

在以后年度报告中进一步完善。

该书由中国社会科学院崔民选博士主编，是2006年度《中国能源发展报告》的延续性研究。作为比较全面地覆盖中国当前各能源领域主要特征，该研究成果对于关心和关注我国能源问题的政策制定部门、理论界和产业界人士，有不少值得借鉴之处。

混业经营露端倪，金融机构宜绸缪[①]

2006 年年底我国金融业将全面开放市场。为迎接世界范围的竞争，近期，我国金融机构和主管部门加快了对于混业经营的推动。从金融业务看，自国务院颁布关于天津滨海新区开发开放的意见以来，金融主管部门纷纷迅速落实，对区内金融机构开展混业经营已经允许；保险资金投资领域也随着《国务院关于保险业改革发展的若干意见》的颁布得以拓展，保险公司可以成立基金管理公司；符合条件的创新类券商申请设立海外分支机构，承接海外业务；9 月 8 日我国成立金融期货交易所，利率和国债期货有可能率先挂牌交易；备受金融市场瞩目的私募基金的管理规则也在加紧酝酿讨论之中，私募基金有望获得公开合法身份。从监管的机制协调方面看，银行、保险、证券等分业监管的综合协调性机构也将成立，以提高我国金融业的联合监管效率。这种状况将为本土金融机构业务扩张提供不可多得的机遇，但是也需要这些金融机构认清趋势，认真研究自身条件，扬长避短，以争取在竞争中壮大。

一　要正确估计竞争的严重性，着力挖掘自身竞争优势

金融业开放以后，从市场结构的演变趋势最后将形成垄断竞争的市场格局。一些大型、主要的机构将处于市场主导地位。在这种格局的演变形成过程中，发挥自身优势，稳健经营是最后胜出所需要坚持的策略。要想发挥优势，首先要深入挖掘自身条件。一般而言，银行的主要优势是网点多；财务公司的优势是背靠行业，流动资金丰沛；人寿保险公司的优势是长期资金优势；基金管理公司的优势是研究与

① 本文发表于 2006 年 9 月 25 日《证券时报》。

服务；地方商业银行的优势是当地政府支持所形成的区域客户优势；信用社的优势是农村业务的地域优势和竞争对手可能比较少；证券公司的优势是人才相对集中，业务辐射全国，甚至海外；信托投资公司则在金融与实业结合方面具有优势。具体到个体金融机构而言，还有很多要素需要深入分析。虽然从政策上讲，主管部门要“一碗水端平”，但是政策上允许不等于只要涉足金融混业经营就能够成功。鲜花和陷阱通常相伴而生。由于过去我国的金融机构在准入制上门槛比较严格，在一定程度上有保护，一方面，金融机构的效率受到影响；另一方面，金融内部监管和风险控制效果不好，甚至在基层有不少负面的案例，影响了金融机构的口碑。另外从近几年外资金融机构进入国内市场的强劲增长看，本土机构面临的竞争挑战是严峻的。因此，如果认为金融机构是清闲挣大钱，那么，这种思路已经落后于现实；如果在这种有偏差的观念指导下经营金融机构，则将危害整个经营过程。涉足混业经营的金融机构应以自己最熟悉的行业为业务平台，在此基础上逐渐搭建混业经营业务体系。以核心业务为中心，以延伸业务为半径，拓展一片，成功一片，逐渐布局多元业务结构。

二　发展金融混合业务的核心是金融创新，包括业务创新、工具创新、合作创新等

创新是维持企业长期竞争力最可靠的要素。由于金融产品容易移植、模仿，因此金融创新对于金融企业更为重要。不管是分业经营还是混业经营，以客户需求为核心的金融创新是保持金融机构领先于市场最主要的条件。在分业经营政策环境下，金融创新一般局限在各自的子行业内。混业经营的条件趋于成熟时，客户的综合需求将成为金融机构产品开发、业务创新所围绕的中心。客户的综合性要求需要金融机构提供信贷、资产管理、咨询、避险等多种跨行业工具的组合，必须有银行、基金、研究、期货等业务的“联合作业”。为了协助客户发掘本质需要，金融机构必要时要创造特殊的金融工具。当这种或这类金融工具数量逐渐增长时，就会形成此类金融工具的流通市场。以农业生产企业的金融需要为例，不仅需要短期流动资金的信贷业务，还需要对农业原料的远期价格进行预测或通过“对冲”的期货功能避险，关于气候影响农业产出则需要更高级的天气衍生金融工具来完成。而且，农业生产企业需要的财产需要传统的财产保险服务，但产量的远期自然灾害风险锁定则需要新的保险产品来实现，甚至有可能牵涉再保险业务。因此，金融工具的多重组合和开发，不仅有利于客户业务的发展，更有利于完善金融业整体服务功能。贴近客户需要，发挥自身比较优势，加强业务和工具创新，是金融机构在混业经营中需要贯穿始终的主线。

三　注意加大培育本土金融人才的力度

全球金融业竞争，一定意义上也是金融业人才的竞争。我国金融业人才的全行业、地域方面的分布极为不平衡。相对而言，北京、上海、深圳的高端金融业人才比较集中。行业开放早的、市场竞争相对充分的基金、证券、保险等行业的人才密集度要高于信用社、地方商业银行等。但与外资金融机构相比，本土金融机构的人才密度又显不足。混业经营所需的人才，需要了解多个金融行业业务、具有丰富实践经验和了解国际金融业务发展前沿，同时又对本土市场的运作习惯有深入体验，当然如果对于国内金融政策部门有密切的联系则更好。从有利的角度看，金融业是技术外溢显著的行业，金融技术的外溢容易被模仿者迅速吸收。近年来，我国金融业的青年人才数量可观，因此，如果加强培训，指导得法，金融业人才整体水平通过竞争得到迅速提升是有可能的。

四　加强与各金融主管部门沟通、协调和配合

我国金融业的改革发展是在政府主导、市场跟进下形成的。金融混业经营对于金融机构和政策制定部门都是一个全新的课题。在发展过程中，金融机构要经常将自身的市场体会与政府监管部门沟通，以便共同推进我国金融业朝正确的方向发展。从目前我国的金融监管体制在金融混业经营时代背景下，需要更加紧密配合。这个问题对于各金融监管机构的地方派出机构之间的配合尤甚。首先，金融混业经营的开展增加了地方监管派驻机构的工作量。其次，我国各地区域经济差别显著，当地金融机构如果提出符合客户需要的特殊的金融服务，在品种和工具审批上，可能需要各派出机构的联合审批、协调。在企业特殊需要和监管派出机构联合审批的信息传递过程中，以及这些审批权限的掌握与中央监管机构的审批原则之间，可能会有不少潜在的冲突。这也需要金融机构在产品开发过程中，加强与监管部门沟通，掌握监管边界。此外，如何既有效监管，掌握监管精神，又给市场创新留有余地，给金融机构风险控制基础上增加其竞争力，也是当前我国现行的监管体制转轨发展的一个重要问题。

不稳定的国际货币体系与股票投资机会[①]

最近一段时间以来，A股市场出现了两个显著的热点：一是地产板块，二是资源类企业板块。较之这两个板块，其他行业的板块走势偏弱。这两个板块走强的背景何在，其前景如何？这个情况，折射出国际货币体系和全球投资历史经验的什么含义？这些问题，值得深入分析。

一 国际货币体系的背景及对资产价格的潜在影响

第二次世界大战结束后，美元逐渐成为国际货币合作体系中的“盟主”。由于高额铸币税的利益，美国通过政治军事维持美元在全球经济中的主导地位，在国际贸易结算中，以美元计价的交易额占70%。据估计，在非美国本土流通的美元数量总计超过1万亿美元。由于美元发行实际上不受国际货币合作体系的约束，因此美元的发行，尤其是最终流向海外的发行，是美元继续保持其霸主地位的重要内在驱动力，也是美国经常项目赤字的一个重要原因，更是美元在世界范围内存在贬值潜力的最主要原因。美元的发行机制决定了其通货膨胀不可避免。事实正是如此，独立战争以来，在1971年之后不到11年的时间内，美国批发物价指数上涨了157%。1812年战争时（1811—1814年）为44%，南北战争时（1861—1864年）为118%，第一次世界大战时（1913—1920年）为121%，第二次世界大战时（1939—1948年）为108%，而在1952—1971年的20年里，美国批发物价指数上涨不到30%。可见，美国历史上最严重的通货膨胀发生在1971年脱离金本位制之后的十年里。

① 本文发表于2006年4月27日《中国经济时报》。

当前，欧元已经和美元、日元一样，成为世界主要货币之一。由于大多数主要货币之间已经执行浮动汇率制，各主要货币区的经济竞争所导致的货币竞争可能更加剧烈。由于各主要货币之间的汇率、货币供应协调相当困难，从长期看，各国为应付国内经济的短期问题，经常采取的应急措施是以扩大货币供应量为主要特征的扩张性货币政策。这种短期的经济困难包括应付失业、经济衰退、平衡居民收入失衡等，此外还有很多突发事件，如战争、自然灾害等。几乎可以概括地讲，自从放弃金本位以来，各国中央银行可能已经卷入了一场增发货币的竞争，为各国和各区域间的货币动荡引起金融危机埋下了隐患。正如索罗斯所言："金融危机对世界金融市场体系的中心地带和周边地带的影响差别迥异。当一次经济崩溃把国际金融市场卷入危机的时候，我们必须采取行动来保护国际金融市场。这种行动给了位于系统中心的国家程度很高的保护，但位于系统周边的国家却无法享受到这一待遇；它们可能要承受灾难性后果。"

由于我国在2005年外汇管理体系调整前实际上是执行钉住美元的策略，在维持国际收支基本平衡的条件下，必须相应地增加人民币的国内投放。更为重要的是，我国自改革开放以来，经济不断增长，货币需求十分旺盛。为保持国内价格相对稳定，货币供应也必须与货币需求相匹配，从而增加货币供应。此外，我国金融机构效率相对低下，资金在金融机构沉淀严重，为保持经济发展要求，货币供应增加是必然趋势。

基于上述两个主要原因，人民币实际也面临潜在通货膨胀压力。我国货币供应指标M2在1980—1998年的平均增长率达到近25%，2000—2005年M2年增长率分别为12.6%、13.3%、19.9%、19.6%、15.5%、16.9%，年平均数为16.3%，仍屡屡超出央行年初制订的货币供应增长计划。尽管我国为冲销外汇占款压力发行了巨额的央行票据，但是票据同样有存差性质，商业银行对票据的持有最后还会形成对央行的最后贷款人的利息收入诉求。从总体和长期看，我国仍然有通货膨胀的隐忧。无论何种经济制度，通货膨胀对于资产价格的影响是难以避免的。

二　关于股票长期投资价值的历史经验

历史经验表明，股票是应对经济波动包括币值波动的首选。沃顿商学院的杰瑞米·西格尔（Jeremy Siegel）在《股票的长期投资价值》中的统计显示，美国股票在1800—1997年近200年中，收益率远远超过债券、短期国债和黄金。投资者自1800年投资1美元于股票（一个股票组合），并在其后的时间里将红利用于再投资的话，到1997年，其资产将达到747万美元，到2001年，能够达到880万美元（名义价值）。不仅英国和美国的情况是这样，整个20世纪（1900—2000年），世界其他主要工业国家如丹麦、法国、荷兰、瑞典、瑞士等的金融资产投资收益中，股票的投资收益高居榜首，无论是名义收益还是实际收益均远远高于短期债券和长期债券，包括国债这类固定收益类品种。在第二次世界大战中经济遭受重创的德国、日本、意大利的情况也是如此。

此外，股票的短期收益主要由资本利得决定，但长期要靠收入流的再投资影响，即红利再投资。收入流再投资所导致的最终受益差别非常大，这种差别时间越长体现得越明显。以英国1900—2000年的数据看，如果两个投资者用英镑购买股票，其中一个将红利用于再投资，另外一个将红利提取，而不再进行投资，到20世纪末，用于红利再投资的投资者资产为16946英镑，而后者只有161英镑。前者是后者的100倍。这一方面说明红利再投资以获取复利收益的重要性，另一方面说明上市公司派发红利及其派发的稳定性、长期性的重要性。投资期限越长，红利的重要性越显著。对于我国证券市场倡导的长期投资来说，红利再投资和上市公司分红作为投资，价值评价同样重要。

从微观的角度分析，企业的分红行为实际上更能反映企业的经营获利能力。有销售不等于有利润；有利润不等于有税后利润；有税后利润不等于有可分配利润；有可分配利润不等于就进行利润分配；有利润分配不等于就进行现金分红。可见，一个企业进行分配的过程实际上有诸多环节或者困难，这些环节或困难正好考验的是企业家的经营能力和为股东利益最大化努力的职业素养和良知。在这个价值创造和分配链上，几乎折射出企业从金融市场筹集资金到转化为产品或服务的全部能力。为了有销售收入，必须有市场能够接受的、价格合理的产品或服务，还要应付相同行业竞争对手的挑战。这个过程正好是产品市场与资本市场均衡条件转化的过程，在这一连串的环节中，有任何一个环节出现断裂，都会影响最终的利润分配率。可见，分红回报率，不能说是衡量资本市场与产品市场均衡的唯一指标，也是最重要指标之一。此外，现金分红率（每股现金分红数除以每股价格）以及现金分红的连续稳定性，都是影响股价的最主要的内在要素。

股票收益出类拔萃的最主要原因是在近200年的历史中，人类劳动生产率的大幅提高，以及现代企业制度的逐步完善。例如20世纪初在股票市场几乎不见踪影的制药业和石油天然气业，在20世纪末的市场中占有重要的地位。此外，以英国为例，20世纪初铁路产业占总产业的比重近50%，但20世纪末下降为不到0.5%，而电话、电报业从2.5%上升到近20%，成为继中小企业由7%增长到47%之后，增长最快的产业。在所有上市的行业中，银行业所占的比重最为稳定，20世纪初为15.5%，到20世纪末为16.6%。酿酒业、公用事业和运输业在行业总体结构中所占的比例也很稳定。从上面分析中可以看出，影响股票成长背后最主要的动力是新技术对产业变迁的推动力。因此，从股票的长期投资角度看，上市公司的技术创新能力、技术适应能力，是影响长期投资收益的重要条件。

股票收益率高，并非指对所有股票而言。实际上，有些素质差的企业的股票面临着比债券和黄金高得多的风险。因此，对于投资者而言，选择安全性好、分红回报高的股票是重要的步骤。如20世纪90年代美国股票市场呈持续强势，最主要的原因是国际投资者认为美国的国家政治安全性好，美国领先的高科技产业和企业将带来高额的回报。我国的股票市场自第一只面向社会公开募集的股票——天桥百货以来，已经走过22个年头。随着我国证券市场的日益扩大和不断增强的开放性，投资者在选择股票投资机会的时候，将更加注重国际的横向比较和历史的纵向比较。长期的持有性投资者在投资我国股票时应当考虑业务具有垄断地位、现金流丰沛、具有准主权性质的国有大型上市企业，同时分红比较稳定，当然分红率高就更好了。

三 债券、黄金及各资产价格之间的关系

长期大幅度发行纸质货币导致的通货膨胀压力增加，制约了债券的长期投资价值。由于经济环境经常波动，一个国家在一定时期实际利率为负在国际金融史上并不鲜见。由于债券的价格反映的是名义利率，因此债券的实际收益在应付一个国家经济波动时所表现的长期实际投资价值并不稳定。近200年来，美国堪称政局稳定，其长期债券的实际收益甚微，而卷入战争的国家的债券更是经常使其投资者全军覆没。这一点，对于持有债券的机构投资者，尤其是持有国外债券的投资者，应当引起足够重视。

相应的，黄金在维持实际购买力方面则表现得非常稳定。根据美国国家经济研究局的数据，英国的黄金购买力在1560—1997年的近440年中，表现一直非常稳定。只是自金本位结束后，黄金价格波动比较剧烈，但是其购买力仍然稳定。与此对照，英镑的实际购买力，1997年下降到1560年的7.8‰，这意味着1997年1英镑的实际购买力只相当于1560年1英镑的7.8‰，英镑的实际贬值严重。美元也不例外，1997年，1美元的实际购买力只相当于1792年的6.25‰。资料显示，无论是英镑还是美元，大幅贬值的时间是从1945年以后开始的，这个时期正好是各国中央银行执行以美元为中心的国际货币体系之际。统计显示，在30—40年的周期中，黄金的实际购买力价格波动剧烈，但是相比其他的金融资产，黄金仍然是最具稳定性的品种。

由于其内在稳定的购买力价值，黄金价格通常被称为货币通货膨胀的先行指数。研究显示，这个先行期一般为一年时间。国际金价自2001年272.67美元/盎司（年均最低价）的近年低点起，已经上涨至近期600美元/盎司，黄金的每盎司美元历史最高点是1980年2月的850美元（时点最高价）。历史经验预示，潜在的通货膨胀已不可避免。通货膨胀时期固定收益类品种的相对收益率将下降，房地产、股票、贵重金属以及商品（commodities，包括石油）等通常能够比较好地避免通货膨胀带来的负面影响。上述品种价格的国际传递，带动国内同类品种的价格持续走高，是我国股票市场资源类股票和房地产类股票走强的本质原因。当然，我国是快速发展的大国，资源消耗和

需求增加也促进了资源类商品的价格上涨。

对于普通投资者而言，投资黄金不仅会承担此间的投资机会成本，还需要承担较高的储藏成本。这也是黄金作为长期持有的品种，较少被私人投资者持有的原因。大部分机构投资者将黄金视为一种投机品种。据诺贝尔奖获得者蒙代尔的统计，全世界的金矿共生产了35亿盎司的黄金（约合12万吨）。其中10亿盎司在中央银行金库里，10亿多盎司变成了首饰和工艺品，剩下的15亿盎司就在投机者手里。前美联储主席格林斯潘曾经说，只要一有机会，他就要关注投机者手上的黄金储备。格林斯潘这句话具有多重含义，一是说明黄金的市场价格通常主要由投机者的买卖行为决定（央行的储备数量基本处于长期相对稳定状态，不可能随时介入市场买卖，而成为消费品的黄金工艺品等一般更难大规模回到黄金市场销售，从而难以对黄金市场价格构成主要影响），黄金市场价格变动通常主要受投机者的买卖影响。二是说明黄金价格对于通货膨胀具有先行指数效应，黄金价格与美元的货币利率有直接关系，而美联储的一个最重要责任是稳定利率；黄金价格的变动对于央行黄金资产的净值具有重要影响，而美联储正是全球黄金储备最多的中央银行，2004年，美联储的黄金储备为8100吨，占世界央行体系总储备的1/4强，拥有如此巨量的黄金储备，不能不关注其价格。

货币供应量、债券和黄金价格这三者的关系，在金融资产价格传导机制上体现为，一旦黄金价格暴涨，通货膨胀预期逐渐生成，人们开始抛售债券，利率因而上扬。可以预见，在未来很长时间里，黄金价格将继续作为国际金融资产的价格指标受到密切关注。

从当前我国股票市场看，应当不存在货币供应短缺的问题。股票市场的繁荣，可用“万事俱备，只欠东风”来形容。这个“东风”就是长期、稳定的现金分红。实际上，政策制定部门正有意识地推进此方面的工作，比如2005年11月主管部门颁布的《关于提高上市公司质量的意见》，以及证券交易所对上市公司分红的要求。控制滥发股票，加上这些政策的完善和实施，我国证券市场长期投资价值的提升将大有希望。

中美资产价格比较的另类解释[①]

关注资本市场发展的人士经常以中美之间的一些经济数据来衡量资产价格的关系。实际上，经济是一种复杂现象，一套算法往往不能解释全貌。本文试提供一个简单的另类解释。

一　中国增长因素溢价

首先，从经济增长率概算，我国过去相当长的一段时间经济持续增长，平均速度保持在10%左右，而美国过去相应年份里的经济增长速度为3%左右。如果以上市公司为样本计算，中国上市公司的年增长率高于美国市场的3倍，直观上看应该是完全正常的；从资本回报率的角度计算，即中国内地股票市场的平均市盈率为60倍的话，对应的就是美国市场20倍的市盈率。

所以，单纯地用市盈率指标来衡量两国之间的市场哪个具有投资价值，实际上并不具有可比性。当然，中国的GDP高速发展，其重要的一个溢出效应是带动并创造了税收的高速增长。这些高速增长的政府收入，怎样更有效地应用到经济与产业中，实际上是国家长期可持续发展和国家竞争力的重要内容。

其次，美国经济增长主要是由消费推动的，而中国经济增长中，出口、投资占主导地位，消费还处于从属地位，这是过去20多年的景象，在未来相当一段时期，中国经济可能仍表现出这种结构性特征。这背后是我国的出口导向政策和国际货币体系使然。我国引进外资和出口导向政策在过去相当长的年份中变化并不大，因而创造了大量的外汇储备。就像高盛的现任董事长所说，如果中国多一些消费，美国多一些储蓄，对双方都有好处，对世界经济均衡也有好处。

---

① 本文发表于2007年12月26日《第一财经时报》。

但是，指望两国居民的消费倾向短期内大幅度改变，并不现实。如美国是全球能源的主要消费国，从能源资源的可获得性、需求强度以及资源可持续供应的角度看，中国石油股份公司在中国的地位和价值是独一无二的，它的市盈率也绝对不能以埃克森美孚的标准来衡量。

二　货币供应对资产价格的影响

货币的供应与收缩直接影响着资本市场的资产价格。有研究表明，美元的利率政策与亚太地区证券市场的繁荣有密切的相关性。中国货币政策作为资本市场资金供应的最重要影响因素，其目标导向并非单一，而美联储、欧洲中央银行的货币政策导向是唯一盯住消费物价的。中国的货币政策还是宏观调控中的重要政策工具之一。中国宏观调控给予产业政策、货币政策以太多不能承受之重。很大程度上作为全球的货币供应中心，美联储的货币政策也对其他国家的物价和资产价格产生重要的影响。从这一点上，观察、判断任何一个发展中国家中央银行的货币政策对本国资产价格的影响，就不能不考虑汇率问题；其政策出台也不能不预先考虑美国货币政策对本国政策的反作用力。例如近期美国处于降息趋势，但中国处于升息趋势，这样，人民币与美元除了汇差之外，还会增加利差。

时至今日，美国资本市场的强大，主要有两点应当看得比较清楚：一是强健的多层次市场体系；二是背后有一个强大、充满“父爱”的中央银行系统。旧任的格林斯潘曾经在探讨20世纪80年代后美国资本市场竞争力时提出，美国金融市场的高度“市场化”是美国渡过历次金融危机的一个重要前提。

与上述长期一以贯之的理念相比，我国资本市场的“市场化”还比较低；强势人民币更谈不上。强势美元的内涵是什么，它对我国资本市场、资产价格已经构成并将构成怎样的影响，这些问题应当是关心中国资产价格的专业人士所需要深入研究的。强势美元的重要内涵可能是，通过军事、政治和外交等手段，维持美元与其他任何一个币种博弈的压倒性优势，并且将这种货币优势用于反哺经济、军事、政治和外交，以将货币优势转换成国家综合优势。

以历史眼光看，大国的兴衰和全球力量的转换是在人们不经意中发生的。其重要的“先行指标”是民众对不同国度稳定的货币和坚定的金融信用的追捧。经济总量的持续上升是大国兴起要素之一，但产业竞争力更是全球力量转换最基本的、持久发生作用的力量。经济政策不仅要关注当前，也要深入研究那些影响产业长期竞争力发展的制度性、基础性的因素，特别是要关注推动这些产业效率提升机制的构建。

资产价格是国家之间差异性的综合体现，如果用其背后单一的基准来衡量，显然会人为地忽略国别之间政治和经济体制的差别以及消费文化习惯、投资心理等诸多因素。

在完善风险管理体系中推进金融创新[1]

时至今日，美国次级按揭贷款的后果并未尽消。尽管对于此次危机形成的原因有不同的看法，但以资产证券化为代表的金融创新工具被过度使用，是危机爆发的重要因素。当前我国金融市场加速发展，并与发达的国际金融市场日益融合，国际金融中心所发生的事件，值得我们认真总结。

一　证券化工具——美国次级按揭贷款危机的放大器

任何金融产品都不能脱离金融市场的生态环境。由于 MBS、ABS 和 CDO 等证券化产品经过多次创设，产品对应的风险以及承担风险的主体逐渐模糊，当市场环境发生逆转时，“多米诺骨牌”效应就会出现。此次美国次级按揭贷款危机充分体现了这一点。

无论是 MBS、ABS 还是 CDO，其对应的基础资产都是贷款，由于商业银行认为贷款风险可以通过新的方式予以转移，所以在发放贷款时的审贷标准有所放松，很多不符合放贷标准的客户也能获得贷款购买住房，次级按揭贷款市场的发展就是这一背景下的产物。由于低利率的环境以及此类客户的新增需求对房地产价格的刺激，美国房产价格从 2001 年后持续上涨，即使贷款人现金流并不足以偿还贷款，他们也可以通过房产增值获得再贷款来填补资金缺口。但当房价持平或下跌时，就容易出现资金缺口而形成坏账。而美联储基准利率的连续上涨，增加了次级按揭贷款人的负担，也导致了部分房屋贷款开始转换成坏账。随着美国房地产市场的逐步降温，这一风险继续累积，引发了大面积的违约，信用风险开始暴露。

---

① 本文发表于 2007 年 11 月 2 日《中国证券报》，合作者为孟辉。

基础资产的风险必然传递到相应的证券持有人，由预先设定的投资人来承担风险。由于历史上次级按揭贷款违约率较低，基于历史定价的 MBS 和 CDO 都存在对风险覆盖不足的问题，对冲基金首当其冲。2007 年 6 月，以美国第五大银行贝尔斯登管理的两只对冲基金破产为开端，标志着次级按揭贷款的风险向以此为基础发行的证券持有人的扩散，并引发了包括法国、德国、荷兰、澳大利亚、日本等各国和地区市场一系列对冲基金投资受损的事件。面对一系列对冲基金无法清偿的负面消息，由于对冲基金的信息不透明，使得市场无法清楚判断对冲基金在此次冲击中受损的范围和规模，因此开始担忧建立在其上的具有投资级别的优先级证券的风险。2007 年 7 月 10 日，标准普尔和穆迪分别下调 612 种和 399 种抵押贷款债券的信用等级，标志着次级按揭贷款的风险进一步向持有高信用等级的养老基金和保险基金传递。由于此类机构有严格的投资标准，不能投资于低于一定级别的债券品种，随着组合中相应品种的信用级别降低，不得不抛出变现。而 CDO 市场属于场外市场，随着大批投资者的组合调整和减持，导致此类证券的价格出现大幅下跌，进而导致持有此类证券的投资者出现浮亏，特别是对于需要公布投资净值的基金而言，按照市值计价法，上述浮亏在基金净值中体现出来，进一步加剧了投资者的担心，纷纷要求赎回基金。为了应对投资者的赎回，迫使相应基金进一步通过变现其他市场的资产来满足自身流动性需求，从而引发了股票市场、商品市场等一系列与债券市场并没有直接关系的市场出现大幅波动。为了避免在当前的市场环境下变现相关资产导致更大的损失，个别基金甚至停止对基金净值估值并拒绝了投资者的赎回申请。

次级按揭贷款这一单一市场的风险，通过 MBS 和 CDO 等一系列证券化金融工具传递给全球各个市场的投资人，引发了各个市场金融风险的共振。由于投资者风险偏好的趋同化，使得市场流动性急剧丧失，为了避免整个金融市场因流动性丧失导致更大的损失，各国中央银行不得不联手向市场注资，从 2007 年 8 月 9 日起，截至 8 月 31 日，美国共注资 1472. 5 亿美元；欧洲注资约 3431 亿美元；日本注资 433 亿美元；澳大利亚注资 70 亿美元；加拿大注资 37 亿美元；俄罗斯注资 0. 2 亿美元，各国央行向市场注入的资金累计高达 5443. 7 亿美元。

二 美国次级按揭贷款危机对我国的启示

由于资本项目的管制，我国金融体系在此次危机中受冲击的程度相对较小，但此次全球性危机的经验和教训，值得我国在推动金融市场发展中予以高度重视。

一是金融机构自身内部风险管理应当始终坚持审慎性政策导向。在此次危机中，市场参与主体的非审慎经营弱化了市场约束，一定程度上导致了资产证券化工具的滥用，成为危机形成的诱因。商业银行等贷款机构为了扩大贷款规模逐利，不惜放低借贷标准；投资银行、评级机构为了创设更多的证券，不惜降低执业标准，向投资者兜售不合格的证券产品，而投资者特别是保险基金、养老基金等机构投资者，为了追求收益，不惜降低风险溢价，参与高风险投资，这一系列的不审慎的行为造成了证券市场内在的约束机制失灵，导致了危机的形成。当前，国内金融机构面临的竞争越来越激烈，金融机构创造利润的内部驱动也越来越强烈，但是追求利润不能忽视风险；此外，在房地产和股票等资产价格持续上涨时期，金融市场资本流动更加活跃，金融机构在努力创造利润的过程中，应进一步加强内部控制制度建设，提高自身风险管理能力。金融监管部门也应当进一步督促金融机构强化信息披露，促使其审慎管理，稳健经营。

二是新金融工具创设可能弱化直接融资和间接融资领域的风险隔离，综合经营仍需谨慎。在此次危机中，借助 MBS、ABS 和 CDO，银行以为能够通过金融市场转移风险，但市场的流动性模糊了风险承担主体的界限，最终银行仍然因为对冲基金而承担了巨大的风险和损失。当前，我国正在大力发展直接融资，其政策初衷就是以优化我国融资结构，避免风险向银行体系的过度集中。随着金融市场的发展，特别是各种金融工具的创新，有可能出现某些创新的金融工具，名义上投资风险是由投资者承担，但实际上风险最终仍然由银行体系来承担，从而导致集中在银行体系的风险不能真正转移和分散。因此，在大力发展金融市场的过程中，要真正体现直接融资风险由投资者承担的原则，完善相关基础性制度，稳妥推进相关产品的创新。随着国际金融综合经营趋势的发展，许多新的金融品种正在逐渐连通直接融资领域与间接融资领域，为金融监管和金融机构风险管理带来更高的要求。与发达国家的金融机构竞争力相比，我国不少金融机构在各自的专业领域的竞争能力有待进一步提升，其综合经营探索的基本条件，首先应当在其所处的子行业具备足够的风险内部控制能力和良好记录，其次还应当在该行业具备良好的市场竞争力。

三是加强监管合作，切实维护金融稳定。实践证明，金融领域的复杂性表现为多方面，除了机构和产品之外，市场环境和投资者心理也是容易引起金融波动的重要方面。因此，对金融市场的监管，除需要大量数据的跟踪和计算外，仍然需要对市场发展中的新现象保持密切的关注。在此次危机中，美国次级按揭抵押市场的规模与美国总体金融市场规模相比甚小，但由于金融市场投资者众多，单个市场的风险可能迅速在各个市场传递，并引发风险的跨市场共振。次级按揭贷款的风险使得投资者预期迅速变化，导致了市场瞬间由流动性过剩变为流动性缺乏，并引发螺旋式的自我恶化，造成了全球范围内市场动荡，其中市场心理的影响显然不能忽视。目前，我国金融市场工具逐步丰富，参与的主体数量日益增加，特别是金融机构和投资者正在实施“走出去”战略，国内金融市场与国际金融市场通过机构和产品形成了更加直接的联系。在传统银行体系的风险类型和风险传导途径外，将更多地增加资本市场和金融产品投资所带来的风险传递途径，这就需要分业监管更加密切的合作，同时吸收更全面和更丰富的风险管理技术和手段，引进风险管理的智力经验，对可能出现的新情况提前判断，以便保证金融体系的安全，避免风险的跨市场传递，稳定而充分地发挥金融市场在推动经济增长中的积极作用。

我国证券市场的“不可能三角”分析[①]

当前，我国证券市场面临着近年来的低潮时期，截至 2005 年 12 月 20 日，A 股流通市值降至约 9800 亿元。证券市场的改革正牵动着许多投资者，包括国际投资者的关注。随着我国加入世界贸易组织后过渡期的结束，我国金融服务贸易的开放，我国证券市场制度变迁的路径内在地将发生与以往完全不同的转变。最主要的转变是证券市场将由主要是筹资的功能转化为主要发挥优化资源配置功能的场所。

实际上，我国政府对证券市场改革与发展寄予厚望。提高上市公司的质量，建立公开、公正、透明的证券市场体系，加强以制度为主的证券市场的基础建设，已经多次被决策层以文件或其他形式表述。然而，由于制度惯性、改革过程中形成的路径依赖和制度设计缺乏系统性，我国证券市场制度优化步履迟缓。近年来，市场的投资者专业能力逐渐提高，经过长时间的多重博弈，逐渐认识到，市场基础性制度的优化是证券市场全面向好的基础。因此可以推断，政府改革证券市场的目标、二级市场投资者长期亏损的负效应，以及证券市场价值源泉得不到发掘的现象不可能长期同时出现。这个“不可能三角”正像“克鲁格曼不可能三角”一样，三个要素不可能同时取得均衡。

一　历史地看待我国证券市场

从我国证券市场的历史看，在全流通改革之前，我国证券市场的一个重要功能是为为数众多、处于困境的国有企业改革服务。出于这样的大背景，当时上市企业良莠不齐，“萝卜快了不洗泥”，上市之前通过财务重组美化财务报表，上市之后业绩变脸的状况并不鲜见。当

---

① 本文发表于 2006 年 1 月 3 日《中国经济时报》。

时股票之所以能够顺利发售，筹集到如此多的资金，并非股市的投资收益功能正常而有效使然，主要的原因是政府控制上市资源，通过申购资金的无风险收益来吸引上市企业的投资者，以筹集企业 IPO 的资金。此外，当时上市指标是稀缺资源，在分配指标过程中，支持老少边穷也是政策内涵之一。各省每年争取上市指标活动成为省政府的主要任务之一。上市公司资源也成为地方政府依赖投资推动本地区经济发展的重要融资工具。

由于上述原因，重上市轻改制、重圈钱轻回报的现象比较严重，上市公司整体经营业绩和分红率不高。据有关研究资料，从 1998 年到 2004 年的 7 年间，证券市场的融资额为 8917.05 亿元，同期证券市场的分红派息仅为 1812.09 亿元，其中绝大部分分红利为非流通股大股东所有，流通股股东获得分红只有 600 亿元左右。据统计，近 12 年来，投资者总共投入了 15701 亿元，而投资者从上市公司获取的却远小于此数，其中 A 股市场给流通股股东的累计分红派息仅为 700 多亿元，平均每年投资收益率仅为 0.37%，从 1998 年到 2004 年的 7 年间，证券市场平均每年分红回报率仅为 0.37%，远远低于银行存款利息，使得资本市场对投资者的吸引力逐渐降低。

与之形成对比的是，美国证券市场自有数据的 1871 年以来，经历了长期稳定的分红回报成长。纽约证券交易所 1871—1950 年，普通股股票的年平均分红回报率（dividend yield）达到 4% 以上，最高的时间是 1917 年 12 月，达到 9.3%；最低点是股票市场暴跌的 1929 年，该年 9 月的历史最低点都达到 2.92%。1969—1990 年的 20 年间，平均分红回报率有所下降，但也达到超过 3% 的水平，自 1997—2003 年才下降到平均为 1.75%。此外，作为世界最大证券交易所的纽约证券交易所的 ADR 总的现金流回报从 2000 年的 10%、2002 年的 12%，增加到 2004 年的 16%，在纽约交易所上市的外国公司近年来经营形势持续改善。

2004 年颁布的"国九条"，已经从政策导向上彻底改变了证券市场主要为国有企业补充财务能力的导向。为履行对世界贸易组织金融市场开放的承诺，客观上要求股票市场进行全流通改革，改变原先政府政策与证券市场投资者的博弈结构。然而，由于历史惯性，我国上市公司中国有成分比例过高、企业观念和经营转型缓慢、二级市场投资回报偏低等问题的根本性扭转，并非易事。作为金融行业的重要组成部分，证券市场改革的核心命题在何处，是处在十字路口的中国证券市场发展不可回避的。

二　实现并提高投资回报是证券市场稳定发展的前提

虽然部分研究认为我国证券市场对经济增长具有推动作用，证券市场是有效的。但是近年来证券市场的投资者，包括许多国有投资者损失惨重，证券市场制度性缺陷逐渐暴露并扩大。据分析，纽约证券交易所的系统风险占1/4左右，非系统性风险占3/4左右；而上海证券交易所的系统风险占2/3，非系统性风险占1/3。我国证券市场投资风险结构“倒置”，其最主要的原因是政策对市场的干预。我国证券市场的功能、作用、效率、目标等基础要素的设计还缺乏长远性、系统性和完善性。统计表明，近十年来证券市场投资者损失超过1.5万亿元。此外，匆忙股改可能后遗症比较多。据推算，如果A股维持在1000—1100点附近震荡，同时没有新股大规模扩容，那么每增加一只G股，A股市场的市值就出现同步萎缩。全面股改后，以平均25%的自然除权幅度计算，那么A股总市值萎缩将超过25%。

二级市场的投资者长期、有规律性的亏损，对于一个市场的建设是相当不利的。这种制度的长期发展，将导致市场极度萎缩，从而出现逆向选择。动态多重博弈模型表明，当博弈的一方的实质性出价没有变化时，另外一方也能找到符合其利益最大化的均衡点。当证券市场的制度缺陷不改变时，投资者的均衡行为有两个，一个是短期行为相当严重，炒一把就走，投资者持有证券的时间很短。因此，我国证券市场投机盛行，换手率达到全球之最。还有一个均衡点是当主流投资者退出交易，并带动其他投资者跟随退出市场，导致市场萎缩。近年来，这种情况正在发生。我国已上市企业中，在海外市场上市的企业市值是内地市场的2.91倍，海外市场规模大大超过了内地市场规模，A股市场萎缩的倾向十分明显，许多拟上市企业都纷纷寻求海外上市。上述两个投资者行为状况必须通过证券市场的制度优化而改变。

三　以培育和支持价值创造源泉实现制度优化

“不可能三角”的剩余一角是当前的证券市场改革和发展的定位，以及由此导致的某些制度设计。证券改革和发展的定位应当以价值创造为导向，着力扶植和扩大资本市场的价值创造源泉。

首先，资本市场作为金融市场的重要组成部分，其最基础的功能之一是资源跨时间、跨地域和跨行业重新配置资源。资本市场是这些资源交换其预期的平台，即储蓄转化为投资的一条重要渠道。证券市场在一定程度上是一个利益驱动市场，投资者的持续兴趣和源源不断的投资主要因为有稳定、长期、持续性比较满意的回报。这个回报率至少应当达到国债的回报率。股东回报水平主要来自上市公司的质量，体现在上市公司的盈利水平和持续稳定的发展能力。证券指数上涨与下跌最主要的原因是投资者对投资收益回报的预期，如果投资者的预期收益长期得不到回报，投资者就会出售股票，导致证券指数持续下跌。在证券市场上能够实现投资者投资收益的只有两条：一是股票分红，二是金融资产即股票价格的上涨形成的资本利得。股票分红只能通过上市公司经营业绩的改善和分红方案的执行而实现。

其次，证券市场健康发展与否，不能靠单纯计算筹集资金数目的多寡衡量，而应当看市场效率是否有提高，提高的速度有多快。募集资金的多寡并不能反映金融市场的有效性，募集资金如果不进行产业投资的话，只是从某个群体的储蓄变成了另外一个群体的储蓄。相反，募集资金的使用效果即募集资金的投资回报率则应当成为市场监管的一个关注重点。事实上，我国上市公司募集资金的软约束、滥用投资、几大股东侵占募集资金、信息披露不实等问题正是多年来侵害我国证券市场的顽症。

最后，上市公司的健康与否直接影响着我国资本市场，改善上市公司的经营状况是证券市场发展面临的首要问题。实体经济是金融市场的基础，金融泡沫或金融恐慌以资本市场投资回报水平偏离实体经济回报水平的幅度而衡量。我国当前在资本市场从事投资活动的证券投资基金、保险公司、社保资金以及其他投资者在很大程度上依赖我国上市公司提供投资回报。我国当前出台 QDII 虽然有分散区域市场投资风险的意义，但国内 A 股市场不振，也是影响养老基金等追求稳定回报的资金无奈另觅他途的原因。

四　上市公司的强大是国民经济强大的基础

企业是一个国家经济的支柱力量，上市公司通常是一个成熟市场经济体的支柱力量，目前美国上市公司的股票市值是GDP的1.29倍，中国香港这一数值为3倍。上市公司也是我国企业的中坚力量，一个国家的GDP再大，如果没有强大的具有在国际范围内整合资源能力的企业，在面临全球化激烈竞争的今天，该国家在国际市场的话语权有限。

数据显示，截至2004年年底，我国上市公司的总市值约为4692亿美元，其中内地企业在国外上市的296家企业总市值为3492亿美元，国内1377家上市公司的流通市值约1200亿美元，我国企业上市公司的总市值相当于美国2005年11月30日的1/80，纽约交易所的上市公司的平均市值约为76亿美元，我国国内上市企业的平均流通市值只有0.87亿美元，是纽约上市公司平均流通市值的近1/90。美国2004年名义GDP为117300万亿美元，同期我国GDP总量为159878亿元，合19497万亿美元，我国GDP约为美国的1/6。可见，我国上市公司与GDP的比例，与美国同比并不匹配，说明我国上市公司的规模亟须壮大。

此外，美国的上市企业在世界主要证券市场占有重要地位，其中在纽约交易所的市值为130000亿美元，在NASDAQ的市值为35000亿美元，在东京证券交易所的市值为40000亿美元，在伦敦交易所的市值为30000亿美元，在EURONEXT的市值为26000亿美元，在DEUTSCHE BORSE的市值为12000亿美元，在AMEX的市值为1000亿美元。而我国海外上市企业主要集中在纽约、NASDAQ、中国香港和伦敦等处，市值总量不超过3500亿美元，我国企业的资本国际化程度相对较低。

上市公司的这种发展状况，与我国在全球经济政治格局中的影响力不相匹配。从长远看，企业不在于多，而在于强，数量多而规模小，很容易使得国际资本进行先期并购，从而达到控制最具成长型企业资源的目的，中国企业的可持续发展能力将受到严重的抑制。与非上市公司往往有好的项目而由于缺乏资金放弃并购的不利状况相比，我国优质上市公司在资本市场的渠道畅通，有条件通过资本市场获取并购资金，有条件通过并购整合并扩大企业规模，增强企业在全球配置资源的能力。

当前，国内企业资源的并购整合正受到外资力量的竞争，海外资本对于国内的投资规模逐渐加大。其中，国际产业并购基金游刃有余，其主要并购对象有两种：一种是具有本地资源优势，企业规模较大，符合全球产业转移特点的企业，如凯雷集团并购徐工集团；另一种是收购具有成长性的、技术、市场或其他要素具有一定垄断意义，从而具有极大潜力的中小高新技术项目，如高盛投资无锡尚德。据统计，外资投入我国创业项目的资金 2004 年已达到约 40 亿美元。外资正坚定、有力地对我国企业的价值资源进行整合。

我国企业要想在国际市场中壮大，必然需要得到无论是本土的还是国际性的金融资本的协助。比如联想收购 IBM 个人电脑业务以及海尔收购美泰克就分别得到了外资基金的协助。从外资并购基金进入我国市场的趋势看，并购基金协助产业资本整合产业的作用不可替代。仅 2005 年上半年以来，就有高盛、摩根大通、凯雷集团、华平投资集团和 CVC 资本合伙公司等国际私募基金宣布，有超过 300 亿美元进入我国产业市场，其目标是通过杠杆收购及持有控股权方式投资亚太尤其是中国地区优秀大中型企业。

2005 年上半年，已有多达 15 只针对亚太地区的基金成立，每只规模都超过 10 亿美元，中国已占亚洲区集资总额的 65%，许多基金募集的数量创造了这些国际基金管理人的经营纪录。在这种情况下，中资并购基金如果不能发挥积极作用，中国产业的核心资源很有可能落入这些外资并购基金之手，直接影响我国产业的长期竞争力。

因此，竭尽全力壮大我国上市公司规模，增强竞争力，是增强我国证券市场整体竞争力、完善和优化我国证券监管制度的必然选择。

我国证券市场繁荣的要件分析[①]

我国证券市场自2005年第四季度以来，较之以往出现了复苏迹象，不少投资机构和媒体对此后的证券市场前景表示乐观，其中不乏相当乐观者。然而，需要注意的是，我国证券市场虽然前景光明，但现阶段繁荣条件尚不完全具备。投资者仍需要审慎研究这些影响市场繁荣的重要因素，仔细判别，冷静、客观应对市场变化。

一　上市公司的经营状况和分红状况并没有发生显著变化

上市公司经营改善是证券市场赖以繁荣的基础，证券市场价格上扬的最主要原因是市场分红回报率提高，以及受乐观情绪影响的资金流入增加，而后者的基础也是前者。然而2006年上市公司经营状况可能有恶化的倾向。截至2006年1月16日，A股上市公司公告年度预增、预盈公司分别有115家和65家，预亏、预降、预警公司分别有186家、74家和6家，预亏公司数量超过1998—2004年同期任何年份。经营状况不良无疑增加了分红的困难。

因此，从当前的状况看，证券市场复苏主要是股改结束预期对前期超跌后的恢复，属于资金流入推动型上涨。当资产价格上升并引起其他资金对上涨预期产生进一步追捧时，通常这种资金持有证券资产的时间都比较短。在这种条件下，长期持股的价值投资仍然难以奏效。仅靠资金流入推动股票价格上涨的时间难以持久。

二　我国证券市场与GDP的关系不密切

主要原因是我国上市公司群体尚不能代表整个GDP发展的全貌，证券指数对经济全貌的反映不明显，认为GDP快速发展必然带动证券资产价格上扬的观点值得推敲。我国GDP快速发展固然是不争的

① 本文发表于2006年2月17日《中国经济时报》。

事实，然而推动GDP发展的主要原因是地方政府的投资冲动、商业银行信贷以及对外贸易。GDP的统计有两种方式，一种是收入法，另一种是支出法，两种方法计算得出的结果是一样的。因此，可用上市公司销售收入与GDP作对比分析。

2004年我国境内上市公司平均年销售收入约为25亿元，上市公司总销售收入约为3.5万亿元，而同期我国GDP约为16万亿元，上市公司的销售收入约占GDP的1/5强，上市公司销售收入对于GDP的成长贡献已经达到一定份额。但是，有关对我国上市公司1994—2004年的净资产收益率、总资产收益率、总资产周转率、净资产周转率等指标的研究表明，我国上市公司与非上市公司效率竞争力比较自2001年后出现显著的分化。2001年以后，上市公司的效率竞争力总体上开始低于非上市企业的效率竞争力。在上市公司群体内部，也出现了竞争力强弱严重两极分化，大型垄断性企业如中国石化、中国联通等长期居于优质上市公司前列，而规模小、产业集中度低的内地上市公司竞争力有长期下降的趋势。由于我国上市公司历史上上市过程中有一定的政策选择，因此上市公司样本并不能覆盖GDP状况，相当部分的GDP增长是由非上市公司贡献的。此外，作为收益预期和投资回报预期的股票价格，从趋势看也将反映上市公司内在的产业竞争力。

三　证券市场的资金供给

首先，2005年我国居民储蓄已达14万亿元，但是这些庞大资金的主体为政府资金如税收，以及国有机构的经营所得。历史上能够促进我国证券市场价格大幅上扬的主要原因是信贷资金流入股市。2005年是商业银行改革年，我国商业银行的主要利润来源为存贷差额，由于受到客户集中、竞争激烈和短期融资券的影响，以及外资银行机构的竞争，获利难度增加，迫使商业银行进行业务创新与拓展时自顾不暇。由于商业银行体制改革，增加了银行经营的预算硬约束，通过灰色手段套取商业信贷资金流入证券市场的困难较之以往增加了许多。

其次，虽然国有投资机构进入证券市场受到鼓励，然而受前几年亏损效应的心理影响，国有投资机构进入市场的意愿迟滞，尤其是利用商业贷款进入市场，增加国有机构财务风险，国有机构对于这种风险的承受能力普遍很低。近年来，我国银行资产与储蓄高速增长，货币市场发育显著，但是资金在货币市场与资本市场之间的流动并不显著。由于货币市场资金偏好风险低，比较符合大型金融机构投资偏好，商业银行的投资力量大量囤积货币市场，而我国股票二级市场风险偏大，特别是这种风险除了市场风险之外，有难以预期的政策风险，使货币市场的资金进入资本市场时倍生畏惧。因此，即便是银行出现所谓流动性困境，以商业银行为代表的货币市场资金间接进入证券市场数量依然有限。

四　市场机构投资者的构成

证券市场的主要机构投资者构成为证券公司、基金、保险公司、QFII、私募基金以及其他机构投资者。近年来，证券公司经营困难，实力大减，截至2005年，我国证券机构净资产只有1000亿元，多数证券公司亏损严重。尤其是2005年主要证券公司面临资产清算、重组、合并、合资等事宜，直接分散了二级市场投资的精力、信心和决策机制。

此外，大部分证券投资基金2005年度无红可分，基金管理公司股票类资产截至2005年11月约为1600亿元，仓位较重，而新发股票型基金的发售工作并非一帆风顺。整体来看，可能采取的是等待减亏的策略，大规模调仓和增持的可能性较小。由于商业银行开始获准筹备组建基金管理公司，保险公司正获准成立资产管理公司及基金管理公司，以及未来作为混业经营的先锋，投资范围将拓展至房地产、私募基金、基础设施、金融证券等综合类投资业务等。目前，各保险机构正研讨内部发展思路，估计未来普遍将拓展直接投资业务，原先受制于政策因素的单纯投资证券的重心将会下降。并且随着法规和政策的逐渐明朗，这些机构通过原来的基金管理公司代理投资的比例将下降较多，其直接参与市场投资的局面将逐渐明朗。而这可能一方面缩减在基金管理公司的头寸，另一方面逐渐组建自己的队伍，时间周期上均可能超过一年以上。银行和保险机构的这种新业务的诞生，将对基金管理公司的市场份额形成带来较大的变化。

从金融机构发展趋势看，证券公司的生存空间将受到其他金融机构作为竞争者的挤压，过去在证券市场扮演过的叱咤风云的角色将不大可能再现，大部分的证券公司会面临前所未有的困难。2005年我国实际批准QFII的额度约为56亿美元，按照预期，批准额度即便增加到100亿美元（约800亿元人民币），也相当于A股市场2005年年底流通市值的8%，这些资金的主要投资策略是板块轮动，不大可能长期稳定增持。

我国私募基金尽管有超过5000亿元的规模，但由于没有合法身份，其市场缺点主要表现为操作心态不稳定，持仓周期短，投机性强，整体上看以跟风追捧为主，难以长期持股。以信托投资公司为代表的私募基金的操作，主要以精选个股为主，受制于政策，信托资金不可能大规模进入证券市场。

最后，从间接流入市场的港资、其他外资看，这些资金的特点是来势汹涌，离场迅速，不可能成为促成市场繁荣的支柱力量。由于证券市场是信息严重不对称的市场，这些机构形成一致看法和行动的机会很小，加上外围还有很多不确定因素，因此机构之间同时长期联合做多的可能性不大。

五　股改完成及未来情况

2005年我国证券市场股改已经完成了约1/3。股改对于完善价格形成机制，增加市场流动性益处明显。然而直至全部完成股改，估计要到2007年。股改过程中，一个显著的现象是证券数量增加，价格上升需要更多资金推动。另外，从已完成股改的经验性方案看，未来准备实行股改的公司的方案具有不确定性，导致这些公司的股票价格受此影响较大。目前未完成股改的公司数量占总体数量的约2/3，证券市场未来走势还有不少不明朗因素。

六　潜在的企业上市和股票供应

未来我国证券市场扮演的功能将多元化，筹集资金、优化资源配置，以及执行国家产业政策等将仍然是市场承载的重要任务。比如，只要市场允许，像大型国有商业银行可能随时在A股上市。另外，大型支柱性企业筹集资金的愿望迫切，如传闻的中石油回国上市，以及一些国有大型企业的整体上市等，对市场的资金压力比较显著。从已经上市的企业看，像招商银行这样优质企业发展尚且受制于资金压力，可见我国证券市场股票供应储备数量巨大，资金匮乏将是常态。

七　市场改革和制度基础建设取得进展

上述情况并不表示我国证券市场缺乏投资价值。从市场运行本身规律看，即使是在市场弱势的年份，也不乏成长好的企业或板块出现，比如2003年的汽车、2004年的钢铁、2005年的G股和资源类企业等。由于我国经济快速发展，结构变化很快，不同板块或不同上市公司之间“各领风骚三两载”的情况常见。因此，未来投资者仍然需要通过认真研究，深入分析把握投资机会。

此外，我国上市公司不乏具有长期产业竞争力的优势企业，当市场处于弱势时，更具长期投资价值。从长远看，我国证券市场与多项宏观经济指标的比较，都显著低于发达市场经济国家的比例，我国资本市场实际上蕴藏着巨大的发展潜力。

更为重要的是，当前我国证券市场改革正直面困难，攻关前行，证券市场建设不时传出正面信号，比如2005年11月国务院批转证监会《关于提高上市公司质量的意见》，以及股改清理母公司不当占款，股改后IPO上市新标准等问题，将对上市公司规范经营创造宽松有益的环境。同时，改革不断取得进展也有利于市场信心的长期培育。

当前，一方面，要积极处理历史遗留问题，推进股改工作；另一方面，随着证券市场长期向好的制度基础建设的加强，我国资本市场的全面繁荣将成为必然结果。比如，鼓励上市公司相互换股并购扩大经济规模，降低边际成本；提高上市公司现金分红标准和时间持续性要求；通过上市公司产品和服务经营的提高这种实体经济的发展带动证券投资的发展走向；通过证券市场的适度开放优化资本的全球配置功能；通过加强监管从严治理提高违法违规成本，进而净化市场；通过鼓励创业资本与资本市场的融合强化资本市场的内生增长动力，将技术促进发展的机制镶嵌到资本市场的机制中，等等。

资本市场呼唤双向开放[①]

长期以来，我国资本市场在国民经济中的重要作用以及在金融体制中所占据的重要性并没有被充分挖掘，我国资本市场的功能和作用只发挥了一部分。随着我国经济开放的广度和深度的进一步发展，我国企业在世界范围内寻找资源要素将成为必然，我国资本市场将能发挥更大的作用。

当前，由于我国资本市场的制度设计主要为国内服务，因此多数的政策导向以利用外资为主。此外，从利用外资的宏观管理政策取向上看，单向以吸引外资流入的政策取向的负面效应逐渐显现。因此，资本市场呼唤适度双向开放。实际上资金的双向流动并不可怕，关键的问题是能够找到某种途径或方式，使得从国外筹集来的资金成本低于我国运用这些资金所产生的收益率。

美国是全球最大的资本流入国和流出国，包括我国和东南亚一些高储蓄率国家将储蓄以便宜的价格借给美国（如持有大量美国国债）。通过筹资，美国从其他国家借到低利率的资本，而且这些资本的记账方式还以美元这种美国本土货币表示（这在一定程度上授予了债务人通过货币贬值稀释债务的权利）。同时，美国在国外的投资又从全球市场找到了最佳配置资源的要素，投资和筹资之间的长期超比例收益是美国维持全球超级大国的基础条件之一。

美国资金的筹措主要用在平衡贸易赤字和预算赤字这两个赤字上。1999—2004 年外国购买美国公司的股权从 1999 年的 3000 多亿美元增加到 2004 年的 9000 多亿美元，而同期美国购买其他国家的公司股权在 2004 年仅为约 500 亿美元。其中 1999 年和 2002 年两个年份

① 本文发表于 2006 年 2 月 18 日《中国证券报》。

还出现了负值，其中2002年达到了-270亿美元。在短短的6年中，就有1999年和2002年出现净外国购买美国公司股权现象。说明美国企业在全球筹集资金现象十分突出。通过国际资本市场筹集的资金也大量进入美国跨国企业账户，使得这些企业在全世界挟资金、技术，甚至政治优势，纵横驰骋。

当前我国资金优势逐渐显现，银行储蓄持续上升。2005年年底，我国居民储蓄已经突破14万亿元人民币，然而，由于投资渠道和消费意愿增长不明显，资金在金融机构“空转”的脱媒现象严重，以至于银行的经营界出现了“流动性困境”的呼声。这一方面是我国经济经过1/4个世纪的高速成长之后积累的财富所致，另一方面也与我国的金融体制主要以银行业为主导的结构有关。这种结构突出的问题是银行信贷资金对于创新性产业和项目的支持存在制度缺陷和渠道断裂。银行信贷的信用与创新性产业和项目的项目风险之间缺乏过渡和担保机制。对于刺激经济长期增长的第二个要素即机制优势，我国的金融结构还缺乏完善的体系，因而进展乏力，创业投资体系迟迟未能发挥作用，产业内技术演进后继乏力。金融体制的这种滞后已经成为我国资金使用效率低下，从而阻碍经济进一步发展的主要问题。

此外，我国证券市场制度设计由于长期在封闭的状态下运行，体制内改革和制度优化进展困难。证券市场的制度设计迫切需要站在全球竞争的高度予以系统考虑。我国不仅要吸纳直接投资的资本资源，更应当重视高速成长的企业这种优势资源，优秀的企业长期发展积累财富的速度要比一般利用外资的效率高得多。只有快速积累财富的部门不断壮大和发展，才能带动和化解我国当前混合经济体制中滞后因素，维持我国高速发展的经济态势。

资本双向流动不会对国内股市构成压力。从长期看，股市的涨跌主要是由市场投资回报高低引起的。股市的上升最可靠的动力是上市公司业绩的不断提升，分红回报稳定增长。绩优上市公司是证券市场向好的基础。对于我国当前市场指数的下跌，一方面，要通过政策引导，大力支持上市公司扩大规模，提高竞争力，以提高分红回报率；另一方面，对于新上市企业，一定要把好素质关，在治理结构、产品竞争力、经营层构成等方面设立更多、更细致的指标，杜绝上市之后业绩大幅度下滑的内在因素出现。

从短期看，资本双向流动也不必然分流资金，造成A股指数下跌。首先，外资企业在我国上市的IPO筹集资金的大体规模可以实行额度制，实行有限度、有步骤的资本开放，这个额度证券主管部门可以控制。有了这个相机抉择的条件，“开闸放水”的闸开的程度可大可小。其次，投资在外资企业上市公司的资金以外币为主，我国外汇储备充裕，即便按照每年300亿美元的上市之后市值算，也仅占我国外汇储备余额不到4%。最后，作为这些上市企业的投资者需要从央行手中用人民币购买外汇以投资，理性的投资者会计算人民币资金成本、投资A股的机会成本、购买外币的手续费，以及投资这些外资企业的未来预期收益之间的差额。这些资金可能是A股市场的存量资金，也可能是增量资金。如果这些外资企业的经营回报不能有更大的吸引力，A股的存量资金流到这些企业中的数量有限。

分析外汇运用比讨论外汇数量更有意义①

近两年来，我国外汇储备的数量激增，已经引起了政府决策部门、学术界和市场的广泛关心。学术界更是对人们普遍关心的外汇储备增长的原因、合意储备量以及对人民币升值问题的影响进行了深入的分析，其中不乏真知灼见。然而在这些讨论中，对于外汇储备的数量多少分析较多，而对外汇储备的投资运用问题分析较少。其实，在目前的情况下，对外汇储备投资运用进行分析要比单纯地讨论数量多寡更具有意义。

任何一种金融资源，只有在运用中才能显示其资产价值，外汇储备也不例外。从投资的角度分析，核心问题不在于筹资和投资的数量，而在于各自的收益率谁高谁低，是否匹配。可以看一下美国的例子。从20世纪80年代到目前，美国是世界上负债最多的国家，同时也是对外投资最多的国家。但是美国的资产收益率一直长期高于负债收益率。由此，美国通过向国际资本市场筹集资金，以及对这些资金的运用，获取了长期的、稳定的收益。此外，在金融投资方面，美国的对外股权类资产投资远远高于外国在美国的股权类资产数量，也远远高于美国对外投资中持有别的国家债券类资产。股权类资产收益率比债券类资产高，也是美国对于国际资金成功运用的一个重要方面。

从我国外汇储备目前的结构和运营概貌看，应对我国外汇储备增长的局面应当由相对被动地调整汇率的策略向主动地增加对外投资演变。减少经常项目顺差，调整汇率，是有效降低外汇储备压力的重要手段，但是以我国综合国情分析，对外汇储备进行积极的运作则是长

---

① 本文发表在2006年4月13日《证券时报》。

远的、综合发挥外汇储备资源价值、获取国际竞争优势的更好策略。

对于外汇储备的运用，可以有如下的选择：第一，增加黄金储备，应付国际货币体系动荡不安的状况。与主要资本主义国家相比，我国黄金储备数量与我国对外贸易额的比例、与GDP总量的比例都偏小，目前我国中央银行的黄金储备只有600吨，而美国、法国、德国、意大利等国家央行的黄金储备分别达到了8136吨、2985吨、3433吨和2451吨。此外，增加的黄金储备也有利于应对美元贬值所导致的资产损失风险。

第二，利用外汇储备购买知识和技术。可以预言，21世纪全球技术竞争将达到比以往更加激烈的程度。技术进步是支持经济长期增长的核心因素。虽然我国制定了完备的科技进步中长期规划纲要，但是由于历史、体制和市场等原因，与发达国家的技术进步速度还有不小差距。如果利用外汇储备增加对全球知识产权、科技成果的购买和投资，尤其是引进全球科学家资源予以追加投资，结合我国现有的科技和工业基础，一定能够在新一轮全球技术竞争中发挥更多的后发优势。

第三，增加外汇储备中股票头寸。从全球数百年的投资历史看，股票的长期投资收益和风险远远高于债券和黄金。由于我国外汇储备资源主要集中在政府，适合于长期投资。因此，慎重选择品种，增加投资收益率，是运用外汇储备、获取全球金融资源的内在要求。只有提高投资运用收益水平，才能平抑外汇负债成本支出，从而改善储备资产的流动性。

第四，利用外汇储备投资全球优秀企业，吸引这些企业到我国资本市场上市。通过吸引国外企业加盟我国资本市场，获取长期的对外投资收益。同时，这样也有利于改善我国上市企业结构，提高国内金融效率。还可以考虑增加购买战略性实物资源的投资。

从上述几点看，我国当前的外汇储备数量不能断言过多。对于我国当前的历史时期和所处全球竞争格局的综合判断是：外汇储备，多多益善。

有效提供公共产品是社会主义的一个重要特征[①]

近年来，随着我国市场化改革的深入，许多行业的市场化程度日益提高。市场化的发展有利于提高经济效率，从而为我国不断发展的经济需求提供源源不断的产品和服务供给。然而，也应当注意到这样一种倾向，即公共服务部门提供公共产品和准公共产品时，在没有改善产品质量的条件下，单方面提高价格，侵害消费者利益。如经济适用房定价问题、出租车行业价格管制问题、高等教育乱收费问题。有的则在这些产品提供过程中管理失当，出现了危害人民生命安全的重大灾难事件。如煤矿经营者忽略安全措施执行、交通拥堵与车祸频繁等。这些情况和事件，对人民群众的心理影响不可忽视。这种现象反映在理论上，就是近年来，提“市场经济”的多了，提“社会主义”的少了，有的甚至唯恐避“社会主义”而不及。为了更好地贯彻党中央执政为民，创造和谐社会的精神，落实科学发展观，有必要结合实践，从经济学的角度进一步深入探讨“社会主义市场经济”的内涵，以便寻找到当前改革攻坚的重点领域。

一　社会主义生产方式不能超越生产力的发展

在计划经济时代，对于社会主义的经济特征，传统的解释是：①公有制；②计划经济；③按劳分配。与之对应的资本主义的经济特征是：①私有制；②市场经济；③按资分配。目前，我国实行的是社会主义市场经济制度，然而仍然有不少人认为，所谓社会主义市场经济的提法，无非是资本主义的中国化版本。

社会主义学说从起源，一直到马克思恩格斯集大成，成为系统的

① 本文发表于2006年6月5日《中国经济时报》。

理论，成为20世纪引起人们广泛关注的理论体系之一，社会主义成为一个广为探索的理论体系。新中国成立以来，我国执行的经济制度，可以看作是对于社会主义建设的不断实践和探索。

站在今天看100多年前马克思主义理论创始人的成果，恩格斯更加客观、更加理智地认识到生产力的发展必须是顺次的，不能跨越。恩格斯对于社会主义的理解，是经济意义上的成分多一些。恩格斯认为资本主义是社会主义必不可少的前期阶段，社会主义的实现，需要社会产品极大丰富，只有资本主义的生产方式才能向社会提供极其丰富的产品，因而社会主义的实现不能超越资本主义的阶段，否则是冒牌的社会主义。虽然列宁认为，社会主义可以率先在生产力处于低级阶段的俄国取得胜利，其后的俄国革命也成功了，但是与同时代的资本主义相比，社会主义苏维埃领导的国家，生产力发展依旧相当落后。比如，19世纪末到20世纪初，以美国为代表的资本主义世界中典型的行业是铁路，铁路是大资本时代的象征。而列宁在《俄国资本主义发展》中描述的同时代俄国工业行业主要还是小手工业。

社会主义革命虽然在苏联、中国以及其他国家取得了胜利，但是，无一例外，这些新政权建设初期，都面临来自资本主义国家的战争威胁。为了应付威胁，这两个主要的社会主义国家都强调集中一切精力和资源发展作为军事工业基础的重工业。为向重工业积累提供资源，农业部门付出了巨大的代价。如果我们将这段经济史从国防安全是公共产品的角度分析的话，就能够合乎逻辑地理解社会主义建设时期的主要政策。人类历史的发展，固然不是沿着市场经济理论核心——任何人均是理性最大化假设的路径发展的。政治领袖有其不同的风格和性格倾向，但是不管是浪漫主义的社会主义美景，还是改革开放的务实，都是最大化提供公共产品的过程。

从字面上对社会主义的理解是：社会就是整个人群，或曰群众；主义就是宗旨、目标。所谓社会主义的字面解释就是为整个人群提供最大化福利的宗旨。在整个宗旨之下，生产的组织方式（生产关系）与当时的技术力量、人才储备、社会物质条件，一句话即当时的生产力条件是相匹配的。众所周知，公共产品之所以为公共产品的原因，就是在当时的生产力条件下，任何个人、企业或人群中的一部分人都难以完成的项目、工程或设施。国防、安全、救灾减灾、大型铁路建设等，在社会主义国家成立初期的生产力水平上，都没有任何一种人群的一部分能够完成（能够的意思包括有能力又有意愿，有能力而没有意愿，在此不算是“能够”）。

社会主义理论既不是少数思想天才家们的玄思妙想，更不是可以跨越生产力发展的一步登天的仙境。与此同时，资本主义也在接受批评中前进，也在自我完善，美国也在改革。这一点，不仅从主流西方经济学发展的脉络可以清晰地看出，连我国老一辈经济学家顾准也早就提到过。当前，典型的资本主义国家的宏观经济管理手段，仅就其研究的深入程度看，比前身是社会主义而正在转型的国家深入得多。资本主义的科技、文化和经济体的稳定增长速度，也具有一定的合理之处。传统意义上的社会主义理论的逻辑有进一步完善的余地和可能。

经济发展经验表明，如果没有资本的循环，就不能实现财富积累，包括技术投资在内的投资就不能实现，由此带来的技术进步导致的生活改善和社会发展就无法实现。在人类发展的大部分历史中，资本主义生产的组织形式是私有制下的一个典型代表。即使在未来社会中，抛开人们从家庭和社会继承的资源和禀赋不同，就是在个体智力、体力、性格偏好上也达不到一致的程度。资本将在人类活动中充当重新整合人际关系、重新分配利益的角色。资本的这个功能不会消失。从社会主义革命胜利后的国家的实践看，在社会主义建设时期，其经济循环还是按照马克思剩余价值论的逻辑关系运行的，只不过剩余价值的大部分转移到了国家手中。这种转移是通过国家计划定价实现的。作为定价转移手段，在现代资本主义国家中并不鲜见，主要是通过税收和转移支付的财政政策实现的。截至目前，社会主义建设实践在试图探索发现一套全新的、实质区别于资本剩余价值理论，来统领全社会，并取得超过资本主义效率的生产组织方式之前，只要上述人性禀赋没有变化，资本剩余价值理论仍将发挥作用。

可见，传统理论上认为社会主义是全新于资本主义的社会形态的理论假设需要完善。社会主义这个名词，作为20世纪被人们耳熟能详的概念，在现时代，需要在逻辑上拐一个弯。只要将社会主义是尽最大可能向公众提供公共产品的社会形态这个命题镶嵌到传统的资本主义社会形态理论和传统意义的人类理想国这个共产主义的范畴中，逻辑不一致的命题就可以得到改进和完善。命题的改进和完善，将在传统社会主义理论与现实实践之间架设桥梁。

从现代经济的角度看，按劳分配、计划经济、市场经济和按资分配四者之间相互融合和掺杂，已经为中国的实践所证实。而在发达的资本主义国家，经济中的计划和按照人力资本对工资的不同定价，也是事实。因此，从所有制的形式看，传统意义上的社会主义和资本主义融合的方式不是东风压倒西风或者西风压倒东风，而是“你中有我，我中有你”，即公有制和私有制并存。但是，在传统理论上，公有制和私有制的融合问题并没有得到很好的解决。就这个问题，股份制是截至目前最有说服力的理论。但是，股份制仍难以解决传统社会主义理论的梦想。马克思曾经系统论述过股份制，但是对于股份制是否能够在将来成为实现公有制的有效途径，没有明示。此外，从全球股份企业实践发展的历程看，股份制也没有显现出实现天下大同的迹象。甚至，在正义不发达的地区和市场，股份制成为大股东盘剥小股东的工具。即使在道德、法律完善的社会，股份制也不可能成为实现产品极大丰富的途径。因而，股份制不能构成为实现传统意义上社会主义的途径。换句话说，在通往社会主义目的地的大路上，股份制并非畅通之路。而如果我们将社会主义理解为最大可能提供公共产品的一种制度或机制，则能够揭示社会主义的前途和未来。

二　公共物品的需求是客观的

只要社会发展到一定程度，公共产品对于人群集体就会成为必需。即便是社会生产力获得极大发展，产品极大丰富，人类梦想和现实资源约束之间的矛盾，仍然需要有公共产品来协调。比如，即便轿车可以无限量、无成本地生产，道路行车空间仍然是人们共同的需要，经济规律仍然需要公共交通系统提供服务。生产力极大发展，清洁的空气仍然是人们共同的需要。传统意义上的资本主义也好，社会主义也好，在解决私人与公众需要冲突和协调之间面临着同样的问题。因此，最大化地提供公共产品，可以作为社会主义的一个重要特征。在资本主义社会，经济活动的大部分是私人活动。私人活动天然地抵触公共活动。因而，研究公共活动的条件、必要性、内涵和运行机制，就是本文所说的社会主义理论所要解决的核心问题。

公共产品的需求是客观存在的，是由一群人所形成的共同需要，而这一群人中的任何个体或个体的组合又不能提供——当然由另外一群人提供就更不现实，这时候就需要有一种社会制度从社会福利最大化的角度出发来提供。因此，提供社会公共产品的本质决定了这个提供过程是社会主义的。受资源约束，以最小的投入获得最大的公共产品产出的机制就是最优秀的社会主义。在私有和公共的混合状态中，私人之间的交易固然可以使私人部门的产出效率最大化，但公共产品的效率最大化问题正是现代社会面临的关键问题。一个国家实行社会主义多一些的制度还是资本主义多一些的制度，自然资源禀赋不同，文化传承不同，技术能力不同，自然选择的侧重点不同。

三　有效提供公共产品是社会主义的一个重要特征

社会主义的重要特征之一是极大地发展经济，改善人民生活。毛泽东认为社会主义就是要解放生产力，邓小平认为贫困不是社会主义。劳动力是生产过程不可或缺的要素，劳动力的物理形式是人。实践证明，市场经济的组织形式在一定程度上是调动劳动力积极性、发挥其创造力的最佳形式。因而，以发展生产力为核心目标之一的社会主义不能没有市场经济这种组织形式的参与。同时，市场经济的组织形式不是全能的上帝，它的应用空间有一定的局限。它经常失灵的一个最主要领域是在公共产品方面。公共产品和准公共产品的生产、供给、定价和管理等，必须由公共组织提供，在现代社会主要是由政府（包括中央政府和地方政府）提供。就纯粹的市场经济组织本身而言，并不存在“社会主义的”还是“资本主义的”，而对于公共产品而言，其差异相对来说比较显著。邓小平说：“社会主义要赢得与资本主义相比较的优势。”因而有必要着重研究如何高效地提供公共产品的问题。能够高效、大量、廉价地提供公共产品，是社会主义的本质特征之一。

改革开放以来，由于历史原因和经济本身的高度复杂性，公共产品领域也是政府行为经常出现缺位和越位的地方。比如法律法规属于纯粹意义上的公共产品，但是我国目前执法不严现象并不鲜见。此外，在经济政策方面比如收入分配、货币政策等方面，也有许多有必要改进的地方。作为纯粹公共产品与纯粹市场经济的结合部，准公共产品的问题，其数量比纯公共物品多，分布的领域分散，涉及的问题有大有小，因而复杂性也就更强。因此，不光是我们处于发展中的国家没有比较好地解决，就是在世界上最发达的国家，这个问题也随处可见。又由于准公共产品领域与大众消费和国计民生密切相关，因而更容易引起人们关注，从而形成比较大的社会反响。对于准公共产品领域的改革，几乎需要一事一析，方有可能为我们在准公共产品的提供问题上制订出比较符合社会实际需要的方案。准公共产品包括自然垄断行业如供电、供水、铁路、电信等基础设施行业，以及所谓优效物品，如公共卫生、住房、中小学教育、必要的社会安全保障、娱乐设施等。我们容易发现，这些领域也会经常掺杂着私营经济的成分，因此也经常成为私人利益和公众利益角力的舞台。这个领域也是市场化改革的艰难领域，由于一定程度上存在着垄断的力量，稍不留神，在上述领域就会出现过度市场化，从而直接伤害消费者利益。

容易看得出，如果一个社会不能有效地提供公共产品，或者提供的公共产品质次价高，背后的原因多数时候是政府失灵。依据上面分析，可以推断，治理在公共物品供给领域的政府失灵将是当前改革的重点。

促进资本市场发展，优化宏观调控的金融环境[①]

近年来，随着我国经济进入了新一轮增长周期，宏观发展指标一直处于高位运行。出于预防性动机，宏观调控频繁地使用了财政、货币、产业政策和行政手段，有保有压，我国经济取得了快速、平稳发展。但是，由于经济运行中存在的结构性矛盾仍然没有完全根除，宏观调控的任务仍然很艰巨，各主管部门对宏观调控领域的监测一直难以放松，不少具体事务部门有疲于应付之感。不仅如此，有些产能过剩行业由于短期产品价格上涨，使得微观企业主体投资热情不减；有些宏观调控的政策传递到微观层面时，效果大大弱化，致使宏观调控的政策作用变异成“棉花拳”。其深层原因在于，宏观调控政策手段对于实体部门和金融部门所产生的作用力和后果，具有相当的复杂性。经济理论和实践都表明，完善的金融市场在调整资源配置和促进资源有序流动过程中，扮演着不可替代的角色，因此宏观调控的政策思路必须“疏、堵”结合。一方面，有针对性地通过产业政策抑制投资膨胀；另一方面，加大拓展金融市场特别是资本市场的力度，疏导资本市场微观主体利益传导机制，发挥其自动调整资源流向和分配资源的本原性功能。这必将有助于进一步、更好地完成宏观调控目标。

一　金融市场通过间接途径反映宏观调控政策对实体部门的作用力

金融市场反映宏观调控政策意图集中体现在利率和汇率变动，以及由此带动的金融资产价格变动。在完善的市场经济环境中，提高利率，将直接提高产出成本从而降低经济增长速度。但是由于我国利率传导机制并不顺畅，尤其是在以银行信贷为主的实体产业中，利率效

---

① 本文发表于2006年9月19日《中国经济时报》，合作者为李聪聆。

应并不十分敏感，因此微调利率对于实体经济的作用并不明显。在国内外经济趋于一体化状况下，国际金融市场中美元利率一升再升，人民币低利率政策必然给提高汇率造成更大的压力。汇率上升，将抑制我国劳动密集型的制造业产品出口，而出口又一直是支持我国经济发展的重要因素。因此，在汇率和利率的变动政策取向上，政府面临着难度不小的权衡。从另一个角度看，金融市场的机构对于利率和汇率的变动则非常敏感，利率和汇率的些微变动，直接影响其资产结构和风险配置水平。在经济学理论的 IS－LM 模型中，利率的提高将直接推动 IS 线和 LM 线向上方移动。但是由于我国经济过热的主要原因是地方政府主导的投资和银行信贷提前过量发放，因此，利率的提升对于代表实体经济的 IS 线的变动的推动作用并不大；而对于 LM 等代表的金融市场的均衡，影响比较大。其内在原因在于，金融市场上如银行、基金、保险公司等投资者持有的债券、股票等金融资产的价格，对于利率的敏感性非常强。以债券为例，当利率提高时，价格会明显下跌，短期收益率曲线向下。当前，在中央登记结算系统登记的债券已经达到 83910 亿元，股票市场的流通市值约 13000 亿元。因此，LM 的变动，将重新调整均衡产出状况，使得产出朝下降的方向移动，以达到控制过热经济的目的。

从现代金融学的眼光看，改革开放以来我国金融市场的发展，也可以理解为金融产品市场化的过程中国家整体财务风险的分解、转化和释放过程。比如近来推进的信贷和企业资产证券化业务、企业债券、融资融券业务等，就是通过对资产进行证券化分割之后提高资产的流动性从而化解了资产的整体风险。由于流动性提高和风险分散化，市场给出了资产的明确定价。通过市场机制反映的价格发现功能，远比过去中央集中计划定价更能够真实地反映资产的当期价值。因此，越高明的宏观调控的策略和手段，越多地照顾和利用资本市场对于资产价格的定价功能。同时，如果资本市场本身的功能不健全，其向产业部门反映宏观调控政策的作用力就会弱化，甚至使这种作用力消失。发展资本市场，实际上就是在完善宏观调控的政策环境。

二　开放地方政府债券市场，规范地方政府投资行为

当前我国经济过热的潜在力量源于地方政府的投资冲动和银行信

贷的高速增长，因此，从长远看，宏观调控应当逐步建立平抑地方政府投资冲动和银行信贷增发的内在冲动的机制。这一点主要靠完善金融市场的功能和机制来实现。当前的一个策略性手段是开放地方政府债券市场，逐步实现地方财政行为规范化。

地方政府主导区域经济投资，有利于经济发展的一面，但也存在着不少弊端，比如不少地方政府主导的投资项目，政治意义大于经济意义，不讲究经济合理性和产业长期发展潜力，在某些地方官员任期内政绩观使然，促成有些项目不计成本高额投入，造成了不少区域产业相似，重复建设，产能过剩和资金浪费。地方政府支持当地经济高投入发展的资金来源主要有四个：一是财政支持投资，包括利用预算外收入；二是土地商业化，其中不少是农村土地通过城镇化建设商业化；三是对企业等部门的负债，其中不少是隐性负债，比如政府审批修桥修路，由企业垫资，但政府在支付企业垫款时有困难，一拖再拖；四是通过干预或运作当地银行和地方金融部门，支持投资项目。不难看出上述几个主要途径都与地方政府行为尤其是财政行为不规范有直接关系。而多数地方政府的财政行为难以置于人大和群众监督之下，或者说人大和群众监督对于地方财政行为的约束是“软约束”。因此，对于地方政府的财政行为的监管和约束，必须改变过去这种间接的方法，取而代之以投资者的直接监督这种“硬约束”。这必须将地方政府的财政行为“金融市场化”，即由地方政府的“投资者”来评判、监督地方政府对投资项目合理性的取舍，否则投资者就会“用脚投票”，造成地方政府债券的信用等级下跌，使得后续筹资困难。通过这种利益传导机制，约束地方政府官员对于所支持项目的期限和未来预期收益之间做出理性选择。这种通过金融产品的价格变动，将各参与主体的“利益显性化”是任何其他组织形式不能实现的功能，也是市场经济有别于其他经济组织形式高效的地方。截至目前，虽然我国陆续有一些地方政府担保的基础设施性公司债券在市场发行、流通，但是，其资金筹集量与地方政府通过不规范财政行为所运用的资金数量相比，还处于微乎其微的地步。也就是说，地方政府财政行为金融化的深度还远远值得发展。只有通过金融市场将地方政府的投资行为显性化，才能真正构建地方政府投资和产业发展的比较优势，通过全国金融市场资金流动的趋向，引导和化解地方区域投资的盲目性。

三 推进金融工具创新，促进资本市场功能深化

完善宏观调控金融环境的第二个举措是积极推进金融市场和金融工具创新。众所周知，我国居民金融资产的主体是银行资产。从资产规模看，我国银行业一直在金融市场结构中占据主导地位，而我国银行业的主要盈利是信贷收入。这种结构在我国改革开放初期和发展过程中，对支持产业部门的发展和宏观稳定，起到了不可替代的作用。但是随着市场化的不断深入，以及来自国际金融市场的竞争压力，以银行为主的金融结构，逐渐成为制约金融产业核心竞争力提高的因素。金融史表明，资本市场在金融创新方面较之商业银行表现得更加活跃，全球大部分的衍生金融产品是由投资银行设计并推出的。随着近年来我国金融市场中证券投资基金、短期融资券、融资融券、资产证券化，以及未来股指期货和国债期货等衍生金融工具的推出，金融资源将不断由停留在银行体系的储蓄资源，向资本市场分流。从改革的现实出发，加快培育资本市场中金融产品创新步伐，通过构造银行业的竞争对手，发挥“鲇鱼效应”，是平衡我国金融市场结构，改善银行业盈利结构的需要；也是一定程度上克服银行业短期行为，提高银行业效率的一个可行途径。

以近来方兴未艾资产证券化金融产品为例。截至 2005 年第三季度，美国资产证券化存量达到 7.9 万亿美元，占整个债务类产品市场份额的 31%，占据主导地位。而同期美国国债为 4.2 万亿美元，货币市场工具 3.5 万亿美元，企业债券 5 万亿美元。资产证券化的本质是将一个资产的现金流用证券的形式体现出来，通过市场对于证券的预期所产生的收入预期和风险匹配，对资产未来经营所产生的价值进行定价。它尤其适用于具有稳定未来现金流的能源、交通等基础设施行业，同时通过资产证券化手段可以大大提高银行不良资产的流动性。华尔街的常用语“如果你能够发现一个现金流，就将它证券化”是现代金融对于资产证券化的通俗解释。我国作为一个稳定发展的大国，基础设施建设所需要的筹集资金是长期任务。据估计，仅国家电网“十一五”期间特高压输电线路改造即需要约 2 万亿元人民币的投资，

相当于再造一个半A股流通股市场。而截至2006年6月，我国居民储蓄余额上升至16万亿元，外汇储备达到了9250亿美元。巨额的资金由于金融市场不发达而停留在储蓄账户上，大量资金利用效率有限。此外，我国银行业不良资产在改革过程中积累较多，大量的不良资产沉淀成为国民经济平衡表中的负担，直接影响了宏观调控的有效性。以资产证券化为例的金融工具创新则能够彻底提高不良资产的流动性。如果不靠金融创新，不靠资本市场工具完善，靠增量资产高额投入维持我国的长期高速增长是十分困难的。

四　扩大国债在世界金融资产市场的份额，协调经济的内外部均衡条件

完善宏观调控的金融环境，也要深刻意识到宏观调控的作用力，已经不可避免地波及我国深入利用国际资本市场的问题。当前的一个可行之举是向国际资本市场发行我国国债。截至2006年6月底，中央国债登记结算系统托管的国债余额达到26700亿元人民币。而截至2004年年底，我国面向国外主权债务、中资机构和中资企业的对国外债务余额为987亿美元，其中，债券发行余额为133亿美元，中央主权债券发行余额仅为82亿美元，约合人民币650亿元。国外投资者持有我国主权债务的数量仅占我国国内国债余额的2.4%。相反，我国仅持有美国国债就占外汇储备的约40%。可见，利用我国国债筹集外资的功能基本处于“封冻”状态。

长期以来，受世界金融市场和国际贸易不稳定影响，我国外汇储备的头寸一直以持有美元资产为主，这种在外汇储备方面表现出的预防性心理并未随着储备增加有所调整，甚至出现了储备越多，储备成本越高的状况。作为我国国际贸易和国际直接投资发展到目前的状况，必须同步提升我国在国际金融市场的影响力。这种影响力主要表现在币种和国债在世界金融领域的接受程度。一国货币在国际贸易中被接受的程度，与该国国债在国际金融市场的发行和流通量这两个指标，是反映一国广泛和深入地参与世界经济最重要的手段。从世界经济强国的金融发展史看，这些国家在发展过程中，都有一个利用全球金融市场机会的过程。在当前情况下，抓住时机，向海外发行中国国债，借以筹集具有高度流动性的外币资金，是人民币国际化的重要步骤，也是我国金融市场国际化的要求，其得益非同寻常。

国债海外发行后的外汇流入用途有五个：补充对外偿付外债本息；为外资利用政策调整提供支持；支持我国企业海外投资所需资金；正确地选择投资海外股权类资产；以及用于进口消费品，支持国内消费。2004 年度、2005 年度，我国对外偿债数量比往年迅速上升至 800 亿—1000 亿美元。通过国债筹集外汇，可以弥补偿债高峰期的外汇支出。第一，当前我国吸引外资的政策导向，应当考虑逐渐转向适当控制外资数量、提高外资质量，促进通过外资投入带动我国技术提高的效应，以及统一内资外资在税收方面的国民待遇。对于这些政策调整后，可能造成短期内外资引进数量下降，而对我国对外债还本付息造成的压力，也可以部分地由国债发行筹集的外资予以弥补。第二，从长远看，我国外汇储备居民化、企业化是外汇体制改革的趋势。在企业和居民海外投资便利的条件下，我国外汇需求可能会很快增多，国债国际市场发行所筹集的资金可以满足这方面的需求。第三，经验表明，从长期看，股票等权益类投资的收益率要远远高于债券类固定收益品种的收益率。因此，经济强国或多或少都有以固定收益类资产筹集资金，用筹集所得投资股权类资产，近几十年来，以高科技、高成长性产业的股权投资更是不断创造资本市场投资收益的神话。这个规律也成为发达国家不断在国际金融市场保持竞争优势和制高点的重要原则。相比之下，我国在海外金融市场的股权类投资数量微乎其微。作为一种历史趋势，利用债券筹集资金，是我国金融资本在国际金融市场崛起的一个必要前提。第四，我国目前经常项目和资本项目处于双顺差状态，通过适当利用国债筹资增加进口一些国内急需、必备商品，满足和增加国内消费，还可以在一定程度上降低贸易伙伴的摩擦；同时，由于国债是付息的，由此导致的在资本项目下增大的顺差只是一个流量，不会形成国际收支平衡表失衡的本质原因。

作为国债向海外发行筹集外资步骤的延伸，随着国际投资者对于中国国债的美元计价和交易认识的深入，以及人民币在贸易结算中范围的扩大，可以在海外市场向非本土居民发行人民币计价的中国国债品种，一方面扩大人民币的需求范围，另一方面向海外市场回笼人民币，这是人民币国际化必经的路径。从当前情况看，近年来外资对国内房地产、制造业等产业的并购数量大幅增加、外资源源不断地流入国内，有人民币升值预期的重要成分，这种预期也包括以人民币计价的有形资产。因此，人民币国债在国际资本市场将受到欢迎。对于国际金融市场高度的流动性，为数众多的各类金融产品几乎都能找到相应的需求方，更何况我国金融资产价格变动备受国际投资者关注。因此，我国国债国际化的条件正在逐渐成熟。

上述几个举措的实施，必将极大地拓展我国金融市场发展的广度和深度，使得实体产业部门和金融部门间的资源配置更加趋于合理。金融环境的优化，使得宏观调控的政策效应将更加持久、柔性。金融市场良性发育也将反作用于实体产业部门，整个经济体的自组织和自修复能力加强，宏观调控将朝更加舒缓、微调化方向发展。

对我国当前金融发展研究的再认识[①]

金融发展对资本积累与经济增长有极其重要的作用，因此金融发展是当代金融领域的重点问题。它涉及一个国家金融部门的效率、金融部门与其他产业部门的关系，以及金融部门对国民经济整体的贡献，进而涉及一个国家应当在特定时期设计怎样的金融框架和金融政策。这个问题对于发展中国家，尤其是对于像我国这样一个持续增长的发展中大国而言，更显重要。改革开放以来，我国在金融发展的整体方面取得了巨大的成就，然而对于现行的金融制度、金融结构、信贷市场、资本市场、机构投资者等要素，如何促进经济增长，学术界还存在着不同的观点和认识。有观点认为：中国金融发展对经济成长的贡献甚微；[②] 金融机构和直接融资市场效率甚低，中国金融改革陷入困境，一时难以突破；[③] 也有的观点认为我国当前应当适当鼓励金融自由化、开展混业经营。[④] 不少研究以一般均衡理论思想出发，来观察和研究发展中国家，包括我国的金融发展问题，合乎逻辑的推演结论是放松管制和金融自由化。[⑤] 进一步深入考察可以发现，这些观点的主要理论基础是传统的金融发展与金融深化理论。该理论主要使用一些金融业的指标来比较发展中国家与发达国家金融市场的发育水平。而我国金融业和金融市场改革发展的20多年实际状况，与传统

---

① 本文为读书笔记。

② 谈儒勇：《金融发展理论与中国金融发展》，中国经济出版社2000年版。

③ 张杰：《中国的货币化进程、金融控制和改革困境》，《经济研究》1997年第8期。

④ 王国刚：《中国金融亟待走出“分业经营”误区》，《中国证券报》2004年2月3日。

⑤ 彭兴韵：《金融发展的路径依赖与金融自由化》，上海人民出版社2002年版。

金融发展理论的结论并不十分贴合。如韩延春①认为20世纪80年代，我国金融深化程度对经济增长的影响相当微弱，20世纪90年代中国经济运行表现出的特征与传统的金融深化理论则是相背离的。这个结论在一定程度上说明金融深化理论并不能比较贴合地描述我国金融发展与经济增长之间的关系特征，至少说明这一理论在解释我国金融发展变迁和预测未来走向时，还显得过于粗放。

上述情况说明有必要反思传统金融发展和金融深化理论在我国金融业改革中的指导意义乃至适用性。金融发展与金融深化理论是20世纪取得的重要的金融学成果，对该理论在我国经济体制和社会改革发展进程中的适用性，需要深入分析。比如衡量金融深化程度的一个重要指标是M2/GDP，在我国就需要深入分析M2和GDP的内在结构问题，对我国的M2/GDP指标与其他国家的相应指标进行深入、细致的比较之后，才能得出我国是否存在金融抑制的结论。因此由传统的金融发展和金融深化理论推演出的金融自由化，其理论含义的实践需要十分审慎。为此，当代金融发展学说的代表人物之一麦金农本人也承认“在通货膨胀适当地、逐渐地消失以及资本市场向自由信贷开放之前，第一要紧的是平衡中央政府的财政，财政控制应当优于金融自由化”。②

一　研究我国金融发展问题的方法

目前，中国金融改革进入攻坚阶段，银行业和资本市场问题累积较多，保险市场发育时间不长，金融和财经改革明显落后于实体经济的改革步伐。在面临WTO和全球化竞争的时代，我国金融业进一步改革的方式恐怕不能继续采取“摸着石头过河”的策略，我国金融改革和发展的思路需要进行系统的、规范的基础研究和方案设计。③然而要想获得一条正确的改革之路，首先要对我国金融、经济、政治等国情有充分的了解和认识；其次要熟悉其他国家金融改革和发展的成功经验和失败的教训，从中发现一些普遍规律；最后要掌握研究中国

① 韩延春：《金融发展与经济增长：理论、实证与政策》，清华大学出版社2002年版。

② McKinnon, R. I., The Order of Economic Liberation: Lessons from Chile and Argentina, Carnegie – Rochester Conference Series on Public Policy, 1982, 17.

③ 吴敬琏：《中国金融改革的迫切性》，“中国金融国际年会”的发言，2004年7月。

金融问题的正确方法也是一个必要条件。对于金融改革与发展的道路，从科学的认识，到达成共识，到形成行动方案，到成为改革成果，需要相当的时间和集体的努力。如刘鸿儒在1994年前后就富有见地提出某些当前正在操作性的政策与思路。① 可见，寻求和探索中国金融改革的基础理论是当务之急。

关于金融改革问题的研究方法，必须理论联系实际，将国际成功的经验同我国实际国情结合起来。比如黄达曾经指出："十多年来，中国的经济理论界取得了一批极其优秀的研究成果，这些成果对推动中国经济改革和80年代的经济起飞起了巨大的作用。要使中国经济发展以80年代的速度持续，并在下个世纪20年代接近发达国家的水平，必须对经济运行的内在机制和发展规律加以重点研究，找出一条带有必然性和规律性的发展之路。""中国未来的经济体制和发展道路，有两点应当是明确的：一是不可能离开带有世界普遍规律性的发展方向；二是不可能脱离中国国情而完全西化，它应该是'中国式'的。"② 钱颖一认为："什么是研究中国经济改革的可取的方法呢？首先，研究要瞄准中国的现实，经济学家要懂中国的事情。""为了研究中国经济改革过程中的经济行为和现象并提出适合中国国情的政策建议，还需要运用现代经济学的基本原理和分析方法，它们是研究人类经济行为和现象的知识结晶。"③ 樊纲认为："从理论上认识和解释经济现象的最终目的是改进经济，使其为人民提供更大的满足，因此，制定出改进经济的政策措施，可以说是经济理论研究的最终目标。每个经济学家都希望能对实际地增进社会福利而做出自己的特殊贡献。事实上，经济政策研究在整个经济学范围内，是一项难度最大、最容易出错、最不得轻易为之的工作。因此是容不得丝毫轻率的。"④ 吴治宇认为，研究资本市场问题不能不顾国情生搬硬套国外的经验，盲目模仿；不能将一些现象的产生归结为单一的政策或结构缺陷，并由此

---

① 刘鸿儒：《探索中国资本市场发展之路》，中国金融出版社2003年版。

② 王广谦：《经济发展中金融的贡献与效率》后记，中国人民大学出版社1997年版。

③ 钱颖一：《现代经济学与中国经济改革》，中国人民大学出版社2003年版，第13页。

④ 樊纲：《我的经济观》，江苏人民出版社1992年版，第890页。

推断出极端的解释和结论。由于各国的市场要素以及投资者素质、偏好、文化、道德、信用基础等条件存在着相当大的差异，采取简单的拿来主义可能会导致严重的后果。[1]

二 我国金融发展问题研究成果简单回顾

金融发展和金融深化理论的主要研究人员有戈德史密斯[2]、麦金农[3]、格利和肖[4]、Fry[5] 以及 King & Levine[6] 等。在过去的数十年里，有许多研究成果问世。改革开放以来，随着我国市场化导向的改革实践，金融发展和金融深化理论也引起了研究人员的广泛关注。如谢平[7]曾经广泛分析了我国金融资产结构、货币市场、货币政策以及信贷、外汇和资本市场等方面理论与政策。在 1994 年，作者较早地分析了我国金融资产的结构问题，描画了我国改革开放中期所形成的金

---

① 吴治宇：《科学把握资本市场改革发展中的“度”》，《人民日报》2005 年 2 月 18 日。

② Goldsmith, R. W., *Financial Structure and Development*, New Heaven: Yale University, 1969.

③ McKinnon, R. I., *Money and Capital in Economic Development*, Washington DC: The Brookings Institute, 1973.

④ Shaw, E. S., *Financial Deepening in Economic Development*, New York: Oxford University Press, 1973.

⑤ Fry, M. J., *Money, Interest, and Banking in Economic Development*, Baltimore: The John Hopkins University Press, 1988.

Fry, M. J., Financial Repression and Economic Growth, *Working Paper*, No. 93 – 07, International Finance Group, University of Birmingham.

⑥ King, R. G. & Levine, R., “Finance, Entrepreneurship and Growth: Theory and Evidence”, *Journal of Monetary Economic*, 1993a, 32.

King, R. G. & Levine, R., “Finance and Growth: Schumpeter Might Be Right”, *Quarterly Journal of Economics*, 1993b, 108.

King, R. G. & Levine, R., Capital Fundamentalism, Economic Development, and Economic Growth, Carnegie – Rochester Conference Series on Public Policy, 1994, 40.

Levine, R., Financial Structure and Economic Development, *Working Paper*, No. 849, World Bank, 1992b.

Levine, R., “Financial Development and Economic Growth: Views and Agenda”, *Journal of Economic Literature*, Vol. xxxv, 1997.

Levine, R. & Zervos, S., “Looking at the Facts: What We Know about Policy and Growth from Cross – Country *Analysis*”, *American Economic Review*, 1993, 83.

⑦ 该部分内容可参见谢平的一系列学术成果，如《中国金融制度的选择》，上海远东出版社 1996 年版；《货币监管与金融改革》，生活 · 读书 · 新知三联书店 2004 年版。

融资产结构出现的变化。1996 年，作者系统地表述了我国利率市场化、转轨过程中个人储蓄行为、我国证券市场结构与制度问题，以及我国外汇制度改革等相关问题。2004 年，作者又系统地讨论了我国银行业市场行为问题、货币市场发展的经验教训、证券市场透明度和监管问题、开放式基金、国家专业银行改革，以及我国金融改革的理论分析等问题。欧阳卫民[①]对我国金融改革中出现的诸如彩票市场、财务公司、金融期货、金融租赁以及重组基金等交易方式和机构做了研究和描述。李茂生[②]最早对我国高度单一的金融形式状况进行分析，着重探讨了金融、金融结构与经济发展的关系。并对中国金融市场的建设进行了展望，认为要以银行改革为主攻方向实行金融市场的重新构造，促进多种金融形式的开拓利用和新金融机构的发展。李扬等[③]将中国金融发展的分析纳入到开放经济条件下，第一次解释了我国金融市场“迷失的资金”（the missing money）之谜。笔者认为，国内游资、商业银行的长期低效运行和资金外逃是导致我国出现外资流入盈余和国内储蓄盈余的主要原因。但是强劲的经济增长、稳定的国内环境、高水平的国内储蓄和合理的外资结构，是保持我国汇率和经济稳定的重要因素。林毅夫[④]在论述我国新时期金融问题时，重点指出我国目前与金融产业相匹配的是中小企业，中小企业的发展是支持我国经济长期健康发展的主要产业基础。与中小企业匹配的金融体系，不是证券市场的主板和二板，也不是大型商业银行，而是小型商业银行。李健[⑤]从我国金融发展变迁开始，分析了我国金融结构发展不均衡，以及由此导致的金融风险增加的问题。

近年来，我国金融研究人员在对金融发展基础理论方面有一定创新和突破。这些创新和突破主要从我国实际情况出发，结合国际研究的前沿，提出了自己对金融问题的理解和观点，比如孔祥毅提出的

---

① 欧阳卫民：《中国非银行金融业研究》，中国金融出版社 2001 年版。

② 李茂生：《中国金融结构研究》，中国社会科学出版社 1987 年版。

③ 李扬、何德旭：《经济转型中的中国金融市场》，经济科学出版社 1999 年版。

④ 林毅夫：《新时期我国金融市场的发展模式》，《中国投资》2001 年第 3 期。

⑤ 李健：《论中国金融发展中的结构制约》，《财贸经济》2003 年第 8 期。

“金融协调论”[①]，白钦先提出的“金融资源论”[②]，王振山提出的“金融效率论”[③]，以及杨再平提出的“金融效能论”[④]等。这些观点，综合地反映了我国近年来金融改革所取得的成就和问题，从不同的角度和侧面为我国金融发展与金融深化提供了理论补充。

三 以新的角度研究我国金融发展问题

通过上述分析，可以发现传统的金融发展和金融深化理论，已经不能适合单一地作为我国金融改革与发展思路设计的基础理论。研究我国金融发展问题有必要借鉴“转型经济学”的理论成果。转型经济学的主要内容是国有经济改革、公有产权明晰化、资源配置方式转变、政府职能转换、社会价值观念演化，以及分权、激励、竞争、不确定性、不完全信息、治理结构、价值创造与价值分配、政府职能、利益集团、“寻租”、制度演进等问题[⑤]，但是这些理论成果可以作为我们讨论金融发展的重要基础。事实上，在我国当前的金融发展和金融改革中，已经越来越离不开转型经济的理论提供的背景和指导意义。比如，商业银行和农村信用社的经营行为，就与公司治理、信息不对称、垄断等有关；同时，资本市场出现的问题，也与激励、价值创造与价值分配、国有产权改革、内部人控制等问题关系密切。进一步讲，作为金融监管，比如针对信贷、资本市场、银行业、保险业等领域的监管，我们应当设计怎样的模式和机制，以提高金融机构和上市公司的运行效果和质量；甚至怎样监管监管者，也应当通过那些黄达教授所言的“世界普遍规律性的”成果，然后结合中国特殊的国情，进行系统的设计和实施。

转型经济理论研究是近十多年来国际经济学界研究的一个热点领域，它引发了20世纪90年代以来形成的新的经济和金融研究成果。

① 孔祥毅：《百年金融制度变迁与金融协调》，中国社会科学出版社2002年版。

② 白钦先：《金融可持续发展研究导论》，中国金融出版社2001年版。

③ 王振山：《金融效率论：金融资源优化配置的理论与实践》，经济管理出版社2000年版。

④ 杨再平：《效能观点：透视中国金融前言问题》，经济科学出版社2002年版。

⑤ 关于转型经济学相关内容的讨论，可参见热若尔罗兰《转型与经济学》，北京大学出版社2002年版；胡家勇《转型经济学》，安徽人民出版社2003年版。

许多基础研究比如比较世界范围内的财政体制、法律体系和金融监管体制，并分析它们对政府行为、企业融资和经济表现等的影响方面的内容，都借助了转型经济理论的观点。目前，该理论已经形成了比较健全、严密的体系。本文相信以转型经济学的理论和成果为背景，以近几十年来的经济学研究成果为方法和工具，对我国金融发展进行深入的探究，有希望找到中国金融改革所应采取的正确路径。事实上，我国作为经济转轨比较成功的国家，在当前的金融改革中，面临着诸如中央和地方、[①] 中央各部门之间、地方和中央各部门之间的广泛而复杂的博弈过程；我国公共财政与金融部门之间复杂的关系，[②] 也是我国转型过程具有代表意义的例子。我国金融市场的分层与区隔，以及金融资源的区域化现象，也与我国金融发展的非均衡性有密切关系。对于上述这些问题的研究，显然超越了单纯金融的角度，需要有新的、更全面的理论来予以解释。比如谢平和陆磊[③]对金融腐败问题的研究，就借助了制度转型中关于腐败的研究内容，得出了有说服力的结论。又如殷剑峰[④]对我国现阶段流动性陷阱所作的判断等。此外，如巴曙松[⑤]对我国中央汇金公司对商业银行、证券公司改革重组所作的建议，都是以我国转型经济的特征为背景的。近几年来，从我国金融研究的脉络看，几乎可以断言，我国金融发展和改革的路径一定是“中国特色”的。而我国作为阔步前进的大国，其政治、经济体制的演变和未来的发展，必将首先要跨越经济转型阶段。

四　我国金融发展理论具有挑战意义的若干命题

以我国经济改革和转型为背景，研究金融发展与金融深化问题，进而设计金融改革的路径，可能是未来容易形成理论创新的领域。在该领域内，有许多尚待解决的理论命题，如：

（1）金融发展是单纯的金融业和金融市场发育问题，还是与我国

---

① 周阳：《连串事件背后暗含地方政府争夺金融控制权逻辑》，《经济》2005 年 9 月 12 日。

② 此方面内容可参见刘尚希的有关论述。

③ 谢平、陆磊：《中国金融腐败的经济学分析》，中信出版社 2005 年版。

④ 殷剑峰：《中国将长期面临流动性陷阱问题》，《上海证券报》2005 年 9 月 23 日。

⑤ 巴曙松：《汇金公司也应当接受市场监管》，《每日经济新闻》2005 年 9 月 20 日。

独特的政治、社会和文化等制度有密切的关系？

（2）是金融自由化和利率市场化优先，还是商业银行的现代公司治理优先？

（3）是扩大资本市场融资规模优先，还是着力提高上市公司质量优先？

（4）现阶段是混业经营还是分业经营？

（5）中国金融业是否具有公共性质？如果是，信息透明是否应当作为监管准则？

（6）防止商业银行、基金及证券机构经理的道德风险，在现阶段我国法律体系相对缺失的条件下，是否还有更多的措施？

（7）中国金融改革的步骤和顺序是什么样的远景？

我们期待并相信，不久的将来会有更多优秀的研究成果涌现出来，为我国的金融改革和发展事业注入新的活力。

积极重视与发展我国民航科技产业[①]

民航科技产业是指主要应用于民航系统，具有一定科技含量的产品或服务的集研发、制造、销售和售后服务为一体的产业链。在这个产业链上连接着政府行业政策，研发人才与机构，加工与制造技术及企业，信息管理，投资与融资机构，产品采购与应用等相关的价值链主体的利益。主要包括科技创新体系、应用与维护体系和支持保障体系，内容涉及民用飞机及附属产品、空中交通管理设备、机场特种设备等的研制与生产，以及产品的维修保障和技术服务。民航科技产业的三个组成部分相互依赖、相互影响，其综合绩效直接反映民航科技产业在国民经济及在国际同行业中的地位。

民航科技产业是一个国家的战略性产业，与国家安全和国民经济命脉关系密切。它是一个国家在国际适航谈判中的重要筹码，是保证国家主权平等的基本要素。民航科技产业又是一个知识密集型产业，以多学科的基础科学和技术科学为基础，集中应用了许多工程技术的新成就，是衡量一个国家科学技术和工业发展综合水平的标准。民航科技产业还是支持民航运输长期发展最重要的条件，是航空运输企业参与全球竞争的基础。唯其如此，民航科技产业才能受到世界主要国家的高度重视。

一　我国民航科技业在国际同行业及经济中所占的位置

1. 民航总量高速增长

21 世纪以来，我国民航运输业进入了新的高速发展期，2004 年，我国民航共完成运输总周转量 230 亿吨公里，旅客运输量 1.2 亿人，

---

① 本文发表于 2006 年第 38 期《经济研究参考》，合作者是马志超。

货邮运输量273万吨，通用航空作业7.7万小时，业务量在国际民航组织188个缔约国中由2000年的第5位，上升到目前的第3位。民航产值占GDP的比例，由2000年的0.598%，增长到2004年的1.162%，五年内翻了近一番（如表1所示）。

表1　　我国近年来民航业务量及民航在GDP中的比重

年份	运输总周转量（亿吨公里）	旅客运输量（万人）	货邮运输量（万吨）	在国际民航组织中的业务位次	民航产值占GDP的比重（%）
2000	123	6721	197	5	0.598
2001	141	7525	171	5	0.592
2002	164	8594	202	5	0.805
2003	171	8759	219	5	0.916
2004	230	12090	273	3	1.162

资料来源：根据《中国民航统计年鉴》（2001—2005）整理。

2. 民航科技发展滞后

尽管我国民航业务近年来取得了快速的增长，但我国民航科技产业的发展却步履缓慢，与国内航空运输快速发展的市场机遇发展不相匹配。表2显示，我国民航科技产品占整个产品采购的比例从2000年的25.4%下降到2004年的17.1%。国产设备在民航总采购量增长的过程中，数量徘徊不前，市场份额反而有下降的趋势，我国民航科技业有被边缘化的倾向。民航科技产业无论从一国的政治军事地位还是经济地位都十分显著，我国作为一个经济高速发展的运输大国，对上述出现的反差，应当予以高度重视。

表2　　进口和国产设备占民航总采购量的情况　　单位：亿元人民币

年份	航空设备采购量	进口量	国产设备量	进口量占总采购量的比例（%）	国产设备占总采购量的比例（%）
2000	312	233	79	74.6	25.4
2001	208	161	47	77.5	22.5
2002	263	208	55	79.2	20.8
2003	335	272	63	81.1	18.9
2004	372	308	64	82.9	17.1

资料来源：民航资源中国网（www.carnoc.com）、《中国民航统计年鉴》（2001—2005）。

3. 民航科技产业在发达国家的经济地位普遍上升

近年来，国际民航产业发展出现的一些新情况，足以决定未来民航产业的整个发展趋势。首先是民航科技产业链条不断加长，技术覆盖面加宽，具体表现在重点考虑军民两用的通用性，重视开发军民两用技术，优先开发对国防和民用都有推动作用的技术，并注重对已实用化的先进军用或民用技术进行再投资，使之成为通用技术，在更多的生产领域产生经济效益。其次是民航科技产业的科技带动作用显著，地位上升。民航科技产业是一个技术综合含量高、产业关联度广的行业，涉及机械、电子、信息、通信、材料等多个行业，产业链上涉及设计、安装、调试、总装、修配等多个环节，被誉为“现代科技和现代工业之花”。表 3 显示，近五年来，民航科技在主要发达国家和地区 GDP 中所占的比重基本呈平稳上升趋势。

表 3　　民航科技产业占主要发达国家和地区 GDP 的比重

国别 年份	美国	日本	欧盟	法国	英国	巴西
2000	2. 15	3. 21	1. 28	3. 55	2. 13	1. 35
2001	2. 18	3. 33	1. 24	3. 81	2. 36	1. 39
2002	2. 13	3. 01	1. 26	3. 69	2. 15	1. 58
2003	2. 22	3. 40	1. 29	4. 20	2. 19	1. 66
2004	2. 34	3. 42	1. 36	4. 34	2. 18	1. 57

资料来源：民航资源中国网（www. carnoc. com）、《中国民航统计年鉴》（2001—2005）。

4. 民航科技产业的经济价值十分可观

民航科技产业对于整个国民经济发展的促进作用明显，居于产业链的顶端，具有最高的投入产出比和经济带动比，是世界各国参与全球竞争的支柱产业。美国、欧洲等国家的民航科技产业投入产出比为 1∶20。而据日本通产省 2002 年的统计，按单位重量价值比计算，如果轮船是 1，则轿车是 9，电子计算机为 300，喷气客机是 800，航空发动机为 1400。此外，以美国为例，民用飞机销售额每增长 1%，对本国国民经济的增长拉动为 0. 714%，2000 年美国航空工业中飞机的产值为1400亿美元，相关产业的产值为9000亿美元，占全美国GDP的9%，为社会提供了1100万个就业机会。此外，民航科技产业还有着十分明显技术扩散效应和产业辐射效应，是带动相关产业发展的发动机。从世界民航科技强国的统计规律来看，在航空工业上投入1万美元，将会在相关产业拉动80万美元。日本的统计数据显示，2002年在全国500余项技术扩散案例中，航空工业的技术扩散占60%。2002年，日本航空工业技术派生出来的产品销售额是使用这些技术制造的航空产品销售额的18倍。

此外，据统计，民航科技产业在发达国家的就业比例为每一万美元GDP就业人口为0.15个，高于社会平均水平的0.13个。可见高科技产业同样能带动高就业，民航科技产业对就业的带动作用同样值得重视。

5. 未来十年我国民航产业发展面临空前的机遇，市场容量将急剧膨胀

我国民航产业从21世纪以来，已经进入飞速发展的时期，整个民航产业的基础性格局，将在未来10—15年中奠定。民航产业涉及的市场容量进入了急剧膨胀的时期，市场价值超过4500亿美元（见表4）。

表4　　未来十年我国民航市场容量增长预测

主要指标	2015年预测数值	对应市场价值（亿美元）
新增飞机架数	1600架	1700
所需发动机及飞机配件	300万件（套）	1100
新建机场数	140个	1200
年旅客运输量	30365万人	500
年货邮运输量	880万吨	100
总的飞行员需求量	21260人	培训市场为30
合计		4630

资料来源：中国民航强国课题组。

另外，就各个子市场而言，首先，运输飞机市场空前广阔。按各国航空运输发展的规律，国民生产总值增长5%，航空运输业将增长

9.8%。按目前中国的经济增长速度测算，到2010年，中国将成为世界第二大航空市场。另外，根据波音公司的预测，到2020年，我国更新和新增加的飞机将达到1900余架，市场价值共计为1970亿美元。2004年波音公司市值约为380亿美元，我国拥有相当于购买五个波音公司的市场容量。

其次，民航空管设备市场巨大。据我国相关部门研究资料表明，在未来十年内，全国将建设100多套航路甚高频遥控系统、30部左右的二次雷达，新建和改造20多个管制中心，总投资额将达到100亿元人民币。

再次，机载设备制造业极具潜力。随着新技术的突破和应用，机载设备在现代民航科技产业中的地位日益突出，不但决定航空工业动向和飞机发展的方向，而且影响整个航空工业发展战略。在飞机的成本和价格构成中，机载设备所占的比例已经由早期的10%提高到现在的40%—50%。按此比例计算，我国2020年的机载设备市场总容量将达到1000亿美元，市场前景十分光明。

最后，民航维修市场发展十分乐观。航空维修行业的市场容量与国内的飞机数量存在正相关，目前，国内航空维修行业市场容量总计每年110亿元，但只有35亿元左右是在国内进行维修，而近75亿元的维修量则需送交国外。随着国内送修量的比例的增加，国内航空维修市场的发展空间巨大。

二　我国民航科技产业发展面临的问题

我国民航科技产业门类比较齐全，具有自主研究开发、设计制造、飞行试验等较为完备的航空产业体系，在部分领域有了自主知识产权，具有初步的工业和技术基础。但是由于起点较低，力量薄弱，民航科技产业不能满足国民经济发展的要求，其发展现状和我国的国家地位不相称，如果不能借助未来十年市场急速发展的历史机遇予以扭转的话，我国民航技术的振兴将变得更加困难。

1. 投资不足，科技成果转化能力低

表5显示，我国民航科技产业的研发投入与产出比较低，近5年来平均投入产出比为6.4。与上文提到的发达国家20倍的投入产出比，相去甚远。我国民航科技产业研发投入本来就十分低，加上较低

的产业转化率，是我国科研产品占市场份额低的重要原因。由于我国民航科技产业起步较晚，部门之间相互独立，严重封闭。没有进入市场、技术、人才和资金全球化的主流产业群。民航科技产业体系不完善，科研、生产和相关服务不能形成一个良好的体系。民用航空工业没有开放，社会资本和国际资本难以进入。

表5　　我国近年来民航科技产业研发投入与产出状况　　单位：万元

年份＼项目	民航科技产业研发投入	相应产出	投入产出比
2000	1356	7860	1:5.8
2001	1432	9800	1:6.5
2002	2558	15800	1:6.2
2003	3378	23900	1:7.1
2004	6124	39200	1:6.4

资料来源：根据《中国民航统计年鉴》（2001—2005）整理。

2. 产业布局分散、企业规模偏小

我国民航科技产业生产企业数量多，规模小，低水平重复现象突出。由于市场化程度低，行业内部的构成及其比例关系还没有通过市场竞争实现优胜劣汰，资源难以优化配置和有效利用。此外，工业布局地域分布广，空间上存在不合理性。据统计，2004年，我国民航工业总产值为3510亿元，其中国内销售3280亿元，出口230亿元。所有这些产值是由1426家企业提供的，平均每家企业的产值不到2.5亿元。这些企业人数为230万人，人均产值为15.3万元，可见我国的民航科技产业还具有劳动力密集型产业的特征。同期，美国的民航科技产业人均产值为24万美元；日本为37万美元；欧盟为21万美元。

3. 民航科研体系和机制存在制度性缺陷

民航科研体系相对比较封闭，科研人员的流动性较差。加上国外对相应专业的严格控制，使得国内外的交流受到了极大的影响。同时，科研机构使用拨款性经费，项目结束时项目评审经常聘请相关熟悉人士，使得项目的严格性往往大打折扣。其实，只要是拨款形式，都应该建立匿名评审制。参加评审的系统外专家应当占到一定比例。

此外，由于利益主体不同，民航科技研发的项目和技术与其他相关产业系统分割严重。这种分割使得民航科技研发很难利用其他系统已有的技术成果，难以与其他系统进行有效的合作，更难以参与全球项目研发的课题。在民航科技全球化面前，我国民航科技的人才流、技术流、信息流和成果流运转迟缓，效率很低。

最后，在民航科技开发的战略指导思想方面，我们应当认识到我国民航科技的总体实力和配套环境与发达国家的竞争对手还有相当大的差距，研发的资金实力也有限，不能追求以单纯的产品研发赶超为导向，而应当建立以产品市场需求为导向的科研开发思路。上文数据显示，我国民航业发展的巨大市场需求，因此，借助市场需求，提高技术水平和科研开发能力，以开放的眼光进行科研战略管理，是民航科技研发界所应当选择的路径。

三　促进我国民航科技产业化发展的建议

针对当前现实状况，如何把握市场机遇，增强我国民航的整体科技水平，是业界面临的重大问题。

1. 应当十分重视我国民航科技所处的真实状况，正视我国民航科技在国际同行业内的位次，制定积极可行的对策

我国与这些发达国家的民航科技产品贸易中，应当遵循国际分工的原则。比较优势贸易理论认为，并非只有占绝对优势的国家才能从国际贸易中受益，只要某些商品具有相对优势，就可以与具有其他优势的国家进行贸易，并使本国受益。民航科技产品涉及数量数十万个，在这么大的数量空间中，我国具有相对优势的产品很多，比如民航特征车辆、飞机除冰设备、复合刹车材料、机场助航灯光等。我们不能依赖绝对优势贸易理论指导我国民航科技产品采购与营销。因此，应当重新审视和认识我国民航科技，以我国现有的基础和水平，只要团结奋进，采取正确的指导思想和策略，我们同样可以赢得与发达国家的竞争优势。

在此方面，巴西发展民航科技的例子十分具有借鉴意义。巴西在20世纪50年代时开始制定并实施民航科技战略时，民航科技的整体水平与当时我国相当。为了大力发展本国的民航科技产业，1969年巴西政府组建了巴西航空工业公司，并对其采取了许多优惠和扶持政策，同时限制外国飞机进入巴西市场，使巴航公司的产品逐步占据了国内市场，进而又开始出口。进入90年代，在世界民用飞机市场日渐萧条的大背景下，巴西政府进行体制改革，开始了巴西航空工业公司民营化进程，将政府拥有的股份从96.5%逐步降至1.4%，但拥有最终否决权，促使巴西航空工业公司从一个国有控股企业转变成为一家国际化的混合控股公司，从而为公司按国际惯例和市场规律进行经营管理奠定了坚实的基础。2004年，公司在新型飞机设计方面的投资约为2.7亿美元，预计2005—2010年将总共投资17.15亿美元，预计2005年出口总额将达到40.5亿美元，2006年将超过53亿美元。2000年以来，巴西航空工业公司的平均年产值增长速度为32%，公司市值平均年增长速度为27%，成为发展中国家发展民航科技产业的成功典型。

2. 整合我国航空与民航科技资源，成立振兴民航科技部长联席会议

合并航空与民航科研院所，统一规划科研项目与任务。我国航空系统与民航系统分家自20世纪50年代开始。当时主要为了集中精力在航天与航空技术上取得突破。然而随着我国经济社会的发展，民航作为应用部门，承担的经济任务越来越重。世界经济一体化和发达国家民航企业的横向与纵向并购所形成的超级企业，对我国航空与民航部门分隔的局面提出了挑战。此外，从航空产业链的经济学角度分析，科研生产营销本身是社会化大生产一个完整的不可分割的价值链。然而我国当前的现状是民航代表应用部门，航空代表生产与科研部门，由于部门利益主体不同，国外民航生产厂商成为我国航空部门有力而强势的竞争对手。这一点从上文的数据中可以反映出来。因此，合并民航与航空系统的科研资源，并且成立民航与航空部长联席会议，按照会议计划定期推进民航科技产业，是适应全球民航业竞争格局的要求，也是振兴我国民航科技的必由之路。部长联席会议主要

是制定民航科技产业化发展规划、实施计划、布局及有关政策；建立产业化评估标准和机制；为决策部门提供重点产业化项目承担指导和经费建议；监督与推进我国民航科技项目实施进程等，切实解决民航科技产业形成部门合力的决策机制问题。

3. 选择具有比较优势的产业，加大政府扶持力度

我国民航总局在《2005—2010年中国民航科教振兴行动计划》中指出，从2005年起，每年在民航科教方面投入经费（不包括基本建设经费）不低于3亿元人民币，到2010年，对民航科教的投入总经费不低于17亿元人民币，为民航科技产业发展提供了一定的资金支持。但是为了全面提高我国民航科技产业水平，需要进一步加大力度。

为增强市场竞争能力，各国民航科技产业十分重视对科研的投入。以美国为例，从20世纪80年代起，美国政府开始重视“政府支持—研究开发—产业化”结合的问题，开展了一系列激励民航科技产业界R&D活动的计划，如中小企业创新研究计划、先进技术计划和制造技术推广计划等，鼓励和支持国内外科研机构、工业企业和高等院校开展多层次、多形式的交流与合作。美国政府还通过商业合同向民航科技产业界提供科研开发经费，从20世纪50年代开始，美国政府就通过高级防务计划管理局（DARPA）和国防部以偿还独立研发费的方式向波音公司提供大约85亿美元的间接支持。美国政府支持军事航空科研计划也带动民航科技产业的发展，在1988—2003年的15年里，NASA为军用和民用航空科研共投资了135亿美元，其中120多亿美元的投入有益于美国民用航空工业，大大推动了民航科技产业研发的进展。各主要公司如波音公司、雷神公司、达信公司、休斯公司等2004年研究和发展投资比上年分别提高了18%、28%、20%和26%，分别占其销售收入的12%、15%、16.3%和18.4%。另外，以欧盟为例，2003年欧洲航空工业把销售额的18%用于研制与发展，其中欧洲政府承担了军用航空计划75%和各航空工业公司研究发展50%的经费。

我国应当选择拥有相对成熟的技术，已经有一定工业和技术基础，同时市场容量有长远发展的主要产品，进行集中力量的开发与营

销，占领相应的国际市场份额。如北京航空航天大学在航空信息通信系统的研究与开发方面已经走到了国际前沿，并在应用方面取得了良好的经济效益和社会效益。另外，我国很多民航科技企业是以军品生产为主，很多技术都相对成熟，并且在军转民方面具有很好的市场前景，今后应大力加强航空工业的军转民进程，提升我国民航科技产业的整体实力和国际影响。

4. 积极发挥财政、税收、产业政策，在市场采购等方面予以支持

民航部门有公共经济的特征，科研开发更是具有典型的公共经济学特点。首先，民航产业是必须为而单一企业很难为的行业。其次，研究开发本身具有公共性，历来是世界各国公共财政支持的主要领域。由于上述民航科技的双重性，民航科技产业的研发投入理应得到政府资金的支持。2004 年，我国财政对民航科技拨款为 53 亿元，占全部财政拨款（全部财政拨款为 22053. 15 亿元）的 0. 24%。财政对科研投入的拨款为 816. 22 亿元，民航科技资金占的比例为 6. 5%，这个数据与民航科技在民航业务发展中的作用，以及民航科技对相关产业的带动作用相比，比例偏低。如欧盟为空客的发展给予 25 年总额为 250 亿美元的政府补贴、政策性银行和财团、银团信贷等，并容忍了长期的亏损。最终空客公司在国际大中型飞机生产市场占据了一半以上的市场份额，公司也步入健康运营的轨道，此举还大大提升了欧盟整体民航科技化水平。美国在“9 · 11”事件以后，为扶持低迷的航空运输市场以及民航科技产品市场，制定了“一揽子”的援救计划，如向民航业提供 150 亿美元的财政援助，其中 100 亿美元为贷款，50 亿美元为直接拨款。税收方面，适用于高科技产业税则，同时地方政府、行业主管部门是否可以考虑出台一些细则等，在税收减免和优惠上，有助于鼓励企业积极参与产业化，如可提高民航高新技术企业设备的折旧率。国家应当在产业政策方面，制定针对民航科技的具体条文，对该行业予以倾斜。

由于当前我国民航管理体系属于行业管理，使得民航产品在采购方面客观上具有垄断性。为了尽可能地降低垄断这种经济学理论中效率最低的市场结构的负面作用，民航采购部门在不涉及国家机密利益的产品中，应当建立定期的采购目录，并向全社会开放。对国外市场

开放的同时，首先做到对国内行业、企业实行公平待遇；还应当明确同等条件下，内资企业产品优先的规定，以提升国内产品的市场机会。

5. 积极利用外资和社会资金，拓展筹资渠道

截至2004年，我国外商投资民航科技产业，共计36个项目，累计投资7.8亿美元，约占我国引进外商直接投资总额的1.5%。平均每个项目的投资额只有2000余万美元。产值为15.3亿美元，其中出口6.1亿美元，国内销售9.2亿美元。与外商投资我国其他行业相比，无论是行业的重要性，还是实际投资额和产值，外商投资在民航高科技行业的资金数量和比例都很低。而我国仅在2004年航空设备的进口量就达45.4亿美元，外商直接投资民航科技产业数量仅占对外采购的17%。说明我国对民航科技产品的直接进口的战略有必要调整，应当积极利用产业政策，引导外商扩大直接投资规模。与单纯的进口相比，直接投资过程的技术转移具有持续性和外溢性，有助于我们提高民航科学技术。因此，制定相关产业政策，积极促进外资投资我国民航科技产业，应当成为提升我国民航科技产业竞争力的一个重要途径。

此外，民航科技业的振兴有赖于社会资金的积极参与。从项目管理的角度看，任何项目的推进，都是投资者承担风险并希望获取回报的过程。上文提到的各个民航科技产业的子行业和项目中，有许多适合社会资金或称民间资金参与的。我国汽车行业的经验表明，通过设计有效的投资机制和结构，民间资金能够在民航科技产业发展中扮演积极重要的角色。

表6显示，近年来，我国民航类上市公司上市主要募集资金的用途为飞机购买和机场建设，上市公司利用募集资金进行科研开发的只有17.78亿元，占累计募集资金的约12%，比重很低。我国企业上市一般要经过多个政府主管部门联合审批，政府主导的产业政策，是审批的重要依据。因此，为推动我国民航科技产业利用社会资金，政府主管部门应当重视行业特点，对民航科技产业的政策予以调整。

表 6　　民航类企业上市募集资金及使用情况　　单位：亿元人民币

首发募集	累计募集	用途	用于民航科技产业部分	
东方航空	23.32	30.52	飞机购买	0.35
南方航空	11.7	21.7	飞机购买	0.63
上海航空	10.66	10.66	新飞机引进 机库设施建设 航空电子商务	0.27
上海机场	14	27.5	机场建设	0.18
深圳机场	6.38	11.37	机场建设	0.13
首都机场（港）	13	13	机场建设	0.32
西飞国际	3.32	10.96	科研开发扩大生产	1.66
洪都航空	8.99	8.99	科研开发扩大生产	6.8
民航信息（港）	11.86	11.86	科技信息服务	7.44
合计	103.23	146.56		17.78

6. 建立科技产业化基地，集中工业布局，提高行业集中度，扩大规模效应

《民航发展“九五”计划和2010年远景规划》和《民航科技发展“十五”规划》都明确提出了建立适应社会主义市场经济体制的民航科技创新体系，使科技进步和创新成为航空运输发展的主要推动力量，强调支持和鼓励产学研结合，大力营造科技成果产业化的政策环境。实现上述任务的一个重要的途径是建立民航科技产业化基地，通过集中工业布局，提高产业集聚效应。通过研究机构、院校、企业之间的密切合作，最大限度地利用企业之间的知识和技能的溢出效应，为加速科技成果的转化提供桥梁作用，并且有利于整合资源，完善产业链条，产生规模效益。20世纪80年代末，英国由10架飞机工业企业减为1家，法国由8家减为2家。为了适应市场的竞争，欧洲航空工业又掀起了集中化的新浪潮。如德国成立了德国航宇公司，将MBB、MTU和多尼尔等几家公司联合起来，并由奔驰公司控股，德国航宇公司后来又收购了东德的德雷斯顿飞机场，并与荷兰福克公司合并，使该公司一跃进入世界航空航天公司10强之列。

民航科技产业客观上要求一定的产业集中度。据国际民航大企业的统计，民航零配件的规模效应为销售收入达到 3.5 亿美元，飞机维修与维护的规模效应为 70 亿美元，飞行试验室的规模效应为 150 亿美元，但是作为下限，飞机维修与维护为 30 亿元人民币，而飞行试验室为 65 亿元人民币。以我国目前的国力和财政水平，后两项同样可以努力实现。通过以市场竞争方式实现的资源急剧和整合，有利于我国较快地提高民航科技竞争实力，获取不断增长的市场机遇。

金融市场及其危机的起源[①]

一　金融市场的不完善性（non – perfection）

20 世纪 90 年代以后的主流经济学已经认识到，市场并非万能。同样，金融市场也会有失灵的情况。具体是指金融市场并非传统经济学假设那样，资产的交易能够瞬时出清。相反，金融市场受信息、交易者的判断，甚至制度性缺陷等种种因素影响的约束，金融的本原功能常常不能完全发挥。因此，专业的术语在定义金融活动时，经常在前边加的状语是“在不确定（uncertainty）的条件下”。这种情况说明，金融市场具有内在的不完善性。

人类的有限理性（Bounded Rationality）和信息不对称是导致金融市场不完善性的两个根本原因。但是这两点都被传统的有效市场假说（EMH）所隐略。有效市场假说来源于传统西方经济学的基础假设。在这些假设中，没有交易费用和成本，没有虚假信息（更没有欺诈），交易价格能够反映交易所包含的全部信息。在完美的供求模型下，价格是瞬时调整的，因而不会给套利留有机会。现代经济学证明了市场并非完美，即使在完美的出清模型中，也应当加上一个随机扰动变数 r。而对于金融市场，恰恰是在通常情况下显得微不足道的 r，在特殊的环境和形势下会引致金融交易发生连锁反应，这种连锁反应又反作用于模型本身，形成价格循环下跌的“共振”。

尽管有限理性在理论上的提出已经近半个世纪，但是在多数的人类生活决策中，人们对它的认识还有加强的必要。这就是多数情况下人们认为其自身的决策是正确的（或曰理性的、利益最大化的）。由于任何人搜集的信息都是有限的，即他搜集到的信息是不完全的。在

① 本文主体部分发表于 2006 年 10 月 28 日《中国证券报》。

一个时间序列里，即便这个人的力量足以左右整个市场走向，但是由于其他的市场参与者是有限理性的，因此形成的博弈局面，使得最后的情势，并不一定适合最初由左右市场能力的那个人的利益最大化。个体主观常常认为自身的正确性和事实上的人类有限理性的抵触，是折射人类生活非秩序的根本原因。

二 个体理性和集体非理性

个体有限理性首先源于个体的信息量受到信息搜集成本的制约；还有一种情况是当大量信息冲击，要求个体在很短的时间里做出最有利于自身的决策时，人脑的计算能力是有限的，并不能完全将大量信息在很短的时间里充分加工，因而在这种条件下，他的决策是以自己满意为基准的。比如，在对信息了解不多的情况下，投资者在某一个价位出清自己的股票，至于后续股票的上涨，对他而言，出清的价格是一个“满意”价格。

个体的主观理性，和事实上的有限理性，夹杂在集体决策时，容易形成集体非理性。这种情况显见于人类生活的许多场合。其情形在以下两个形势下，与金融市场的这种状况完全一致。一是十字路口汽车交通完全卡死的状况。二是投票决策者对于一项议案的决策过程由此延伸到实际上人类的许多决策是这样的，在当时的局（game）中，局中每个人的决策是以该人利益最大化为决策基础的，但是最终的决策结果，可能是对整个决策群体的任何一个人的福利减少的那种决策。这种模型，在中国古代哲人直觉的思想中，表述为“福祸倚伏”。因为东方文明的本原优势欠缺细致的解剖，因此这种抽象而不准确的格言在越来越多的现代物质文明面前作用微弱。

在拥挤的交通路口，当纵行的车辆在绿灯条件下看到符合前行的规则时，符合其最大化利益的行为是毫不犹豫地前行。但是在他还没有走到左拐的路口时，横行道路变成了绿灯，横行的车辆开始行进。但是由于未过去的纵行的车辆没有完全通过路口，因此，横行的车辆前行并不顺利。在此情况下，横行、纵行车辆只要在红绿灯变灯允许自己通行时，就会抢先启动，以争寸进。如果后面的车辆不断向前挪动，就会累积大量车辆，致使每部车辆往后退让的空间丧失，进退不能，导致了所有车辆在一定时间里实际上是全部的福利损失。在这个模型中，作为第三方的独立观察方，其交易和结构及其结果是可以通过实物观察的。但是在金融市场上，在一个变化的局中，作为第三方的对于整个事态希望通过观察获取真实数据是十分困难的，原因在于，首先，不像自然科学可以通过试验获得稳定的数据，社会科学难以根据试验做出严格的证明；其次，金融产品的电子化交易具有显著的同构性。当受到一些负面信息传播时，持有这种股票的投资者会尽可能快地将股票出手，当大部分股票持有者热切地希望迅速将该股票脱手时，证券价格快速下跌。这种机制同样能够解释世界范围内的金融危机的发生。

让我们换一种假设。在纵横路口，在交通拥挤的前提下，如果纵横行进的任何一方，给另一方留有全部通过的余地的话，出现卡死（僵局，deadlock）的可能性就会大幅下降。此时，对于让行的一人而言，也许显得并非完全理性（完全的理性应当是争分夺秒、互不相让地尽快通过），但是对于整个局面而言，则不会有陷入整体福利尽失的境地。相对于整体卡死的局面，一方的谦让，仍然是整个局面的帕累托改进。

个体的理性和由此导致的集体非理性是导致金融市场危机的起源。上述案例，特别适合模拟于金融市场分析。在十字路口设置的红绿灯好比金融监管制度安排。但是有金融监管制度安排，未见得就每时每刻有效。金融监管也有失效的时候，好比红绿灯对于卡死路口的交通管制失效一样。交通路口卡死是行车人的代价；金融市场危机是投资人的代价。相比较而言，交通失灵比金融市场危机更直观、更容易观察，也更容易解决。此时，如果有一个大家都认同的权威（比如警察）去疏导，卡死的路口也许能够逐渐通畅。但是，金融市场的机构行为更难以观察，其相信权威所表现出的判断力也不一样。尽管如此，权威必须有，比如央行承诺再贷款以解决金融市场的稳定；或者发达国家利益体央行财政部组成一致行动人干预金融市场，以使市场恢复信心。不管怎么说，金融市场危机，或者说个人理性和由此导致的集体非理性是难以完全避免的。只有局中人对于个人理性导致的集体理性模型进行理解，并且形成一定预期，在下次遇到类似情况时，才可能做出有利于集体理性从而导入给理性的判断，从而提高整个社会福利和效率。对于金融监管失效的最有效的弥补是行业自律，好比通过拥挤的交通路口的谦让一样。

让我们进一步将上述模型应用于对一些事务的投票决策领域。在一个决策局中，我们假设所有的投票人都是理性的，即他们会通过每一件需要全体投票人讨论的事件，来扩大自己在决策局中的发言权，用数学的方式表述是，扩大自己的决策权系数。这种动机主要是来自每个投票人背后代表的利益集团希望通过每次的投票决策，尽可能扩大自己利益范围的假设。人类的决策尤其是小范围的集体决策是非常复杂的一件事情。在上述投票者最优化条件下，投票人在第一件事务的表决过程中，其怎样选择，与其后面需要做出的若干其他表决的时间序列中，同样符合这种个体理性和与之而来的集体非理性原理。以我们常见的同类上市公司业绩天壤悬殊为例，就有可能是那些差的上市公司的董事会决策时，过于满足各个董事的利益最大化，而忽视这个企业市值的最大化。由一连串如此导向决策组成的企业经营的每况愈下，最终也伤害了董事个人利益。在许多日常生活的小的事件中如此，在一个很宏大的历史事件“局”中亦不鲜见，一个典型实例是中国清朝末年慈禧太后的内政外政方针。

三　流动性丧失是金融危机的直观表现

关于金融风险的生成和放大，可以从长期资本公司（LTCM，Long - Term Capital Management）的案例中获得几乎全面的认识。长期资本公司成立于 1994 年 2 月，由原雷曼兄弟公司固定收益部交易员约翰·麦利维瑟牵头，携手两位诺贝尔经济学奖得主 Merton Miller 和 Myron Scholes。团队中甚至有美联储前副主席 David Mullins 这样处理过大型金融危机事件的权威人物。1987 年股市大崩溃后，Mullins 曾经为白宫起草过一份详尽的报告，其中认为股市大崩溃主要是由于新的金融衍生工具市场所产生的抛售雪球效应。其后他供职于财政部时，还协助起草过旨在对美国濒于破产的储蓄和信贷机构提供帮助的法律。在联邦政府财政部和美联储工作的经验告诉 Mullins，市场并非一台可以运行准确确定价格的机器，而是会周期性地、非常危险地产生一些失控的行为。由于强大的阵容，长期资本公司自成立时起，首期募集资金就达到 12.5 亿美元。可谓当时最耀眼的私募对冲基金。

长期资本公司失败的原因主要是在金融衍生工具上的巨额持仓。当持仓数量巨大时，交易对手变得少了。而当长期资本公司预测的市场状况与持仓预期发生相反变化是，市场的交易对手变得更加缺乏。由于长期资本公司的财务杠杆高达几十倍，因此，市场的些微下跌，其保证金就需要大笔追加。更为严重的是，由于交易对手的缺乏，使得市场流动性剧烈下降，长期资本公司实际上成了一些品种市场上的“庄家”，其持有的品种在市场下跌时，根本无法出售变现。而市场的其他潜在交易对手（比如当时的高盛），当处于这种局势时，可能同样采取卖空策略。长期资本公司之所以采取这样的交易策略，一是其赖以决策的金融理论，在适应市场竞争和行为人决策方面存在着很偏执的理论假设，而这种理论假设并不符合市场交易过程中的其他投资者的决策过程的实际状况；二是长期资本公司作为一个投资决策权高度集中于交易员手中的对冲基金公司，其持仓状况和决策过程的风险控制制衡机制很少，甚至有连合伙人都不知道公司持仓和头寸的情况。过度依赖交易员个人，使得交易员个人在面对和判断市场形势时，容易陷入前后逻辑假设一致而持续加仓的危险，这种个体决策的机制，最后演变成了交易员自身性格的缩写，从而使资金置于巨大的风险之下。

虽然正如彼得·伯恩斯坦（Peter Bernstein）所说，自然界的原本状态，只不过是许多随机事件的无序组合而已；现代金融市场的操作思路也的确经常从自然界的规律中获取灵感——正像物理学是研究自然界的规律（自然的秩序）的科学一样，现代金融模型越来越多地仿照物理学、空气动力学的模型来验证市场的发生规律。但有一点是物理理论的侧面无法反映的，那就是金融市场是高度依赖流动性的环境。如果将现代经济结构比作金字塔状的话，复杂性金融衍生工具就像是金字塔的顶部，再往下是期权、期货这类基础性衍生工具，再往下一层是基础金融商品，比如股票、债券、基金、保险产品等。再往下是更基础的金融商品，比如利率、汇率等。再往下是普通的有形商品，比如汽车、住房、旅游、饮用水等。整个经济体就像这个金字塔一样，越往下越是人类生存的基础需求的满足和交易过程。而不管金融发展到何种程度，或者发达到何种程度，其赖以存在的基础是实物经济。也就是说，从流动性的角度看，金融资产的流动性，取决于整个实物经济对于金融资产包括金融衍生工具的需求程度。而反过来，金融资产，包括金融衍生资产的一个重要功能在于为实物资产的生产、贸易、流通和分配各个环节过程中的资源和在途风险提供更有效率的配置。当这种配置体系，由于自然界极其复杂的流动性受到某种干扰而断裂，或在一定时间内暂时断裂时，如果金融体系的流动性不能通过其他路由接续这种流动性时，某些金融品种就可能出现巨大的流动性风险。随着这种来势不妙的预期的不断放大，持有资产的其他投资者在不断缩小自己的头寸，整个市场的流动性在下降。极端的假设是，当这种流动性的下降不断由金字塔的顶部向下蔓延时，实际上已经对经济带来了巨大的危害；当流动性的缩减蔓延到商品的底层时，就会出现大危机的所有现象，像 1929 年经济危机的情景一样。理论上，当整个社会的流动性停止时，也就是市场的终止运行，整个世界在突然间停止了经济的运行，没有了任何交易，任何人之间的商业关系不复存在！当我们假设这样的状况出现时，就会在理论上推导出流动性是多么可怕而重要的一件事。同样，将假设向上推演，我们可以发现，金融危机正是流动性丧失向下蔓延的一个过程，其对经济的威胁的严重程度取决于在多大程度上接近了实物经济的底层。

让我们继续上述假设人类社会受到上帝之手的干预。某个时刻，上帝说："交易，停止！"人类的经济生活突然"停摆"。某人在世界停摆之后的一刹那，正好口渴，他到离家不远的河中取了一罐水，但是生水需要烧开以便饮用。因为世界停摆，煤气公司不提供煤气了，只好捡路边的柴火烧水。又凑巧没有火柴，这个人还不吸烟，没有打火机，于是只好利用体力钻木取火。路过的行人看到他的困难，答应给他随身的火柴一用，不过条件是，当水烧开时，火柴的提供者索取一杯水解渴。上面的假想故事，似乎引领我们回到对原始社会中人类最初交换的生活方式的想象中。当千千万万这种满足人们最基本需要的交易开始逐渐发生时，人类又像一个逐渐恢复元气的病人，目光恢复神采，变得活跃、兴奋，生生不息。上帝的停摆之手，在人类分工、合作、交换下，逐渐被驱赶得无影无踪——直到工业文明重新活跃，以及——作为本文讨论的主题——下一次金融危机到来。可以这样认为，上帝的停摆之手，就是流动性缺乏之手。

在全球的经济金字塔结构中，过去20年核心金融市场的发展轨迹显示，衍生金融交易凭借其巨大的流动性和跨越式的增长速度，已经远远凌驾于实物经济基础之上，并控制了实物经济的大体走势。对于一个实物财富快速积累的国家而言，广泛而深入地推进金融市场深化，加大金融产品市场化的力度，是摆脱“全球打工仔”历史现状的需要，更是提高经济组织活动效率、分散金融市场风险的必要举措。

金融研究应当贴近市场实践[①]

金融行业是高度依赖知识、经验和技术的服务型行业。在这个行业内，知识从创新到被产业部门所接受使用的传递速度要显著快于其他产业部门。因此，金融行业的研究与开发所导致的技术创新，对产业的带动也最为迅速。有效的金融研究与开发，能够迅速提高一国金融行业整体水平。因此，金融行业的研究与创新对提升一国的行业竞争力至关重要。当前我国金融业改革开放过程中，大量学习、借鉴和吸收了西方发达国家的金融业思想、知识和体系建设。随着我国经济的进一步发展，适应我国本土特点的金融理论将逐渐被提出，金融业的创新将成为我国金融研究的重要使命。西方金融理论创新与发展的历程表明，贴近市场实践的研究是金融理论创新的源泉。

一　我国金融基础研究的现状

1. 金融基础研究任务艰巨

我国金融业从业人员的学历结构比例如表1所示。我国金融业研究生占从业人员的比例不到1%，本科及以上学历的人才仅为10%，而初中及其以下学历占13.91%，由此可见，我国金融业从业人员学历层次偏低，需要迅速提高在金融从业人员中知识的传递速度和知识水平。

表1　　金融业从业人员的学历结构[②]

学历	博士	硕士	本科	大专	中专	高中	初中及以下
比例（%）	0.09	0.87	10.00	30.74	18.71	25.83	13.91

① 本文为读书笔记。

② 朱敏杰：《我国金融业的发展与金融人才需求》，《辽宁教育研究》2004年第6期。

另外，我国著名大学与美国一流研究型大学的差距，主要表现在原创性成果、教师质量、科研经费和国际化方面，特别是诺贝尔奖、《自然》和《科学》论文、博士教师比例、研究生中留学生比例等方面。以北京大学和清华大学为例，这两所大学处在世界大学体系的200—300名。预计要经过十年左右的努力，北大和清华才有可能持续不断地在国际前沿科学领域创造出重大原创性成果，比如在《自然》和《科学》上每年发表十篇左右论文，造就一批国际上有重大影响的学术大师。预计到2025年左右，有可能进入世界大学体系的前100名，重大原创性成果的数量和质量将达到世界一流大学的水平。[①] 这两所大学的金融学基础研究在我国属于比较靠前的，但我国金融学基础研究同样与美国等发达国家还有很大的差距。

从应用方面看，与工业化国家相比，中国金融业人力资源总量是偏小的。如从金融业就业人数占全国人口的比例来看，美国为1/20，日本为1/25，德国为1/22，英国为1/21，法国为1/23，加拿大为1/30，韩国为1/30，而中国为1/310。中国金融业人力资源总量偏小，需求潜力十分巨大。[②] 此外，我国高端金融应用人才培训的知识体系，主要以发达国家金融理论、工具和体系等为学科基础。如全球行业认可的国际注册金融分析师（CFA），2000年全球共有约3.6万人，美国和加拿大两国就占有3万人，占总数的83%；亚洲仅有2800人，其中新加坡有1000人，中国香港有近1000人，而上海只有十余人。为实现我国金融现代化，金融教学和科研肩负着重任。

2. 我国金融的科研与教学体系必须有开放性和融合性

21世纪产业革命的主要特点是以知识为基础的经济模式扮演越来越重要的角色。知识的产生、传播和与产业的结合方式，成为被关注的焦点。金融科学需要不断地从其他相关学科借鉴新的研究成果和思路。我国的金融科研和教学体系，应当尽早做出调整，以形成适应现代化要求的研究—创新—应用—扩散体系。20世纪80年代我国著名

① 刘继安：《我们离世界一流大学有多远》，《中国教育报》2002年3月12日。

② 杨艳琳、陈银娥：《加入WTO：中国金融人才战略的调整对策》，《中国软科学》2000年第8期。

科学家钱学森就前瞻性地提出了《金融经济学》的学科理论体系，他认为：金融是技术理论科学，金融市场经济是基础理论科学，是与政治经济学、生产力经济学并列的综合性社会性的科学。英国 J. L. 汉森所著《货币理论与实践》、美国托马斯·梅耶所著《货币、银行与经济》也强调跨学科的交叉型研究对于金融学持续发展的意义。[①] 近年来金融理论与创新应用的事实表明，上述前瞻性的判断是正确的。例如在金融学的应用层面方面，投资银行、资产证券化、投资理财、宏观金融分析、保险管理等核心学科都借鉴现代信息技术的成果。电子商务、网上交易等信息技术与风险管理、基金管理、投资管理模型、金融工具创新等业务的融合越来越显著。[②]

3. 我国当前金融人才培养模式需要优化

我国金融教学和研究当前还存在着许多阻碍金融现代化的因素。需要同时在人才培养模式方面进行优化。我国当前无论是课程设置、学科建设、培养方式，还是学生心理素质、竞争意识的培养都与上述目标存在差距，并且现有的金融学科建设水平与世界金融学科前沿之间的差距进一步扩大（黄达，2001）。此外，我国教学技术和手段与市场变化脱节。我国的金融学高等教育在教学观念上以知识点的传授为主；而在教学方法和手段上一般都比较陈旧，那种“填鸭式”的灌输教学法在我国高校中仍然处处可见，而且往往存在着与现实严重脱钩的现象。在这种模式下培养出来的学生往往综合素质不高，只能胜任某种“螺丝钉”式的工作，难以在未来激烈的竞争中做好开拓性工作，因而也就无法在激烈的竞争中立于不败之地。[③] 为此，需要在适当压缩宏观金融理论课程内容的同时，增加资本市场理论和微观金融理论的课程培训，如可以压缩货币银行学、商业银行经营管理等课程的一些内容，增加投资银行学、金融工程学、公司财务、数量金融、金融计量、金融衍生工具定价理论等课程内容。研究生还应增设证券

---

① 师佳英：《面向 WTO 的金融人才与金融科学体系探讨》，《云南师范大学学报》2001 年第 6 期。

② 朱敏杰：《我国金融业的发展与金融人才需求》，《辽宁教育研究》2004 年第 6 期。

③ 张亦春、蒋峰：《加入 WTO：对我国金融人才培养的挑战》，《江西财经大学学报》2001 年第 4 期。

投资分析、有效市场理论及行为金融理论的内容。由于资本市场理论和微观金融理论的教学与研究涉及大量的数学和统计知识运用，而这一方面正是目前我国经管类专业的学生比较欠缺的，因此还必须加强金融专业的学生在数理金融学、计量金融学方面的培训。

二 以贴近市场为导向的研究模式是金融理论突破与创新的必由之路

西方金融市场的投资理论，经过萨缪尔森（Paul Samuelson）在20世纪四五十年代的经济学的规范描述，以及西蒙（Herbert Simon）有限理性理论的提出，形成巍巍壮观之势。自19世纪60年代以来，主流的投资理论基本上一直被有效市场学说所主导。这个学派的代表人物是芝加哥大学的法玛（Eugene Fama）。该学派的主要思想是在纯理论上，有效市场理论认为信息在市场中以光速传递，价值低估的股票会瞬时调整。因此，试图战胜市场，即便是长期看，也是徒劳的，因为价格对新信息的反应是瞬时的。1973年，普林斯顿大学的伯顿·马尔基尔（Burton Malkiel）出版了名为《漫步华尔街》（*A Random Walk Down Wall Street*）一书，着重讨论了这种假说。形成的市场实践也基本上奉行的是价值型被动策略。自20世纪90年代以来，行为金融学派的投资理论逐渐兴起，这个学派不仅在理论上挑战了长期占主导地位的有效市场学说，在市场操作上，采取了相对主动、积极的投资策略。这个学派的代表人物是席勒和塞勒（Robert J. Shiller 和 Richard H. Thaler）。在一个理性世界里，股票价格只有在新的信息冲击下才会波动，但是在纽约交易所每天有超过十亿股的换手，这样看起来交易商们在无时不做着赌博。耶鲁大学的经济学家罗伯特·席勒（Robert Shiller），是长久以来对有效市场持有异议的金融专家。2004年8月，以美国麻省理工学院罗闻全（Andrew Lo）教授为代表，提出了适应性市场假说（Adaptive Market Hypothesis，AMH），该学派综合了有效市场假说和实验经济学，以及行为金融等的精华，认为市场的环境好比自然界的生态圈，不同的机构、个人投资者在市场中生存的方式和策略不同。另外市场有高涨和萧条时期。从该学说内在的科学性看，适应性市场假说很可能与有效市场假说、行为金融学派并列成为金融市场的主流理论。有效市场理论是20世纪80年代他在哈佛和麻省理工学院读博士时的标准理论。“这个理论在我们心中打上深深的烙印，我花了十年的时间才改变了我的看法。”1999年，他写了一本名为《华尔街的非随机行走》（*A Non - Random Walk Down Wall Street*）的书。

不同的投资思想对经济生活的影响是不同的，它们在基金产业、养老基金的账户管理、公司治理以及市场表现方面显现出不同的观点和风格。

1. 基金产业

金融市场与实体产业市场有一个显著不同的特点，对市场的不同理解角度造就了市场参与者的不同行为。这种行为对我们的生活影响很大。比如，有效市场假说的思想一定意义上促进了20世纪80年代以来的金融自由化及其后形成的千亿美元规模的指数基金产业。行为学派的塞勒则认为，当市场和投资者犯错误的时候，政策的制定者应当发挥重要的作用，以减轻错误的损失。塞勒潜在的含义是投资者会经常犯错误，政府应当干预市场，以减少损失。

2. 养老基金账户管理

塞勒曾经研究过瑞典的养老金账户私有化问题。他发现瑞典的投资者更愿意将其资金投入到高风险的新兴科技公司的股票上，或者投资到本国公司的股票上。这意味着投资者实际上是有偏好的。另外对布什在大选中提出的养老金改革计划，塞勒建议通过将收入所得税注入年轻员工的社会保障账户，以增加他们退休后的养老金数量并将这些人的社会保障账户私有化。而目前我国的社会保障基金和企业年金主要采取的是集中管理形式。

3. 公司治理

行为金融学派认为市场有时并不那么有效，股票市场机制存在内在的缺陷，公司董事会和管理层应当重新考虑公司对管理层的补偿方案和绩效评价体系。哈佛大学的詹森教授（Michael Jensen）虽然早期奉行有效市场理论，但他特意指出20世纪90年代股票市场的长期牛市，导致了管理层许多决策失误，最主要的比如在技术热潮中电信业的过度投资。

三　西方主流金融投资理论的市场实践

值得注意的是，西方金融研究的理论开拓者，在对这些理论进行市场检验方面是不遗余力的，他们各自将自己的研究成果运用到市场操作中。比如法玛、塞勒、罗斯（Stephen Ross）和罗闻全等就都有实践自己学说的基金管理公司。法玛是多维基金公司（Dimensional Fund Advisers）的创始人之一。目前这家公司管理着560亿美元的资产。因为相信市场难以战胜，他们的投资策略是选择幅度很宽的领域进行投资，而不是集中投资。在指数基金的投资上采取消极策略。根据晨星公司（Morningstar Inc.）的数据，他们在过去十年的平均业绩超过了标准普尔500指数的16%。他们管理的最大基金是投资于小型的，被市场低估的公司股票。法玛的多元基金管理公司的研究实力可谓阵容强大，除了法玛之外，1997年诺贝尔奖获得者Robert C. Merton、Myron S. Scholes以及著名学者Roger G. Ibbotson和George M. Constantinides等都是这家公司的董事，后者是哈佛和卡内基梅隆大学的教授。

塞勒是富乐和塞勒基金管理公司（Fuller & Thaler）的创始人之一，目前这家公司管理着24亿美元的资产。正如行为金融理论认为的那样，市场的投资者经常会受到情绪的影响而做出不理性的投资决策。因此，该公司放手让基金经理尽其所能选股，以图超越市场。公司主要是成长型基金，主要投资在未来预期高收益的公司股票上。不过自1997年成立以来，公司的年平均回报率为6%，仅高于同期标准普尔500指数的3%。

罗斯是著名的套利定价理论（APT）的发明人。早在20世纪80年代，罗斯就和罗尔组建了资产管理公司（Roll & Ross Assets Management Co.），目前该公司管理着4.5亿美元资产，在美国本土主要投资大盘股，在海外市场投资于小盘、中盘股票。罗斯还是Freddie Mac金融公司的董事、大学退休基金（College Retirement Equities Fund）的董事，以及加州理工学院的资产受托人。罗尔和罗斯资产公司业绩没有向外界披露，不过该公司已经运行约20年，并且客户规模逐渐增长，应当推测套利定价理论在一定程度上是有效的。另外，该理论的一个重要内在假设是市场会重复过去，历史数据是可以利用的。从这一点来看，显然与有效市场假说有所不同。

罗闻全（Andrew Lo）是麻省理工学院的金融学教授，被聘为台湾最年轻的院士，他的金融思想和金融理论主要体现在首次提出了适应性市场理论。[①] 罗闻全同时也是 Alpha Simplex Group 公司的创始人之一。该公司成立于 1999 年，正如适应性市场理论对金融市场的理解那样，他们认为金融市场是高度竞争和适应性的，即使是最成功的投资策略，不管这种策略复杂还是简洁，都有一定的生命周期。在一定意义上，每一种投资工具或交易策略的生命都是有限的，一种策略开始被实施的同时就可能面临衰退，因此投资或交易的策略必须通过研究和技术的创新，发展长期的、价值增加型的投资技术。只有这样才有可能发现受市场偏激行为所形成的投资机会。由于时间较短，该公司的盈利状况尚不明显。不过，他们综合运用多种现代科学对金融市场进行研究的方法值得关注。他们运用计算机金融学、金融工程学、经济学、会计学、决策科学、心理和认知科学、统计学、数学和计算机科学等对股票选择、资产配置、建立组合、风险管理等业务进行管理。

1991 年，法玛的看法有些改变。在“有效的市场Ⅱ”的论文中，他说：市场有效理论的极端例子，比如认为市场会迅速对信息作出反应，以至于连公司内部人都不能战胜市场的假设，显然站不住脚。在更近一点的文章中，法玛甚至支持行为学派争论多年的现象，即信息不完全的投资者可以使得市场价格扭曲。

四　提高我国金融教学与科研水平的若干建议

1. 中青年教学和科研人员的创新能力值得重视

从西方金融理论发展的脉络我们可以非常清楚地看到，金融学科理论的创新基础是市场实践。在理论创新过程中，各学科普遍的规律是青年研究人员才是创新最活跃的力量。[②] 金融学科的理论创新更是如此。首先，金融市场已经实现 24 小时不间断交易，像纽约证券交易所和世界主要的外汇市场的实时交易，都在我国北京时间的晚上进

---

① 田晓林：《适应性市场理论的研究进展》，《经济学动态》2005 年第 4 期。

② 江泽民：《论科学技术》，中央文献出版社 2001 年版。

行，需要耗费大量的时间和精力跟踪市场走势，以验证研究模型与市场的拟合程度。其次，中青年金融研究人员相对而言计量经济学的基础比较好，而金融市场理论的主要突破就在于金融模型对一定时期内金融市场或金融品种的走势的预测的有效性（或称解释力、解释效果）。最后，中青年研究人员对金融市场的风险承受能力可能比较强，这样有利于其承受金融市场实践的巨大紧张和可能承担的损失。

2. 建立教学实验室

对金融学而言，由于它是一门实践性十分强的学科，因此西方国家的一些高校纷纷开设了有关金融教学的实验室，模拟各种真实的金融交易环境，以提高学生对金融市场的感性认识和领悟能力，从而大大提高了学生的实践能力和适应社会的综合素质，这一成功经验可以为我们所借鉴。比如上文说的罗闻全就在麻省理工学院建立了金融工程实验室，并且做了著名的投资者心理状况表现的实验，为投资者行为受心理影响提供了证据，而在此之前的有效市场理论学派的通常假设为投资者是完全的理性人，不受任何环境和情绪的影响。

3. 研究国内市场的同时适当关注周边金融市场及世界主要市场的发展状况

随着我国参与世界经济的深度和广度的发展，以及我国金融业对外开放进程的前进，我国金融市场与世界周边市场的相互作用以及受世界主要金融市场的影响正在加深。比如 2004 年下半年我国 A 股市场下跌严重的一个主要原因就是对国内证券市场估值分歧所引起的。此外，2004 年度，我国香港市场恒生指数平均上涨 13. 15%，富时新加坡指数平均上涨 15. 58%，美国纽约交易所道琼斯指数上涨 3. 15%，而同期我国上证综指则下跌 15. 4%。目前，国家已经批准社保基金投资香港市场的 QDII 制度。在金属期货市场上，我国的铜价格已经可以显著影响国际价格，而伦敦铜期货的价格也是国内交易价格的主要参考。像石油、大豆、玉米等的国际期货价格也是国内商品期货价格的主要影响者。可见，随着我国金融市场的发展，国内合格投资者投资海外市场，也将成为可能。从资金追逐收益的角度看，对不同市场不同时期的表现跟踪研究是非常必要的。

4. 积极为学生创造贴近市场的学习环境

青年学生是未来金融市场实际操作和金融研究的生力军。对这些新生力量的早期培养关系到我国金融业务的可持续发展。2002 年，我国金融学和经济类专业的本科在校学生有约 40 万人,① 如果能以前沿尖端的金融思想和金融技术培养启发和诱导他们，一定能出现下一代我国金融行业的研究学术带头人。在此过程中，名人名家的学术讲座能集中体现专业的前沿问题和最新的研究成果，具有很强的权威性和学科前瞻性。可让学生积极参与到各种学术社团中，在指导教师的带领下，进行学术研讨，举办学术讲座，创办学术刊物，拟订读书计划，完成学术课题，开展科技竞赛活动或创业大赛，以此推动学生学术水平的提高。在当前，课外培养计划在贯彻全面素质教育、优化整体培养方案方面起着至关重要的作用，在拓宽基础、压缩课内学时、开展素质教育、加强创新能力培养的今天，推翻“两个课堂”在人才培养中的“界墙”，综合提高学生分析和解决实际问题的能力。②

参考文献

[1] 龚六堂：《经济学和金融学的研究方法和研究前沿》，《经济研究》2001 年第 8 期。

[2] 黄达：《金融、金融学及其学科建设》，《当代经济科学》2001 年第 7 期。

[3] 蒋海、刘少波：《我国金融人才培养模式改革研究》，《南方经济》2004 年第 4 期。

[4] 杨志坚：《加速高层次国际化金融人才的培养》，《中国高等教育》2002 年第 12 期。

[5] 曾康霖：《金融人才培养及金融教学研究》，《金融教学与研究》1996 年第 3 期。

[6] 张新：《中国经济的增长和价值创造》前言，上海三联书店 2003 年版。

① 《中国统计年鉴》（2003）。

② 李松林、朱逾：《创新视域中的金融人才培养探微》，《湖北民族学院学报》2003 年第 3 期。

戮力推进市场化改革[①]

最近以来，自然资源类股票如有神助，飞速上涨，成为众多资金追捧的对象。究其主要原因，一是由于股改的逐渐完成，国内股票市场结构出现了实质性的变化；二是我国经济增长出现了新的阶段性高潮，资源消耗型增长带动国际主要商品资源价格的上涨，国际资源价格出现了“中国因素”；三是美元长期贬值趋势使得大量美元资金涌入保值性强的如黄金等金属类资源资产，由于美元与人民币汇率变动幅度较小，推动了这些资产的人民币名义价格进一步上涨。

需要认真分析的是，对于大部分的资源储备，我国的人均储备远远低于国际平均水平。20多年前，我们读小学、中学，地理课本描述我国环境特征时，常用语是“地大物博，人口众多”。但是，如果按照人均占有资源计算，我国就是“地大物薄，人口众多”了。近年来，我国资源进口比例在全球资源消费比例中处于上升阶段，即是明证。随着我国经济持续快速发展，自然资源对于经济增长的约束，边际阻力将越来越大。探索支持经济增长的其他条件，成为情理之中的事。

由于我国产业结构使然，我国制造业的低成本竞争优势，实际上更多地体现在人力成本优势上。以至于不少研究机构担心支持中国经济长期增长的人口红利的消失，将直接影响中国经济的增长前景。这个担心不无道理，因为一个体力劳动力的生命周期中最旺盛的产出不过10年（从20岁到30岁），从今天我国人口政策看，体力劳动力的供应的确在10年以后将出现下降趋势，人口红利将出现大幅减少，

---

① 本文发表于2006年5月18日《证券时报》。

产业界将出现劳动力短缺的"劳工荒"。然而，这个推理过程的一个重要假设是，我国制造业的劳动力与资本的低比例趋势不变，即所谓的资本有机构成的比例不变。然而，从全球产业结构变动的趋势看，包括劳动力在内的人力资本的提高，在20世纪出现了加速上升的趋势，知识和技术的传播和普及，普遍地提高了劳动人口的人力资本含量，因而使得产出更快、更有效。

实践证明，人力资本的投资是所有投资行业中，投资收益率最高的行业。在我国，不仅有国家明确的政策支持；在民间，更有一直重视后代教育的优良历史传统。因而，从国家政策看，寻找有效地提高人力资本积累的途径，是弥补我国产业结构中现存缺陷，扭转人口红利存在下降可能性趋势的基本出路。从这个意义上讲，当前对高等教育体制深化改革的讨论，既显得必要，又显得迫切。因为，我国的高等教育效率较之发达国家，一直存在相对落后的状况。而高等教育是一个国家产业自主创新的重要后备力量，高等教育的产出效率是产业产出效率传递链条的源头。

从经济发展史上看，拥有丰富自然资源的国家和地区，并不必然意味着经济健康良好运行和长期发展。同时，也有许多自然资源匮乏的国家和地区，经济竞争力呈现长期发展的状况，在这方面，日本、瑞士、韩国、中国香港地区等都是突出的例子。不过，这些自然资源相对匮乏而经济发展具有竞争力的国家和地区又毫无例外地拥有相对高的人力资源储备和比较完善的市场经济制度。因而，我们在探讨资源对经济增长的长期贡献时，不妨在自然资源后面加上更重要的人力资源和制度建设资源。

事实正是如此，我国改革开放以来20多年的经济发展基本上可以概括为自然资源利用、人力资源积累和市场化改革这种制度建设资源同步取得进展的合力的结果。近年来，随着利益集团博弈力量结构趋于相对稳定，我国市场化改革进入了攻坚时期，困难和阻力也比以往大为增加。但是，不管困难有多大，市场化改革，尤其是垄断部门的市场化改革对于全民福利的增加的作用毋庸置疑。此外，只有提高教育部门的产出效率，才能更快速地提高人力资源积累率，从而有利于将人口红利转化为人力资源红利和技术创新红利。因而，戮力推进市场化改革，包括支持技术创新的资本市场改革，吸收发达国家的成功经验，提升市场化制度建设和人力资本积累对于经济发展后劲的贡献，似乎是比自然资源更值得政府、市场参与者共同花精力和心血研究、投资的重要内容。

融资融券：市场博弈力量将再度聚焦价值回报[①]

中国证监会日前公布了证券公司融资融券管理办法，同时证监会网站公布了证券公司执行融资融券的内部风险控制指引。相关政策将于2006年8月1日开始执行。作为一个证券市场发展的重要政策，融资融券的实施，将对市场发展产生不小的影响，特别是将使得投资者更加关注上市公司分红回报。

首先，融资融券政策的实施，总体上看有利于金融市场功能的完善。融资融券使得证券公司对于有条件的客户提供了双向便利，既可为看好股票上涨的客户提供一定数量的资金，也可为看空该股票的客户提供该上市公司的股票。当市场大量的投资者处于分散状态时，对于上市公司的股票上涨还是下跌的预期，必将通过这些大量分散的投资行为所对冲，使证券价格单方面上涨和单方面下跌的风险予以分散。转移和分散风险正是金融市场的一个重要功能。

由于对某个证券品种的上升和下跌的预期不同，分散的投资者的风险厌恶特征将使其风险偏好趋于接近，由此将产生判断证券价格走势的一个相同或相似的基准。而这个基准正好是金融市场的整体回报率。由于资金在金融市场跨市场之间流动的便利性，使得整体回报率成为影响金融资产价格波动的最主要的内在因素。整体回报率作为金融资产价格的指标，具有价格标杆的作用。一定意义上讲，对于证券资产回报率的判断，将成为证券资产价格发现的基准。而价格发现是金融市场的又一个重要功能。

其次，融资融券在市场中增加的期权效应，促使投资者关注上市

① 本文发表于2006年7月11日《中国经济时报》。

公司分红回报问题。投资者投资与上市公司的股票的预期收益一般表现在持有上市公司股权所具有的分红索取权，以及买入上市公司证券之后，预期顺利脱手获得资本利得。由于上市公司红利回报是股票市场的核心价值基础，因此，融资融券提供了“买空卖空”的双向交易机制，将促使市场密切关注上市公司经营状况的变化，更加注重扎扎实实地深入研究，以便发掘投资价值。这项政策的出台，总体上有利于完善市场对于核心价值源泉的追索机制。

再次，从融资融券要求担保的条件看，从事融资融券的主要客户将集中在机构客户。我国证券市场散户众多的特征显著，由于中小散户获取担保的能力不足，估计券商也不一定愿意为为数众多、数额不大的散户提供耗时费力的服务。而机构本身在市场中处于相对的优势，因此，融资融券的实施，将有可能放大机构客户的优势，从而对散户造成“挤出效应”。长期看我国证券市场的散户特征将逐步弱化。

此外，像一枚钱币的双面，任何政策都有两面性。融资融券在实施过程中，有可能被一些投机者利用，从而起到加大股票价格的波动风险的作用。

由于我国上市公司流通股本普遍偏小，市场广度和深度不够，因此坐庄容易。尤其是在市场趋利驱动下，难免出现机构和大户之间合谋哄抬股票价格的现象，这也是实情。因此不排除机构大户锁好底仓，借助融资便利反复利用，连环拉升股价牟利。由于大部分底仓已被控制，市场散落的筹码不多，形成对于价格看空的融券者的逼空操作，这种操作手法是有可能的。由于融资融券增加了市场操作的期权因素，有可能使某些股票价格在短时间内大起大落，从而增加投机气氛，放大投资风险。

最后，从数量上看，已经获得证券创新业务的 15 家证券公司 2005 年年底的净资本数量约为 266 亿元。按市场推测的融资融券量占可开展该类业务的券商的净资本比例的 30% 计算，其可融资量和可融券量约为 90 亿元。概括来讲，融资融券政策的实施将给市场带来 90 亿元的增量资金，以及相当于 90 亿元的看空证券的卖出力量。

此次证监会并没有直接公布融资融券的额度和对于可执行该业务的券商的一个数字化的指标，作为探索性政策，这为券商和监管部门的弹性掌握留下了空间。而且，主管部门要求券商每月向监管机构汇总融资融券的开户数和执行情况。可以推测，由于市场预期券商和监管部门存在这种弹性的调控手段，估计开始阶段申请融资融券的客户数量不会很多。极端情况下，即使将上述估算的额度空间全部用完，一次性的投机总量也只有 90 亿元，仅占当前股票市场 1.5 万亿元流通市值的 6‰。因此短期看，融资融券对于市场的整个走势影响不会太大。

“特保条款”及其应对措施研究[①]

“特定产品过渡性保障机制”（以下简称“特保条款”）是《中国加入 WTO 议定书》（以下简称《议定书》）第 16 条的重要内容，指当原产于中国的产品在进口至任何 WTO 成员领土时，其增长的数量或所依据的条件对生产同类产品或直接竞争产品的国内生产者造成或威胁造成市场扰乱，则受此影响的 WTO 成员可请求与中国进行磋商，如难以在 60 天内达成协议，受影响的成员有权据此在防止或补救此种市场扰乱所必需的限度内，对此类产品采取撤销减让或限制进口的措施。近年来，我国出口贸易中涉及特保案件数量和金额年年增加，该条款已经成为国外限制我国某些商品进口的重要贸易政策工具。估计“特保条款”在今后几年还可能成为我国主要出口国反复使用的条款。对于这个问题如不及时引起重视，将对我国外贸出口可能造成更大的负面影响。因此，深入分析特保条款的使用情况、政策来源及其对我国出口贸易的影响，有助于我们深入认识，积极应对，因势利导地采取相应对策趋利避害，进一步推进我国对外贸易的健康发展。

一　我国外贸出口面临特保条款引起的贸易摩擦逐年增多

2002 年 5 月，西班牙首先提出了对中国柑橘罐头实施特保措施。2002 年 8 月 13 日，印度对我国工业用缝纫机针进行特保立案调查，涉案金额 110 万美元。自 2002 年起韩国、加拿大、澳大利亚、新西兰、印度和欧盟等国家或地区纷纷制定了对华保障措施法规。美国、印度等国家分别对我国缝纫机针、轴承传动器、座椅升降装置等产品实施过特保措施。到 2004 年，共有 16 个国家和地区对中国发起反倾销、反补贴、保障措施及特保调查 57 起，涉案金额共 12.6 亿美元。

---

① 本文发表于 2006 年第 4 期《宏观经济管理》，合作者李华罡。

表1显示，2002年仅有3起特保案件，而2005年前9个月就达到了9起，增长速度很快。据报道，10月巴西还将对中国的75类纺织品提起特保调查。提起特保调查的国家数量由美国和印度两个扩大到目前的6个，并有继续扩大的迹象。特保调查所涉及的范围和项目也是越来越多，有食品、纺织品、五金产品、机械产品等，其中，纺织品是受到特保调查的重点对象。从调查的商品对象看，基本上是附加值较低的产品。此外，美国是对我国实行特保立案数最多的国家，截至2005年9月已达12个，占立案总数的57%，成为对我国商品采取特保调查涉案金额最多的国家。

表1　　中国加入WTO以来特保案件统计

时间	案件数量	提起国家	涉及范围
2002年	3	美国、印度	缝纫机针、座椅升降装置、轴承传动器
2003年	3	美国、欧盟、土耳其、西班牙	柑橘属水果蜜饯、球墨铸铁供水配件、纺织品（3类）
2004年	6	美国、土耳其、韩国	纺织品（美国9类、土耳其42类）
2005年截至（2005年9月）	9	美国、欧盟、加拿大、厄瓜多尔、哥伦比亚	纺织品（美国25类、欧盟9类、厄瓜多尔271种、哥伦比亚58个税号）、户外烤肉架、非合金环形焊缝钢管

资料来源：根据中国贸易救济信息网相关资料整理。

二　特保条款被频繁使用的原因分析

（一）实施特保条款的条件宽松，程序简单，容易启动

针对我国的特殊保障机制，实施的条件不仅比传统的WTO保障机制的标准要低，甚至低于对不公平贸易的补偿所需具备的条件。如《议定书》第16条对援用特保条款的前提有两项规定，即存在市场扰乱和重大贸易转移。存在市场扰乱：一项产品的进口快速增长，无论是绝对增长还是相对增长，从而构成对生产同类产品或直接竞争产品的国内产业造成实质损害或实质损害威胁的一个重要原因。这里使用了“实质损害或实质损害威胁”，不同于基于乌拉圭回合谈判之上建

立的《保障协定》中使用的“严重损害或严重损害威胁”，可以看出，对上述概念的法律解释非常模糊，使得援引特保条款的门槛要低得多。至于产生重大贸易转移则是一个新创的概念，在《工作组报告》第247段中，贸易转移指由于中国或其他WTO成员根据《议定书》第16条第2款、第3款或第7款采取行动而使来自中国的某一产品进入某一WTO成员的数量增加。对于如何确定贸易转移是否是重大的，造成此种转移与为处理市场扰乱而采取的行动造成或威胁的因果关系。《工作组报告》解释措辞为“进口至WTO进口成员的中国产品市场份额的实际或迫近增长”。“实际或迫近增长”也是一个很容易达到的标准。据此，只要证明进口产品数量增加是“重大”的且与上述行动具有因果关系，无须证明对其国内产业是否造成损害就可采取特保措施。

特保措施免去了反倾销所需要进行的大量调查，也不必计算反倾销率，进口国只要证明自身市场受到定义模糊的“扰乱”，且该“扰乱”是来自中国就可以了。总之，启动针对中国的特殊保障措施比反倾销和反补贴更容易。

（二）特保条款国别针对性强

特保条款是专门针对中国适用的，而一般保障条款则适用于所有WTO成员。中国加入WTO后，除了履行一般保障条款的义务外，还要接受专门针对中国的额外制约条件。一般保障措施是为防止或救济公平贸易下因进口产品数量急剧增加对国内产业造成严重损害或损害威胁而采取的紧急进口限制，因而具有“针对正在进口的产品实施，而不考虑其来源”的特点。而特保条款则专门针对“原产于中国的产品”，具有适用上的歧视性。按照议定书第16条第9款之规定“本条的适用应在加入之日后12年终止”，也就是说中国要接受12年的某些特定产品出口的不公平待遇。

20世纪50年代初日本在加入GATT时一些国家针对日本的出口采取了“特保措施”；20世纪六七十年代波兰、罗马尼亚和匈牙利在加入GATT时也在加入议定书中所列入的“特保条款”。这些条款都具有专门对某一个国家适用的特定性。然而，针对中国的条款是单向性的，即中国不能由于受到特保条款的制裁而采取报复措施。该条款规定：一个 WTO 成员方只能在阻止和补救市场扰乱所需的时期内依本条款采取措施。如一措施是由于进口水平的相对增长而采取的，而且如该项措施持续有效的期限超过两年，则中国有权针对实施该措施的 WTO 成员的贸易暂停实施 GATT 1994 项下实质相当的减让义务。但是，如一措施是由于进口的绝对增长而采取的，而且如该措施持续有效的期限超过 3 年，则中国有权针对实施该措施的 WTO 成员的贸易暂停实施 GATT 1994 项下实质相当的减让义务。显然使中国方面的报复和威胁报复能力降低。而在《保障措施协议》中，这种报复权利是在成员方一开始采取措施时就可以进行的。

（三）特别条款适用范围很广、时限模糊

对于特定产品条款的适用范围与时限，《议定书》第 16 条是对原产于中国的特定产品所规定的一般性特别保障措施，其适用范围是对原产于中国的所有产品适用。但是，《工作组报告书》（以下简称《报告书》）第 242 段将《纺织品与服装协定》所涵盖的、原产于中国的纺织品和服装产品又单独对其规定了要求更低的特别保障措施。根据国际习惯法特别法优先一般法适用的原则，我方可能认为，凡是另有单独协定的，皆优先适用单独协定之规定，因此，《报告书》第 242 条涵盖的产品将不再适用《议定书》第 16 条的规定。由此，对于原产于中国的纺织品和服装产品将只适用《报告书》第 242 段的规定，在 2008 年 12 月 31 日期满之后，将真正被纳入 WTO 的法律体系之中。但在《报告书》第 242 段 g 款的规定"WTO 成员不得分别依据本条款和《议定书》第 16 条同时对同一产品采取措施"，说明在规则上是限制同时适用这两种特保措施，两者是一种平行关系，也就是说，其他缔约国也可能将纺织品的使用实现延长到 2013 年。由于时间定义上的模糊，使得别国使用特保条款的自由度更大了。

（四）我国的出口结构易受特保条款限制

据商务部统计，2002 年我国外贸依存度为 51%，2003 年为 60.2%，2004 年达到了近 80%。其中，纺织品和鞋类的出口依存度为 71%，摩托车 63%，电冰箱 47%，彩电 46%，说明我国大宗贸易仍然以加工制造业产品为主。劳动密集型产品是我国具有比较优势的产业，其出口市场集中，容易受到制裁。以纺织品为例，2004 年我国纺织品服装出口950.9亿美元，占世界纺织品贸易的1/4，但中国香港、日本、欧盟、美国和俄罗斯五大市场占到我国纺织品出口总额的64%。此外，对于占全部出口总额的55%的外商投资企业而言，其投资导向仍然以利用我国低成本劳动力、土地、水、电、环境标准等产业综合优势为主，而这些条件正好是实施特保条款国家所难以具备的。因此，以人力成本为优势的低端出口商品结构是特保条款被频繁实施的一个重要原因。

三 积极应对特保条款下的贸易争端

从上面的分析来看，特保条款的援引门槛虽然较低，但从调查的发起到真正实施需要经过一定程序和一段时间，我们并非束手无策。韩国、日本和一些东南亚等国家在加入GATT或WTO时受到过类似的不公平待遇，他们较为成功地应对了挑战。他们的经验表明，应对此类摩擦是一项需要政府、行业协会和企业团结协作，应诉越快越好、企业越多越好、证据越细越好。所以，我国面对特保条款所引起的贸易摩擦，应从提高宏观经济质量、落实科学发展观的高度来制定一整套长短期结合、内外兼顾的措施体系。

（一）政府可以在应对特保条款贸易摩擦中扮演重要的作用

中国成为WTO成员后，对于贸易摩擦可诉诸争端解决机制，我国可以运用法律规则结合经济、行政及外交方法积极应对他国发起特保措施和其他贸易纠纷，改变不公正待遇。对政府来说，要提高制定和利用国际规则保护本国利益的能力，政府应强化国际贸易谈判与交涉作用，加强培育对国际贸易摩擦预警机制和快速反应机制建设，并尽可能把一些可能产生的摩擦消除在萌芽状态。当前，已有36个国家承认中国完全市场经济地位，为我们寻求应对特保案件提供了公平、有利、合理的基础。

1. 推动自由贸易区和双边自由贸易协定建设，逐步改善外贸环境

经济全球化和区域一体化是当今国际经济发展的两大趋势。区域内贸易成为国际贸易的重要组成部分，区域成员贸易投资条件的优惠，成为其重要竞争手段，从而增加区域外成员的市场进入障碍。近年来，我国在国际市场开拓中也遇到区域集团成员的强大竞争，严重影响了我国市场开拓能力。我国应采取更加积极和主动的对策，促使

发起参与建立自由贸易区，使其成为我国开拓国际市场、实施多元化战略的重要措施之一。通过缔结双边或者多边的贸易协定来逐步解决非市场经济条款、特保条款和贸易政策过渡性审议机制三大不平等条款问题，维护公平贸易环境。

2. 引导企业以投资带动贸易，绕过各种贸易壁垒

以投资带动贸易，是绕过各种贸易壁垒重要的手段。国际分工的日益深化和国际金融服务体系的完善为全球范围内的投资与并购提供了便利。全球范围的资源整合，既可以利用外国的各种资源来发展我国的经济实力，又可避免外国实施对我国的限制措施，同时也可以在很大程度上减轻人民币升值的压力。海外投资与并购涉及投资领域、地区、规模、目的、方式、文化差异和管理水平等多方面的问题，也涉及资金的来源、安全等问题，离不开政府的推动、引导和保护。

3. 运用产业政策，推动出口市场多元化建设

首先，政府可通过产业政策为各类企业开拓新市场提供金融扶持和资金保障，比如逐步建立中小企业开拓国际市场基金、进口国别政策补贴、援外优惠贷款、境外加工贸易项目的中长期人民币贷款贴息等。其次，建立外经贸公共信息服务体系，为企业开拓新市场提供信息。通过公报、网络、行业协会等多种渠道向各类企业免费提供各种政策信息、商务信息、展览信息、世界进口商名录等。最后，积极支持我国企业参加国际展览会、展销会，扩大我国商品影响，推动开拓新市场，在有条件的地区组建中国贸易中心和商品周转调拨中心，为企业提供重点服务。

（二）出口企业应当注意的问题

我国产品出口企业须尽快转换现有竞争模式，通过优化出口产品结构，学会运用商标、包装、公关、广告等多种非价格竞争手段提高出口产品的档次、附加值和技术含量。

1. 企业应认真准备，组织集体应对特保调查

首先，企业应健全财务制度。企业应该建立严格的财务制度，加强财务管理，使之符合国际标准，以便在应对特保调查时准确、有效地提供各类数据，进行自我辩护。特保调查是一个行政程序，各国发起此类调查的目的不是追究有关当事方的责任，而是限制其今后的过

快销售行为。特保调查针对的是一类产品，而不是一个企业，因此涉案企业最忌讳的是自动弃权，这意味着放弃了市场。由于起诉国很重视应诉企业在产业中的代表性，因此群体应诉往往能起到良好的作用。同时，整个产业集体应诉还可以大大削减诉讼的经费。

2. 加快营销渠道建设，在国际供应链的高端，取得一定的控制权

近年来，中国产品出口的强劲增长是引致了中国产品在进口国价格急剧下跌的重要原因。我国出口企业竞争的过程中，很大程度上使用的是价格战，结果往往国内企业两败俱伤，国外客户稳操胜券。随着我国经济实力的增强和商业经营人才培育，我国多数企业已经有能力运用现代商业运作模式进行营销渠道和品牌建设的努力。如果中国能够掌控产品供应链的全程直至进口市场的营销和分销，就有可能将这种价格风险分散并使其降到最低，从而最大限度地避免由于价格大跌导致的一系列贸易纠纷。

3. 重视品牌建设，走树立国际名牌战略之路

在国际竞争日趋激烈的情况下，非价格竞争已取代价格竞争成为国际贸易发展的潮流。知名品牌耐克运动鞋很大一部分是中国企业生产的，然而国内出厂价格还不到消费者购买价格的1/10，可见其更多的价值是其自身品牌所获得的。目前，中国企业的大多产品仅处于产业链初端，产业价值得不到充分的创造和挖掘。我们应当利用国外实施特保条款的时机，顺势改变以量取胜的出口模式。目前，许多国际知名品牌是在中国加工贴牌生产的，这说明中国不少产品的生产工艺已具有较高水平，有条件加快培育自主品牌。积极创造不仅提高产品附加值，可以在对外贸易中获取更大效益，同时避免了贸易摩擦。

4. 调节产业结构，实现出口产品多元化和高级化

出口产品的多元化，可使需求弹性降低，可替代性下降，从而避免大部分贸易纠纷，也能改善同第三世界国家的贸易关系，不与他们的初级产品争市场。自2002年以来的特保案例分析可以看出，特保案件一般集中在纺织品、罐头、轴承等一些初级产品上。我们的出口产品中初级产品所占数量较大，但金额却十分有限。实际上，高附加值的产业解决与带动的就业人口要高于低附加值的制造业。比如波音飞机公司、微软公司都是资本和技术密集型企业，其在全球雇员多达

10万余人，为其做配件的产业体系解决的就业人口达到1∶8。可见，高附加值的产品一样是可以实现高就业的，关键这些行业需要的是熟练技术工人。在产业转型的过程中，我们要加紧培养高素质的技术人才。由于高科技高附加值行业的资本和技术密集，需要我国产业界积极调整产业布局，降低消耗型经济成分，主动顺应经济结构调整的内在要求。

5. 坚持实现出口市场的多元化，分散市场集中风险

20世纪90年代初期我国提出以降低出口市场集中度、减少风险为主要内容的“市场多元化战略”，经过十多年的努力已初步取得成果。目前我国出口市场已形成以美国、日本、欧盟、港台为重点，遍布全球的多元化格局。但是，对于美国、欧盟、中国香港和日本市场的依赖程度依然较高，2004年我国对上述四个地区的出口额分别占出口总额的21%、18%、17%和12.4%，合计达到68.5%，其中对中国香港地区的转口贸易大部分也是以欧美日为贸易对象，如果计入这个因素，对美、欧、日的出口依赖比重就更高了。欧、美、日固然是全球产品和服务销售的主要对象，市场潜力很大，但是也应该控制合理的依赖度、规避政治关系恶化的风险。深化挖掘传统市场，并积极开拓新兴市场，使我们对各地区出口的比重均衡并优化，有助于降低我国外贸依赖型风险。

（三）积极加强行业协会在行业约束、谈判、协调等方面的作用

1. 协助政府组织企业应诉

行业协会等中介组织要注意收集和关注其他世界贸易组织成员的补贴措施，一旦国外提起针对我国产品的反补贴诉讼，可以借鉴参考、认真处理。在磋商过程中，为了我方能提出有针对性的申辩，应尽可能要求对方提供充分、翔实的理由、证据，在确保我方基本利益不受侵害的前提下，通过磋商解决。如果磋商无效，提交至世界贸易组织争端解决机构裁决，我方要积极参与调查程序、据理力争。

同时，商会可在协调我国出口企业诉讼案件中发挥积极作用，争取合理的外贸环境。比如2002年，印度提起的缝纫机机针特保案。这是全球第一利用特保条款付诸诉讼的案件，我国政府对这个新案例十分重视。当时的外经贸部委托中国机电商会律师和中方聘请的印度

律师到南通两厂家调查。白鹤、华廷两家公司提供了一系列应诉资料，并在当地组织了听证会，还促成印度进口商及其相关企业主联名写了呼吁信，庭审中取得了对我方有利的局面，应诉获得成功。

2. 行业协会要注重国际市场调研，协助政府部门建立和完善贸易摩擦“预警”机制

行业协会要注重国际市场调研，了解有关国家的经济消长情况，了解进口国市场有无同类产品的生产商及其生产能力、市场销售渠道和数量等，从而合理、谨慎地确定我国出口产品的数量和价格。一般情况下，市场需求大，特保案件发生的可能性就小。所以，尽可能了解他国市场相关竞争产品产业的现状及其发展动态，据以控制我国出口产品的市场投向，以免在短期内集中向某一特定市场输入过量的某种产品，招致特保诉讼。

欧美等发达国家都有相当完备的行业组织，其在协调出口价格、制定行业出口市场准入标准中发挥着重要作用，尽量避免自相残杀，削价竞销。建立出口战略联盟，既避免了进口国的特保和反倾销调查，又可以获得价格水平，获取更多利润。我国加入世贸组织后，行业协会应当协助政府部门建立和完善贸易摩擦“预警”机制和投资“预警”机制，监控主要出口产品，跟踪市场竞争状况，进行分析预测，及时发出预警信息，形成企业、行业组织与政府间的良性互动机制。我国新的《对外贸易法》第 56 条就对行业组织做出相应规定，但行业组织的作用还有待提高，对商会的性质、职能、作用、人员、编制、经费等问题，需要进一步强化。

3. 监督特保措施实施国的进展情况，及时要求其解除限制

特保条款虽然是别国对我国进行贸易限制的工具，但其使用范围和程度受一定条件限制，行业协会要监督发起国不能滥用。首先，保障措施的实施应约束在一个限度内，即程度要适当，时间不能太长。即保障措施不能将某一产品的进口水平降低到最近几年的平均水平以下。此外，在限制时间方面，如果进口国国内产业因保障措施的实施而情势好转，就应考虑实时取消该措施。尽管在过去的贸易实践中，保障措施的“有限实施”原则受到很大破坏，但特保条款的临时性特点，也决定了限制程度不可能太深，措施也不可能太严。如《报告

书》第242段提出，除非正当理由外，不得根据议定书（草案）第16条在前一次调查结束后少于一年的时间内对同一主题事项进行调查；以及WTO成员只能在防止或补救市场扰乱所必需的时间内实施一项措施，而且紧急情况下采取的临时措施不能超过200天。这些条款，为我们有效地利用规则，减轻“特保条款”对我国的贸易损害提供了重要的机制。

当前提高利率似嫌条件不足[①]

最近以来，随着美联储对美元利率的提高和我国央行对人民币贷款利率的提高，市场上对人民币加息的担忧多了起来。其实自2003年开始的石油价格持续上涨以来，国内经济学界对于宏观经济形势的通胀还是通缩的担忧和争论就不少，早在最近一次美元升息之前，国内经济学界就有提高人民币利率的呼声。随着近期新一轮宏观调控政策的实施，货币政策作为宏观调控的重要手段，利率变动与否又成为学界关注的焦点。由于利率是资本市场上各类金融资产价格的指南针，而截至2005年年底，我国A股市场流通市值达到约10000亿元，中央国债结算公司登记托管的国债余额达到27074.5亿元，整个债券市场余额达到73173亿元。如此巨量的金融资产受利率的影响，必然引起这些金融资产的持有人对利率的高度关注。不过，从当前情况看，我国提高利率的条件并不十分充分。

第一，从货币政策传导的机制和效率看，升息对于抑制经济过热有一定的作用，但由于我国的市场结构存在一定刚性特征，我国货币政策尤其是利率政策的传导渠道一直不是十分畅通，利率效应的传导机制使得货币政策的有效性，比之像美国、日本、我国香港地区等市场化程度很高的经济体，有明显的弱化。而这种弱化效应，货币当局早有认识。因此，小幅的利率变化，其作用在我国更多地体现在市场信号方面的意义。

第二，近两年来我国国际收支的双顺差导致的外汇储备高速增长，已经在一定程度上挤压了货币政策的调控余地。为对冲外汇占款，央行需要发行等量的人民币票据。如果提升利息，则相应的票据

① 本文发表于2006年5月31日《第一财经日报》。

利率也将会提高。加上商业银行预期存贷差的减少，过剩的银行流动性可能向央行票据拥挤以获取利率收入补偿。这一点，对于本已经在外汇——票据资产结构中收益不佳的央行构成更大的压力。不到万不得已，非理性的央行所愿为之的。所幸的是，我国近期以来采取了一系列措施，力图疏解外汇储备迅速增长压力，比如推行 QDII 制度，放松便利贸易用汇额度等。由于这些政策的“泄洪”作用，人民币升值压力较之以前有明显的下降。人民币汇率虽然仍然有升值之势，但处于可控状态。汇率问题并非是逼迫利率问题的首要因素。

第三，从宏观调控的角度看，推动我国经济有过热倾向的主要原因仍然是地方政府主导的投资冲动。利率政策对于这种投资冲动似乎“心有余而力不足”，这一点从 2004 年上半年央行对宏观调控的经验中可以得到印证。而从企业层面看，大型国有企业，包括大部分的上市公司对于资金的筹措有便捷渠道，如信贷、发行或增发股票、可转换债券、企业债券、短期融资券等，资金价格也相当便宜。这些企业多数长期享受低利率政策的倾斜，对于利率上涨所带来的财务成本的上升并不敏感。这类企业，如果经营不好的话，大部分原因是企业机制、缺乏产品革新和技术优势等企业主观因素，非资金成本所致。而对于数以十万计的中小民营业企业而言，其筹集资金的主要渠道是民间筹措和担保信贷。民间筹措的利率多超过 20%；而为获得担保信贷，企业一般要支付不菲的攻关费用和担保费用，因此，企业真正的用资成本也会高于 10%。央行调整利率的幅度不可能一次性特别大，因此小幅的调整对于这些本已较高的财务成本而言，也不会十分敏感。因此，从企业的角度分析，即便利率上升，也可能导致“你升你的，我干我的”。在此条件下，升息对于微观层面企业的作用不会特别明显，而希冀通过升息达到调控企业投资的目的，效果不一定显著。

第四，从我国银行业的经营和改革的时机看，由于我国银行利润主要来源为存贷利差收入，而升息一般不可能是存款和贷款利率等差上升，因此，存款利率上升的幅度多于贷款利率的幅度，将挤压商业银行尤其是国有商业银行的利润。近两年是我国国有独资银行改革上市关键时期，建设银行和交通银行海外上市之后，企业盈利和股票价格已经时刻被海外投资者关注。中国银行已经在香港公开招股，工商银行的股份制改造也已经完成。此外，中国农业银行和邮政银行的市场化改革，都需要一个平稳的金融市场环境。如果由于利率变动引起银行的预期利润减少，不光会招致已经上市银行的投资者的疑虑，也会对未上市银行的招股带来阻力。在这个特殊历史时期，具有高度政治智慧的中国金融改革领导层会将维护金融市场平稳运行放到优先地位考虑。

第五，利率政策也不见得对抑制人们普遍关心的房地产价格有立竿见影的显著效果。我国房地产市场近期以来出现虚高的原因有几个方面。首先是随着我国金融市场的逐渐开放，国际资本看好人民币升值预期，对国内以房地产为代表的人民币资产进行投资并带动了国内部分资金长线进入该领域，即国际资产价格的传导效应所致。其次是我国房地产交易中，惯有地存在着新开楼盘的价格通过房地产供给部门的联合操纵所形成的“房地产市场 IPO”价格虚高现象，其价格与等量的二级市场价格差异很大，租、售价格差距更大。这与我国股票市场全流通改革之前，通过人为设定发行市盈率以确定发行价的现象类似。再有，房地产市场信息严重不公开透明，也是房地产行业主管部门功能失灵的鲜明案例。由此导致房地产开发商、信息媒体机构、各中介机构，以及更主要的房地产购买者无法得到清晰准确的基准价格。容易看得出，利率政策对于上述问题均难以奏效。这一点，自 2003 年以来，央行出台了一系列总体为收缩倾向的关于房地产金融的监管政策，但其后的房地产价格和供应量均出现持续增长的事实即可证明。

从上述种种情况推测，当前经济环境中加息的意义并不大，维持长期的低利率政策可能仍然是我国货币政策旋律中的主基调。

银行业股权市场化改革研究综述①

政府是否应当将股权出售给外国战略投资者，尤其是外国商业银行，以便补充资本金、吸引专业素质、技术以及财务管理的规范化，是世界范围内经济改革最具有争议的问题之一。银行业改革是我国政府履行对世界贸易组织承诺，加强我国金融体系建设的重要手段。根据我国入世承诺，到2006 年年底我国将向外资全面开放银行业，中国银行业改革的时间紧迫。2005 年下半年以来，以建设银行上市事件为缘起，我国国有银行改革引起了人们的广泛关注，对于国有银行引进外资战略投资者问题以及股权是否被“贱卖”等方面的问题，争论十分激烈，争论的焦点是资产估价问题。争论尽管观点鲜明，但这些观点都需要拿出系统的、令人信服的证据作支持。实际上，作为世界性的潮流，世界其他国家和地区对于本国银行业也进行了大幅度的改革，有经验可循。国际的一些学者也对这些改革，尤其是银行业私有化（Privatization，这里“私有化”是一个中性概念，专指通过将股权或资产的一部分出售给市场，并希望借此改善业绩的行为，市场的购买者包括国外投资者）的案例进行了跟踪研究。我国学者对银行业改革也做了一些阶段性的研究。对于这些研究成果的借鉴，有助于我们加深对当前我国国有银行业改革的认识，把握银行业改革过程中的关键环节。

一　银行业改革的经济学原因是国有企业的预算软约束

银行业为什么要进行资产的市场化改革？背后最主要的经济学原因要归结到包括国有银行在内的国有企业，存在着重要的预算软约束缺陷。

Frydman 等（2000）研究了捷克共和国、匈牙利和波兰国有企业私有化过程。该研究将 216 个企业样本分为完全国有（31%）、正在

① 本文为读书笔记。

私有化（43%）和已经完成私有化（26%）三组，发现仅私有化一项因素就能使销售收入增加10%。

Bertero和Rondi（2000）选用了意大利150个国有制造企业作为样本进行分析，认为即使企业的所有者没有变化，如果预算约束能够确认得到强化的话，国有企业的经营业绩同样会提升。但是这种预算约束强化的假设从经验上看，一般是短期有效，长期则效果微弱。

Lizal和Svejnar（2002）的研究选择了捷克共和国自1992—1998年的4000家企业作为样本，在比较国有企业与私营企业，内资企业与外资企业在企业投资方面的情况后发现，私有化过程中外企业的内部投资最多，内资的生产合作社投资最少；私营企业的投资并不比国有企业的投资多；合作社和小企业在对待自己的信用是理性的；国有企业存在预算软约束。

Coricelli和Djankov（2001）研究了共和国1992—1995年罗马尼亚4400家企业在预算强化后对企业治理结构和投资的影响变化情况，认为预算强化通常会导致企业因为要提升绩效而裁员，企业希望提升业绩的手段通常不是增加投资。有效的企业结构改善需要外部股权投资，强化银行对企业的信用管理有利于短期内提高企业效率，但其代价是企业的投资水平下降。

Cull等（2002）研究了捷克共和国1994—1996年392个企业样本，这些样本中约一半是通过配送股份私有化并上市的企业（voucher - privatized joint stock companies），一半是有限责任制的企业。研究发现股份平均私有化的企业经理更有动力来通过“利益输送”（tunnel）来盘剥外部股东的股权利益，并“淘空”（loot）这些企业。这种盘剥行为更多地发生在预算软约束的企业，在这些企业中经理们过度借贷，挪用借贷来的资金后逃废债务。研究发现，大部分的配送股份私有化并上市的公司存在这种现象。

二 国别与改革的方式

国有银行业体系是世界范围内的现象。根据Barth等（2001）的统计，国有银行主要有以下三个特征：在发展中国家国有银行比例高；苏联等共产主义国家比例高；法国法律体系国家比例高。按照Barth等的划分，巴林、孟加拉国、塞浦路斯、印度、尼日利亚、斯里兰卡、泰国、特立尼达和多巴哥、阿根廷、巴西、智利、埃及、萨尔瓦多、希腊、印度尼西亚、意大利、墨西哥、摩洛哥、巴拿马、荷兰、秘鲁、菲律宾、葡萄牙、卡塔尔、土耳其、委内瑞拉、澳大利亚、德国、日本、瑞士、中国台湾、芬兰、冰岛、捷克、匈牙利、波兰、罗马尼亚、苏联、斯洛文尼亚、克罗地亚等国家和地区都有国有银行，有的国有银行占本国银行比例还相当高。可见国有银行体系并非我国的个别现象。

根据统计，在发展中国家，最大型的私有化活动通常发生在银行部门（Verbrugge 等，1999；Otchere，2005）。银行私有化或市场化改革的主要方法是资产出售或股份出售。如 Lopez - de - Silanes（1997）、La Pota 和 Lopez - de - Silanes（1999）、Unal 和 Navarro（1999）、Gruben 和 McComb（2003）在分析墨西哥银行私有化时就采用了资产出售和拍卖的方式。根据 Jones（1999）等的研究，仅 1997 年，全球 59 个国家政府向市场出售总额达 4460 亿美元的银行股权，涉及 630 宗交易。

Boehmer 等（2003）研究了 51 个国家 1982—2000 年的 270 宗银行私有化案例，这些案例共集资 1190 亿美元，其中 46.7% 为出售股权，53.3% 为筹资产。银行平均出售资本的比例达到 47.7%，平均筹资额为 4.4 亿美元。从统计比例看，出售股权的比例较高，国有成分退出的步伐比较大。

Megginson（2005）研究了 1987 年 1 月—2003 年 8 月 144 宗银行向市场公开出售股权的案例，这些市场活动共筹集 762 亿美元，平均每宗筹资额为 5.3 亿美元。同期还有 139 宗为向私人投资者募集，筹资 667 亿美元，平均每宗案例筹资 4.8 亿美元。其间，银行私有化总筹资额为 1429 亿美元。

三　改革背后的动力

政治和经济的作用共同将银行推向私有化的道路。Boehmer 等（2003）研究了 51 个国家银行业私有化背后的动机，尤其是比较了 OECD 国家和非 OECD 国家之间银行私有化背后的动力。发现在非 OECD 国家，银行在国民经济各部门中由于表现更差更容易被私有化；为人民负责的政府更容易推进银行私有化。在 OECD 国家银行私有化的最主要动力来源于该国的财政状况欠佳。

Clarke 和 Cull（2002）研究了阿根廷自 1991 年 4 月公布《可转换法案》之后，13 个地方银行进行的私有化活动。研究发现，业绩较差的银行比业绩好的银行更容易被市场出售；员工较多的银行难以私有化，因为私有化后裁员将可能是一件困难的事；大型银行比小银行更难以被私有化；地方失业率高和雇员股份多的银行难以被私有化；1995 年发生的塔奎拉危机在一定程度上推动了银行私有化，原因是当时政府需要从银行出售中筹集资金以稳定经济。

Lopez - de - Silanes 和 Zamarrita（1995）、Gruben 和 Mecomb（2003）、Haber 和 Kantor（2003）对广为争议的墨西哥银行业的私有化改革进行了研究。墨西哥政府最初于 1982 年从剥夺了私有银行的财产并将其国有化。1991 年以来，为了最大地充实国库，不顾银行股权购买者的意见和银行业出售后是否改进效率的方案，只顾高价出售银行业资产或股价。政府通过对新批准的私营银行设立豁免账户以及极端的管制措施，暗许这些银行业的投资人要保护这些银行免受竞争的压力。由于增加了许多银行，银行业改革的结果是，表面的繁荣掩盖了内在的漏洞。1994 年 12 月比索危机之后银行业彻底崩溃了。银行系统的重建花费了纳税人的更多资金，以至于到 2001 年，外资银行控制了墨西哥银行业的 60% 资产。

Commander、Dutz 和 Stern（1999）对苏联银行业改革进行研究，证明了转型国家的银行私有化后，对内部结构的治理是银行经营和银行业改革成功的关键。

四　发达国家银行私有化的经验

银行是任何国家或经济体不可或缺的部门。国际学术界对于发达国家的银行私有化研究时间不长。原因是，即便在发达国家，政治家和政府经常通过运作银行为融资工具以支持相关工业部门，使得银行部门尤其是其财务数据变得不太透明。

Verbrugge、Megginson 和 Owen（1999）研究了 1981—1996 年 65 个银行上市的案例，并比较 32 个 OECD 国家和 5 个发展中国家的银行上市前后的财务变化状况。发现 OECD 国家的银行上市表现尚可，但获利比例、非利息收入、资本充足等要素显著增长，杠杆比例显著下降，大型的正在上市的国有银行的 IPO 收入非常可观。

Braz（1999）研究了葡萄牙 1974 年政变之后私营银行的国有化，以及 20 世纪 90 年代之后这些银行的重新私有化过程，讨论了私有化过程中政府的多重目标及方法。发现银行私有化后生产效率大大提升；私营银行的裁员比国有银行力度大、速度快；私营银行分支网络的扩张比国有银行更快、更有动力。

澳大利亚国民银行（Commonwealth Bank of Australia）1991 年开始初次上市，1996 年政府股份全部退出。Otchere 和 Chan（2003）通过对其私有化过程的研究发现，竞争对手的股票价格对国民银行上市消息的反应为负面。国民银行的股票价格表现显著正面，上市之后，随着政府股份的逐渐减少，价格持续走高。国民银行上市后，其经营业绩得到显著改善，超过了其主要竞争对手。

Gleason 等（2005）提供的 1980—2002 年美国本土的银行或在美国市场交易的银行并购其他有意出售股权的 86 宗银行收购案显示，宣布收购前后的时间里，收购方银行股票投资者的累计非正常收益（cumulative abnormal returns，CARs）是正的，但在长期看，这种效应微弱，但收购银行能够避免这种短期系统性风险。

五　非转型的发展中国家市场化改革后的效率变化

国际学术界对非转型的发展中国家的范围包括巴西、中国（我国可能是个例外，因为我国转型经济的特征十分明显，但这不影响对银行业分析的结论）、埃及、尼日利亚、巴基斯坦。

Boubakri 等（2005）考察了 1986—1998 年 22 个发展中国家的 81 个银行私有化之后的表现发现，银行私有化本身似乎并不能对其盈利和效率起多大的促进作用；私有银行的股权结构极大地影响其风险暴露行为，那些由大型工业集团控制的银行，更容易采取冒进的经营行为，地方性的私有银行排名其次，相比之下，外资银行经营最为保守；外资银行的利差比本地银行更小。

Otchere（2005）研究了 1989—1997 年中低收入国家的 21 宗银行私有化前后对股票价格的影响。他发现，宣布银行上市对其他已经上市的银行是个利空，大的国有股银行上市更是如此，因为投资者认为作为竞争对手的银行上市，对其已经持有股票的上市的银行将产生竞争效应。新上市的银行股票一般会低于市场的指数表现，股票回报也会低于已经上市银行的竞争对手的回报。

Beck 等（2005）研究了 1990—2001 年 69 个银行的年度数据，尤其是其中 9 个全部私有化的银行的数据，发现不管宏观经济环境以及管制环境如何，银行私有化有正面的意义。在尼日利亚，国有银行的私有化有利于极大地缩小与私营银行之间的经营差距。

Beck 等（2005）研究了巴西从 1995 年工业崩溃到 2003 年中 207 个银行的季度数据，发现政治体制对银行业改革的影响甚大。受各州不同制度的影响，国有银行逐渐转变为联邦制的银行，转变后的银行业绩明显高于国有制，银行私有化改变了业绩。

Omran（2003）考察了埃及 1996—1999 年 12 家银行私有化过程中的盈利水平、资本风险、资产质量、经营效率、流动性风险，以及增长速度等指标，发现虽然 1999 年后由于宏观经济影响，一些银行的盈利状况和流动性受到较大的影响，但总体而言，银行私有化极大地提高了经营绩效。同时，股份私有化高低与业绩表现有明显的联系。

Moshirian 等（2005）研究了 2002 年 6 月中银香港上市消息宣布后，23 家大陆和香港银行及其他金融机构上市公司的股票表现情况。其采用自 1999 年 3 月到 2003 年 6 月数据。发现许多竞争者的股票对中国加入 WTO 及中银香港上市的消息具有利空反应。对于中银香港上市的消息，香港的金融机构反应是负面的，认为中银香港将成为一个更强大的竞争对手；大陆的金融机构反应是正面的，认为大陆将继续放松银行业的管制并持续金融改革。同时发现，中银香港上市第一年的投资者具有显著的累计持股负收益。

Bonaccorsidi、Patti 和 Hardy（2005）研究了巴基斯坦银行业发展的状况和经验。1974 年后，巴基斯坦银行实行了国有化，20 世纪 90 年代以来，逐步实现私有化。主要的放松管制发生在 1991—1992 年以及 1997 年。1997 年全国有 4 个主要的国有银行、21 个私营银行及 27 个外资银行。研究发现，在短期内私有化对于所有银行的收入和成本同时上升了，并不是所有银行都盈利。1991—1992 年虽然只有两家银行实现了全部私有化，但所有的银行业绩都有所改善，国有银行和私有银行及外资银行间的聚合效应并没有出现。1997 年改革后，银行业绩经历了短期的下滑，但很快出现了显著的提升。

六　外资银行市场进入后对发展中国家的经济冲击

据统计，截至2005年10月，在我国的外资银行共有225家营业性机构和240家代表处，本外币资产总额为796亿美元。境外战略投资者已经和即将对国内银行的股权投资总额已将近200亿美元。通过参股，外资将获取中国银行业超过10%的市场份额，远远高于外资银行占中国银行业不到3%的市场份额。同期，在华外资银行资产总额为845亿美元，占我国银行业金融机构资产总额的2%左右，其中外汇贷款额占我国外汇贷款总额的20%。

外资银行所占市场份额尽管不高，但业务发展非常迅速，近年来其资产、存款和贷款的增长速度均在30%以上。外资银行在一些经济发达地区和一些重要业务领域占据了重要地位，市场影响日益扩大。如在上海，外资银行总资产占比已达12.4%，外汇贷款占比已达54.8%。开放人民币业务的短短几年里，外资银行人民币资产总额已突破1000亿元。外资银行在银团贷款、贸易融资、零售业务、资金管理和衍生产品等业务方面服务的优势进一步显现。显然，外资银行业务已经成为我国银行业务的重要组成部分了。

对于外资银行进入本土市场后银行业的状况，国际学者研究的结果如下。

Claessens、Demirguc - Kunt和Huizinga（1998）对1988—1995年80个国家银行业市场在利率受益、成本、税收和盈利，以及本土银行与外资银行的研究表明，在发展中国家，外资银行的盈利水平高于本土银行，但在发达国家市场则不然。回归分析显示，外资银行市场份额的增长，能够导致本土银行盈利下降。

Clark等（2001）对38个转型国家的4000个借款人的问卷调查表明，有外资进入的市场在一定程度上提高了本地企业对自身信用的重视程度。同时，外资银行的进入有利于中小企业获得信用额度，这个正面作用对于大型企业也一样。

Majnoni等（2003）通过对匈牙利1994—2000年26个商业银行的外资化过程的动态研究表明，外资银行完成对借贷管理、业务管理和实际控制权后，其借贷政策与此前的本土银行的接待政策没有多少差别，然而，外资银行参股后银行在持续盈利方面有明显的改进。

Bonin 等（2005）对原 CEE 组织 6 个国家的 10 个最大型的银行（这些银行后来大部分被外资控制了）在 1994—2002 年的研究表明，外资进入之后，银行业的经营业绩有显著的提升，尤其是中间业务的经营非常成功。合资后的银行的经营业绩显著高于原有的国有独资银行，甚至可以和外资独资银行的经营相媲美。向外国战略投资者出售股权在信贷成本方面优势明显，但在金融中介方面则没有影响。

Hahm（2005）研究了韩国银行业在 1997 年亚洲金融危机之后迅速复苏的因素。韩国的银行体系的资本充足率在 1997 年金融危机之前十分低。1997 年金融危机发生之后，韩国迅速改革了银行持股和管理体系。1997 年 11 月，银行持股条例被修改，外国股东可以持有超过本国股东 4% 的比例；1998 年 5 月，外国人被允许担任银行高级管理人员；2000 年 1 月，外国人被放宽到可以担任非执行董事、审计委员会成员，以及合规委员会人选；2002 年 4 月，《银行法》得到修改，本国居民持有银行股权可以提高到 10%。此外，其他有利于储户和投资者监督银行的信息披露及会计规则也得到了加强。对银行业的这些迅速的行动，被认为是促进韩国经济快速回升最主要的因素。

七　对我国国有银行存在问题的研究

对于我国的银行业改革，我国及华裔学者也做了许多有益的探索。焦瑾璞（1999）首次提出我国国有银行重组上市问题；当前，我国银行业改革的实践与焦文的思路基本吻合。葛兆强（2000）提出国有银行体系内部存在严重的内部人控制问题。我国研究银行业改革的多数学者注意到银行治理结构是一个非常关键的问题。张都兴（2002）、黄德根（2003）、平新乔（2003）、刘澜飚等（2004）以及巴曙松（2005）论述了公司治理结构与商业银行改革的关系。如刘澜飙等通过分析我国现行政府与银行的关系，认为引进外资战略投资者是改善我国国有银行治理结构的重要选择，单纯的体制内"注资"并非良策。华裔学者王一江等（2003，2004）认为中国银行业改革"两个两难"选择。通过对中、日、韩三国银行业的经验比较，在分析了政府和银行之间的互动关系之后，王一江等认为，为了实现国有银行的改革，引进外资是极其重要的战略选择。此外，李燕妮

（1999）还研究了美国银行业改革的经验。李健（2004）分析了国有商业银行改革宏观效应。从时间上看，我国学者对银行业改革的研究起步较晚，对我国当前银行业的治理结构的认识也是近几年逐渐加深的事。值得注意的是，我国银行业改革过程中面临的问题还很多，比如银行业信息披露、内部控制、市场竞争与商业银行市场结构、金融执法、业务结构调整、应付外资银行竞争等，需要深入研究。另外，由于我国银行业改革的时间处于我国宏观经济改革的大背景之下，转型经济的特征十分明显，因此多数的研究方法为制度分析法，相对而言计量分析法较少。

八　小结与评析

整体来看，银行私有化对其业绩的影响主要可以归结如下：①私有化后，银行业绩有普遍的提高；②如果政府在已经私有化的银行中持有股份，将在一定程度上使得银行的收益下降；③对于股权而言，将股份出售给战略投资者比直接市场化更容易集中，但这种集中有利于银行业绩的提升；④外资股东的引进，有利于银行业绩的提升；⑤在竞争环境中进行银行私有化更可能成功，反过来使得银行业竞争力更加提高；⑥转型国家的银行私有化后，内部结构的治理是对银行经营从而银行业改革能否真正成功的关键。

银行业改革可能是全世界政府面临的最大的挑战之一。政府要尽可能地将银行的股权分散化，尽可能避免“一股独大”现象出现。大量银行业改革和股权向市场出售的经验表明，不管是 OECD 国家还是转型国家，银行业私有化对于提高银行绩效作用明显。从转型国家 20 世纪 90 年代中后期的经验看，部分的股权私有化可能会继续影响银行业绩的提升——因为政府股权还会持续地干预银行经营政策。股权全部市场化是最好的选择，如果政府非要在其中持有股权的话，也要尽可能降低到次要地位（或采取优先股的方式，将其经营权委托给其他股东，只享有分红权）。政府要尽可能避免 100% 对私营银行实现存款保险制度，如果实行 100% 的存款保障制度，私营银行及外资银行同样会有严重的道德风险。

根据 2005 年诺贝尔经济学奖获得者谢林（Thomas C. Schelling）的研究，将自己固定在特殊的谈判地位是有利的，当任何一方认为对方不会作出进一步的让步时，协议就达成了。我国国有银行引进战略投资者的谈判过程以及银行业“入世”后开放的大背景，基本符合这个模型。从上述大量的案例和统计可以看出，我国当前的银行业改革尤其是国有银行改革，其在境外上市的价格形成过程，是一个股权出售者与购买者的博弈过程，价格的成交需要买卖双方的认同。既然是交易，就难免讨价还价。根据银行改制核心参与人员的体会，由于我国国有银行体系人员、业务、资产庞大，历史遗留问题比较多，核算其资产价格正好是最为困难的事。因此，从谈判策略上看，我方出价并没有处于被动地位。至于上市之后无论是溢价还是贴水，实际上都体现了在市场投资者对未来回报的预期上。根据国际经验的总结，我国当前国有银行业改革中，其国家股权比例可能会比较高，从长期来看，为提高银行业绩，彻底走市场化的道路，国有股权可能还需要进一步降低。此外，近期来看，我国国有银行引进外资股东方面尽管进展较快，但从国际经验来看，股东对经营的治理也非常重要。而包括产品开发、风险控制、内部治理等银行经营成功的核心环节看，正好是内资银行长期缺乏的劣势。因此，引进外资股东就不应仅仅限为战略投资者，享受上市好处这一点；更重要的还是要在股东优势基础上，转移技术、完善管理规则和监督，全面协助经营层提高经营业绩。从上述银行业私有化的一般经验看，这个目的有达到的可能性。因此，长远看，我国银行业的振兴之路才刚刚开始，前方任重而道远。对于当前银行业市场化改革的起步遇到的分歧，银行业改革的设计者、银行投资者、观察家，以及所有关心中国银行业改革的人士，在对银行改革前后所涉及的业绩评价标准，以及此后的长期业绩对比观察的认识应当是一致的。

参考文献

[1] 葛兆强：《国有商业银行制度导论：对中国国有商业银行改革的一种思考》，中国经济出版社 2000 年版。

[2] 黄德根：《公司治理和中国国有商业银行改革》，博士学位论文，厦门大学，2004 年。

[3] 黄湃、王桂堂：《国有商业银行改革制度安排与路径选择》，经

济科学出版社 2003 年版。

[4] 李健:《国有商业银行改革:宏观视角分析》,经济科学出版社 2004 年版。

[5] 李燕妮:《美国银行业改革研究》,博士学位论文,中国人民大学,1999 年。

[6] 李志成:《商业银行改革与发展问题研究》,中国地质大学出版社 1999 年版。

[7] 林志远:《中国金融改革的理论和实践:银行改革和资本市场》,经济科学出版社 2000 年版。

[8] 刘澜飚、王博:《我国国有商业银行公司治理现状的新政治经济学分析》,《经济学动态》2004 年第 12 期。

[9] 马伯东:《国有商业银行改革的思路与难点初探》,博士学位论文,西北财经大学,2002 年。

[10] 平新乔等:《治理结构、证券市场与银行改革》,北京大学出版社 2003 年版。

[11] 王兰:《纵论银行改革与发展》,中国金融出版社 2001 年版。

[12] 王明权:《商业银行改革的探索与实践》,中国金融出版社 2002 年版。

[13] 王一江、田国强:《不良资产处理、股份制改造与外资战略——中日韩银行业经验比较》,《经济研究》2004 年第 11 期。

[14] 谢平、焦瑾璞:《中国商业银行改革》,经济科学出版社 2002 年版。

[15] 杨天赐:《资本市场发展与国有商业银行改革》,中国财政经济出版社 2002 年版。

[16] 袁纯清:《金融共生理论与城市商业银行改革》,商务印书馆 2002 年版。

[17] 张都兴:《中国国有商业银行改革:一个公司治理结构角度的分析》,博士学位论文,北京大学,2003 年。

[18] Daniela B. Weintraub, "Bank Privatization and Productivity: Evidence for Brazil", *World Bank Policy Research Working Paper* No. 3666.

[19] Ekkehart Boehmer, Robert C. Nash and Jeffry M. Netter, "Bank Privatization in Developing and Developed Countries: Cross – Sectional Evidence on the Impact of Economic and Political Factors", *Working Paper Series.*

[20] George R. G. Clarke and Robert Cull, "Provincial Bank Privatization in Argentina: The Why, How, and So What?", *World Bank Policy Research Working Paper* No. 2159.

[21] Haluk Unal and Miguel Navarro, "The Technical Process of Bank Privatization in Mexico", *Wharton Working Paper* 97 – 42.

[22] Isaac K. Otchere and Janus Chan, "Intra – industry Effects of Bank Privatization: A Clinical Analysis of the Privatization of the Commonwealth Bank of Australia", *Journal of Banking and Finance*, Vol. 27, pp. 949 – 975, 2003.

[23] Isaac K. Otchere, "Do Privatized Banks in Middle – and Low – Income Countries Perform Better than Rival Banks? An Intra – Industry Analysis of Bank Privatization", *Journal of Banking and Finance*, Forthcoming.

[24] John Bonin, Iftekhar Hasan and Paul Wachtel, "Privatization Matters: Bank Efficiency in Transition Countries", *William Davidson Institute Working Paper* No. 67.

[25] Joonho Hahm, "The Korean Model of Corporate Governance: Issues and Lessons in Reform of Bank Governance (Woori Bank)", *HGCY Working Paper*, No. 0501, Apri., 2005.

[26] Robert Cull and George R. G. Clarke, "Bank Privatization in Argentina: A Model of Political Constraints and Differential Outcomes", *World Bank Policy Research Working Paper* No. 2633.

[27] Thorsten Beck, Robert Cull and Afeikhena Theo Jerome, "Bank Privatization and Performance: Empirical Evidence from Nigeria", *World Bank Policy Research Working Paper* No. 3511.

[28] William L. Megginson, *The Financial Economics of Privatization*, Oxford University Press, New York, 2005.

运用多元化策略提高我国外汇投资收益①

近年来我国外汇储备疾速增长，引起了政府决策部门、学术界和市场的广泛关注。笔者认为，在外汇储备数量快速增长条件下，我国对外汇储备的投资运用和投资效率的问题日渐突出，我们有必要从资产管理的角度，合理配置外汇储备。

一 降低双顺差现实出路何在

我国外汇增长的主要原因是经常项目顺差，主要表现在出口大于进口；以及投资项目下的顺差，主要表现在外商直接投资增加以及境外金融资金流入。因此，降低双顺差的方式就会降低外汇储备，主要为假设出口一定的条件下，增加进口；假设投资资金流入的条件下，增加对外直接投资和对外金融投资。

其次，为降低外汇储备量而进行的我国对外直接投资，发展速度也不会很快。与全球对外直接投资数量相比，我国对外直接投资还处于起步阶段。我国改革开放时间比较短，对外直接投资的时间、规模都比较小，经验欠缺，因此，增加对外直接投资并非手到擒来，一帆风顺。

相比之下，我国金融对外投资主要方式有 QDII，以及我国直接持有国外金融资产头寸。我国 QDII 经验同样比较少。因此，当前比较现实的问题是对外汇储备金融投资中的结构和机会进行深入分析。

二 国际货币体系必然制造通胀

鉴于金融资产投资的特殊性，必须详细了解金融资产投资的对象领域的环境和氛围，即主要是当前的国际货币体系。第二次世界大战

---

① 本文发表于2006年5月10日《中国证券报》。

结束后，美元逐渐成为国际货币合作体系中的“盟主”。由于高额铸币税的利益，美国通过政治、军事维持美元在全球经济中的主导地位，在国际贸易结算中，以美元计价的交易额占70%。由于美元发行实际上不存在国际货币合作体系的约束，因此美元的发行，尤其是最终流向海外的发行，是美元继续保持美元霸主地位的重要内在驱动力，也是美国经常项目赤字的一个重要原因，更是美元在世界范围内存在贬值潜力的最主要的原因。美元的发行机制决定了其通胀不可避免。事实正是如此，美国历史上最严重的通胀发生在1971年脱离金本位制之后的十年里。

当前，欧元已经与美元和日元一样，成为世界主要货币之一。由于大多数主要货币之间已经执行浮动汇率制，各主要货币区的经济竞争所导致的货币竞争可能更加剧烈。由于各主要货币之间的汇率、货币供应协调相当困难。从长期看，各国为应付国内经济的短期问题，以扩大货币供应量为主要特征的扩张性货币政策成为经常采取的措施。这种短期的经济困难包括应付失业、经济衰退、扶植居民收入失衡等，此外还有很多从历史看的突发事件，如战争、自然灾害等。几乎可以概括地讲，自从放弃金本位制以来，各国中央银行可能已经卷入了一场增发货币的竞争，为各国和各区域间的货币动荡引起的金融危机埋下了隐患。维护本国利益，对其他国家货币采取相应汇率政策，是一国货币政策独立的一个重要前提条件。因此，各国之间为维护本国利益最大化，所进行的包括货币供应在内的货币政策博弈，是当前国际货币体系特征下的常态，这种常态还会存在很长时间。这种为本国利益最大化所进行的货币政策博弈作为一种常态，也是我国历代以来货币变迁史所彰显的重要规律。无论何种经济制度，通胀对于资产价格的影响是难以避免的。

三　股票、债券和黄金的历史投资经验

历史经验表明，股票是应对经济波动包括币值波动的首选。沃顿商学院的Jeremy Siegel在《股票的长期投资价值》中的统计显示，美国股票在自1800—2001年二百余年中，收益率远远超过债券、短期国债和黄金。投资者自1800年投资1美元于股票（一个股票综合组合），并在其后的时间里将红利用于再投资的话，到1997年，其资产

将达到747万美元，到2001年，能够达到880万美元（名义价值）。不仅英国和美国的情况是这样，整个20世纪，世界其他主要工业国家如丹麦、法国、荷兰、瑞典、瑞士等的金融资产投资收益中，股票的投资收益高居榜首，无论是名义收益还是实际收益均远远高于短期债券和长期债券，包括国债这类固定收益类品种。甚至是在第二次世界大战中经济遭受重创的德国、日本、意大利的情况也是如此。

股票的短期收益主要有资本利得决定，但长期要靠收入流的再投资影响，即红利再投资。收入流再投资所导致的最终受益差别非常大，这种差别在时间越长中体现得越明显。以英国股市1900—2000年数据看，如果两个投资者在1900年开始用英镑购买股票，其中一个将红利用于再投资，另外一个将红利提取，而不再进行投资，到20世纪末，用于红利再投资的投资者资产为16946英镑，而后者只有161英镑。前者是后者的100倍。这说明红利再投资以获取复利收益的重要性。

目前，我国外汇储备的管理任务主要由政府承担，其长期稳定的投资需求对于进行红利再投资非常适合。另一方面在选择被投资对象时，上市公司派发红利及其派发的稳定性、长期性将是一个重要的选择标准。

从经济史的角度看，决定经济成长的最重要的因素是技术革命带来的财富的大幅增加。全球近200年来的投资经验表明，股票的投资收益远远高于债券、黄金等固定收益品种，其背后的最主要的原因是股票代表的企业是全球经济成长中最活跃的因素，是利用人类生产率和技术进步最佳的平台。以英国产业变迁为例，20世纪初在股市几乎不见踪影的制药业和石油天然气业，在20世纪末的市场中占有重要的地位；20世纪初的铁路产业占总产业的比重近50%，但到世纪末，下降到不足0.5%，增长最快的是中小企业的7%增长到47%，电话、电报业从2.5%上升到近20%，居次位。在所有上市的行业中，银行业所占的比重相对稳定，20世纪初为15.5%，到20世纪末为16.6%。众所周知，制药、电信电报，以及中小创新性企业规模扩张的主要核心竞争力是可靠的产品，是人类技术的进步。

长期大幅度发行纸质货币导致的通胀压力增加，制约了债券的长期投资价值。由于经济环境经常波动，一个国家在一定时期中实际利率为负在国际金融史上并不鲜见。由于债券的价格反映的是名义利率，因此债券的实际收益在应付一个国家经济波动时所表现的长期实际投资价值并不稳定。近200年来，美国相对政局稳定，其长期债券的实际收益甚微，而卷入战争的国家的债券更是经常使其投资者全军覆没。对于持有债券的机构投资者，尤其是国外债券的投资者，上述情况也应引起足够重视。

相应的，黄金在维持实际购买力方面则表现非常稳定。根据美国国家经济研究局的数据，英国的黄金购买力自1560—1997年的近440年中，表现一直非常稳定。只是自金本位制结束后，黄金价格波动比较剧烈，但是其购买力仍然稳定。与此对照，英镑的实际购买力，1997年下降到1560年的7.8‰，这意味着1997年的1英镑的实际购买力只相当于1560年1英镑的7.8‰，英镑的实际贬值严重。美元也不例外，1997年，1美元的实际购买力只相当于1792年6.25‰。资料显示，无论是英镑还是美元，大幅贬值的时间从1945年以后开始的，这个时期正好是各国中央银行对执行以美元为中心的国际货币体系之际。统计显示，在30—40年的周期中，黄金的实际购买力价格波动剧烈，但是相比其他的金融资产，黄金仍然是最具稳定性的品种。由于其内在的稳定的购买力价值，黄金价格通常称为货币通货膨胀的先行指数。研究显示，这个先行期一般为一年时间。

四　提高我国外汇投资收益的方式

降低外汇储备压力的另外一个重要措施是积极重视与提高外汇储备运用的收益水平。任何一种金融资源，只有在运用中才能显示其资产价值，外汇储备也不例外。有数据表明，从20世纪80年代到目前，美国是世界上负债最多的国家，同时也是对外投资最多的国家。但是美国的资产收益率一直长期高于负债收益率。在金融投资方面，美国的对外股权类资产投资远远高于外国在美国的股权类资产数量，也远远高于美国对外投资，持有别的国家的债券类资产。股权类资产收益率比债券类资产高，也是美国对于国际资金成功运用的一个重要方面。最后，从我国外汇储备目前的结构和运营概貌看，应对我国外汇储备增长的局面，应当由相对被动地调整汇率的策略向主动地增加对外投资演变。从我国综合国情分析，对外汇储备进行积极的运作是长远地、综合发挥外汇储备资源价值、获取国际竞争优势的更好策略。

根据2003—2004年度的数据，我国大陆持有美国金融类资产的数量为3410亿美元，其中股权类资产30亿美元，债券类资产3380亿美元，债券类资产中长期债券3200亿美元，短期债券180亿美元。与世界其他主要持有美国金融类资产的国家和地区相比，我国的股权类资产处于极低的比例水平。根据本人对我国持有美国股权类资产和债券类资产的年收益率估算，该年度，我国股权类资产的投资收益为2.9亿美元，而债券类资产的亏损额为117.9亿美元，两项合计为亏损115亿美元。2000—2005年，黄金储备的增加带给我国的净收益为22.9亿美元，我国中央银行的黄金储备资产投资收益取得了良好的成绩。

鉴于上述情况，对于我国外汇储备的运用，可以有如下的选择：

增加黄金储备，应付国际货币体系动荡不安的状况。与主要工业国家相比，我国黄金储备数量与我国对外贸易额的比例、与GDP总量的比例都偏少，目前我国中央银行的黄金储备只有600吨，而美国、法国、德国、意大利等国家央行的黄金储备分别达到了8136吨、2985吨、3433吨和2451吨。此外，增加的黄金储备也有利于应对长期看美元贬值趋势所导致的资产损失风险。

利用外汇储备购买知识和技术。可以预言，21世纪全球技术竞争将达到比以往更加激烈的程度。技术进步是支持经济长期增长的核心因素。虽然我国制定了完备的科技进步中长期规划纲要，但是由于历史、体制和市场等的原因，与发达国家的技术进步速度还有不小差距。如果利用外汇储备增加对全球知识产权、科技成果的购买和投资，尤其是对引进全球科学家资源予以追加投资，结合我国现有的科技和工业基础，一定能够在新一轮全球技术竞争中发挥更多的后发优势。

增加外汇储备中股票头寸。从全球数百年的投资历史看，股票的长期投资收益和风险远远高于债券和黄金。由于我国外汇储备资源主要集中在政府，适合于长期投资。数据显示，提高我国外汇储备中股权类资产比例有很大的操作空间。因此，慎重选择品种，增加投资收益率，是运用外汇储备、获取全球金融资源的内在要求。只有提高投资运用收益水平，才能平抑外汇负债成本支出，从而改善储备资产的流动性。

利用外汇储备投资全球优秀企业，吸引这些企业到我国资本市场上市。通过吸引国外企业加盟我国资本市场，获取长期的对外投资收益。同时，这样也有利于改善我国上市企业结构，提高我国内资金融效率。

适当减持外国债券，避免外币通货膨胀带来的资产损失，同时可考虑直接增加购买战略性实物资源的投资。

最后，从外汇管理体制市场化改革方向看，央行可以拿出较少比例的外汇，用竞标的方式委托给业绩良好、经营稳健的基金管理公司和商业银行管理，这一方面能够降低外汇头寸过度集中在央行的风险，另一方面这些专业机构的研究力量和市场策略各有所长，分散的资金和不同的操作方式有利于在机构之间对冲我国外汇储备结构的整体风险。

资本市场面临国际化挑战[①]

2005年，我国外贸依存度已经达到了80%，实体经济与世界的交融日益深入。从金融行业看，我国2006年年底将对金融服务贸易全面开放市场，金融业与资本市场面临着相当艰巨的挑战与压力。资本市场上目前股票市场的二级市场已经开放，QFII到2005年年底批准的额度已经增加到100亿美元。随着《外国投资者对上市公司战略投资管理办法》的出台，外资收购我国上市公司的限制也大大解除。资本市场的对外开放日益临近。另一种情况是2005年我国外汇储备已经上升至8189亿美元，我国对外投资的能力和内在要求均大幅提高。在此条件下，资本市场的对外开放不仅要考虑以引入资金为主的单向开放问题，也要考虑通过资本市场逐步开放对外投资渠道。资本市场的适度国际化有利于多方位提高我国金融服务业的竞争力。

一　提高投资收益率是资本市场的核心任务

短期内，在货币供应等宏观指标稳定前提下，证券价格涨跌主要受投资回报和资金流入流出两个要素影响。而资金的流入和流出的最主要原因也是市场的分红回报率的变化，因此，分红回报是证券市场长期稳定发展的基础。根据有关研究资料，美国证券市场自有数据的1871年以来，经历了长期稳定的分红回报成长。纽约证券交易所1871—1950年，普通股股票的年平均分红回报率达到4%以上，最高的年份是1917年12月，达到9.3%；最低点是股票市场暴跌的1929年，该年9月的历史最低点都达到2.92%。1969—1990年20年间，平均分红回报率有所下降，但也达到超过3%的水平。自1997—2003

① 本文发表于2006年2月14日《证券时报》。

年才下降到平均为1.75%。该所道琼斯工业指数从100点上涨到500点，用了50年时间，从500点上涨到1000点，用了16年时间，从1000点上涨到5000点用了23年，而从5000点上涨到10000点仅用了4年时间。由于纽约交易所上市企业分红回报稳定，国内外资金持续流入现象明显，近十余年来，指数出现了加速上涨的态势。相比之下，1998—2004年，我国证券市场平均每年分红回报率仅为0.37%，不仅远远低于美国同业情况，比我国同期银行存款利息还低，使得资本市场对投资者的吸引力逐渐降低。提高投资回报，已经成为我国资本市场发展的核心任务。

二　优秀企业是全球资本竞逐的对象

资本市场是一个“不怕富、富不怕、怕不富；不怕大、大不怕、怕不大”的场所。富裕的过程正是优秀企业快速成长的过程，最明显的例子如无锡尚德创始人通过资本市场迅速成为全国首富。规模大小一方面是市场成熟与否的标志，另一方面规模大小与规模效应关系密切，规模大的市场普遍边际成本低，具有竞争力。优秀的企业受到全球资本市场的竞逐，背后实际上是资本使用效率的竞逐。预期收益率高的地区、部门和企业资本很少短缺。随着开放的深入，我国资本在全球寻找最佳的资源配置将成为必然。股权类投资一直是全球资本市场中最主要的投资品之一。此外，近年来全球的证券交易所有合并的趋势。一方面证券交易所的合并有利于降低成本，另一方面也是出于竞争的要求，交易所竞争的资源是全世界优秀的企业。可以认为，吸引全世界最优秀的企业在本交易所上市，已经成为交易所之间竞争的最主要资源。如纽约交易所甚至考虑为我国建设银行在该所上市修改某些规则。当前，由于我国国内证券市场不振，我国不少优秀企业选择海外上市。国际资本市场对上市企业的追捧主要是业绩与成长性，来自印度、以色列以及俄罗斯的公司由于拥有更良好的业绩、更高的透明度而成为我国企业的重要竞争对手。我国优秀企业选择海外上市的最主要目的是集资与改善治理结构，即通过外资股东对本土股东董事会的制衡达到企业治理结构和决策体系的稳定。另一个重要的目的是，我国证券市场的制度建设不完善，政策稳定性差，造成企业经营预期不稳定。2004年深沪两市发行的98只新股共募资353.46亿元，约42.7亿美金，创下1997年以来首发募资额的最低点，而同期海外IPO的中国企业数量为84家，共筹集资金111.5亿美金，募集资金量约为国内的3倍。规模小、国际化程度低、治理结构不完善是我国优质企业选择海外上市的主要原因。

三　证券业面临挑战

我国证券市场面临着近年来的低潮时期。截至2005年12月30日，沪市所有上市公司股票的平均价格较上年末下跌16.91%，A股流通市值降至约9800亿元。受此影响，我国证券行业出现了前所未有的困境。2004年，我国证券行业营业收入约299亿元人民币，税后利润总额约-192亿元。而同期美国年证券业税前收入为195亿美元，总收入从2003年的2127亿美元上升至2273亿美元。2004年华尔街各大投资机构仅发放的奖金和花红数即达186亿美元，2005年达到215亿美元。与美国证券行业比较可以发现，我国证券行业的最主要劣势是全球化程度低。2004年，在美国本土上市的企业证券资产中，美国本土居民持有量为2.4万亿美元，外国人持有美国证券为5.9万亿美元，外国人持有美国证券是美国本土持有美国证券的近2.5倍。1980年以来，美国人买卖外国证券和外国人买卖美国证券的数量分别从1980年的530亿美元，增长到2004年前8个月的7.4万亿美元，以及从1980年的1980亿美元，增长到2004年前9个月的32.95万亿美元。在证券持有方面，外国持有美国证券的数量及美国持有外国证券的数量自1990年以来同样均持续大幅上升，前者在2004年是1990年的约6倍，后者是近8倍，但绝对数相当于不到外国人持有美国证券的一半。上述数据说明美国证券市场的国际化程度及吸引外资流入稳定增长，美国资本市场成为吸引国外投资的重要市场。相比之下，在我国本土上市的企业中，外国人持有资产的数量只有QFII与B股两类，截至2005年年底，两类市值合计为1200亿元人民币，合计150亿美元。可见，由于没有在我国本土直接上市的外国企业，极大地限制了外国人持有这些资产的可能性。另外，我国金融资产结构中，证券类资产与银行类资产相比，处于很小的规模。据统计，2004年年底，我国证券业总资产为4578亿元人民币，净资产为1000亿元人民币，而同期我国银行业资产为31.6万亿元人民币（2005年这个数据是37万亿元）。我国证券业合规的海外分支机构数估计不超过20个，而仅中国银行的海外分支机构就达到560个。再次，我国证券机构2004年共有从业人员9.4万人，当年人均收入约为32万元人民币，同期美国的证券从业人员约为80万人，当年人均创造的收入近30万美元。上述的分析显示，我国资本市场的国际化程度比我国银行业要低得多，发达的市场经济国家如美国资本市场国际化经验值得借鉴。随着金融业的对外开放，金融业面临着实力强大的外资机构的正面竞争。退缩不是明智之举，而应当抓紧制定国际化政策，加快资本市场国际化步伐，通过与外资金融机构在国际资本市场的合作，逐步提高自己。

四　交易所面临全球竞争

证券交易所是资本市场的重要组成部分。近年来，全世界证券交易所合并风潮迭起，竞争激烈。按世界证券交易所联盟2005年10月底的统计，我国A股市场的市值总和以3508亿美元位列全球第20位；按总交易额排名第17位，两项指标均落后于周边国家日本和韩国。资本市场不振，对于交易所的潜在影响也是巨大的。全球交易所的行业集中度有明显的行业特征。总体而言，虽然上市公司在数量上集中度较低，但在市值方面集中度很高，达到了寡占型市场结构。从交易的品种结构看，股票和基金的交易呈现高度集中的寡占型市场结构，债券交易的集中度相对较低，但也达到了中等偏上程度的寡占状态。可见，国际证券交易所作为一个行业看，具有较强的垄断性。近年来，随着信息技术在交易中的广泛应用，以及交易所之间的竞争加剧，交易所的寡占程度有所下降，但仍然属于高度集中的垄断市场形态。传统的交易所业务形态主要表现为产品市场分割，地区分割，以及交易过程分割。从我国目前交易所发展状态看，前两者的分割特征十分明显，还带有明显的传统交易所业务形态。我国证券交易所还没有能力参与全球竞争。与全球交易所发展趋势对比，从市场发育程度、上市企业辐射范围、品种创新等综合看，我国证券交易所基本处于退守局面。由于没有国际化作为一种外力推动，我国证券交易所的营业收入基本为垄断性收入。据统计，2001年世界范围内证券交易所的平均固定成本占总收入的比率为58%，平均利润率为18%。上市的证券交易所的上述两个对应的指标分别为50%和32%。证券交易所合并上市有利于提高效率，降低成本。这些情况和趋势值得我国交易所借鉴。为提高竞争力，通过对外资开放IPO市场以及开放外资投资衍生金融产品等业务，有步骤地开放交易所参与全球市场竞争的出路是未来发展的必经之路。

五　资本市场适度开放不会对国内股票市场构成压力

从长期看，股票市场的涨跌主要是市场投资回报高低引起的。股票市场指数的上升最可靠的动力是上市公司业绩的不断提升，分红回报稳定增长。绩优上市公司是证券市场向好的基础。对于我国当前市场指数的下跌，一方面要通过政策引导，大力支持上市公司扩大规模，提高竞争力，以提高分红回报率；另一方面对于新上市企业，一定要把好素质关，在治理结构、产品竞争力、经营层构成等方面设立更多、更细致的指标，杜绝上市之后业绩大幅度下滑的内在因素。对于监管制度存在的导向问题、制度严密性问题、执法问题等也会随着国际化过程逐步得以解决。

从短期看，资本市场适度开放也不必然分流资金，造成引起A股指数下跌。例如，作为开放的一个步骤，外资企业在我国上市的IPO筹集资金的大体规模可以实行额度制，这个额度证券主管部门可以控制。有了这个相机抉择的条件，“开闸放水”的闸开的程度可大可小。另外，投资在外资企业上市公司的资金以外币为主，我国外汇储备充裕，即便按照每年200亿美元的上市之后市值算，也仅占我国外汇储备余额的不到3%。再有，作为这些上市企业的投资者需要从央行手中用人民币购买外汇以投资，理性的投资者会计算人民币资金成本、投资A股的机会成本、购买外币的手续费，以及投资这些外资企业的未来预期收益之间的差额。这些资金可能是A股市场的存量资金，也可能是增量资金。如果这些外资企业的经营回报不能有更大的吸引力，A股的存量资金流到这些企业中的数量有限。最后，这些外资企业上市公司对于外资投资者以及B股投资者实施开放。这些企业上市，有可能直接分流近年来通过间接渠道进入我国A股市场的资金，使部分地下资金转为公开合法资金。

相反，由于引进了国外企业到我国资本市场上市，其标准可能更符合国际化要求，企业素质更好，在一定程度上改造了我国企业上市的某些标准。此外，出于筹资及后市表现的考虑，企业素质成为发行人、保荐人、监管者以及投资者集中关心的问题，对于提高我国未来上市企业的内涵无疑是有好处的。

资本市场适度开放一举多得①

目前，我国股票市场的二级市场已经开放，QFII 到 2005 年年底批准的额度持续增加。随着《外国投资者对上市公司战略投资管理办法》的出台，外资收购我国上市公司的限制也大大解除，资本市场的对外开放日益深入。另一方面，我国出口贸易的繁荣和持续地吸引外商投资政策的实施，以及对人民币升值的预期导致的资金流入，使得近两年来我国外汇储备急剧上升。2005 年年底，我国外汇储备已经达到 8189 亿美元。巨大的外汇储备对资金运用的方式和改变单一靠汇率调整提出了新的要求。将外汇储备运用与资本市场发展相结合，综合考虑我国所处的国际竞争局面中的政治经济位势，适时启动资本市场双向流动机制，对优秀的国外企业适度开放 IPO 市场，允许国内投资者购买国外企业在国内上市交易的股权，将是一举多得的重要政策趋向。

一　吸引优质企业上市、提高投资收益率

股权类投资一直是全球资本市场中最主要的投资品之一。优秀的企业受到全球资本市场的竞逐，背后实际上是资本使用效率的竞逐。随着开放的深入，我国资本在全球寻找最佳的资源配置将成为必然。优质企业由于成长性和业绩稳定回报，成为一个健康资本市场的支柱。当前，提高投资收益率是当前我国资本市场发展的核心任务。

据统计，1998—2004 年的 7 年间，我国证券市场平均每年分红回报率仅为 0.37%，比我国同期银行存款利息还低，使得资本市场对投资者的吸引力逐渐降低。而纽约证券交易所 1871—1950 年，普通股股票的年平均分红回报率达到 4% 以上，1969—1990 年 20 年间，平

① 本文发表于 2006 年 1 月 23 日《中国经济时报》。

均分红回报率有所下降，但也达到超过3%的水平。纽约交易所道琼斯工业指数从100点上涨到500点，用了50年时间，从500点上涨到1000点，用了16年时间，而从5000点上涨到10000点仅用了4年时间。由于纽约交易所上市企业分红回报稳定，国内外资金持续流入现象明显，指数出现了加速上涨的态势。

近年来，由于我国国内证券市场不振，我国不少优秀企业选择海外上市，其最主要目的是集资与改善治理结构，即通过外资股东对本土股东董事会的制衡达到企业治理结构和决策体系的稳定。市场规模小、国际化程度低、治理结构不完善是我国优质企业选择海外上市的主要原因。与我国证券市场持续下跌相比，2005年印度证券指数上涨近40%，说明其上市公司不乏优质企业。因此，在全球范围内选择、吸引优质企业上市，应当成为改善我国资本市场成分，维持长期健康发展的重要导向。

二　有利于拓展证券行业市场空间

近年来，我国证券市场处于低潮时期。2004年，我国证券行业出现较大亏损，而同期美国年证券业税前收入为195亿美元，华尔街各大投资机构仅发放的奖金和花红数即达186亿美元。与发达的美国证券行业相比，我国证券行业的主要劣势是市场狭小、全球化程度低。

2004年在美国本土上市的企业证券资产中，外国人持有美国证券是美国本土持有美国证券的近2.5倍。1980年以来，外国持有美国证券的数量及美国持有外国证券的数量均持续大幅上升，前者2004年是1980年的约6倍，后者是近8倍，但绝对数相当于不到外国人持有美国证券的一半。上述数据说明美国证券市场的国际化程度及吸引外资流入稳定增长，美国资本市场成为吸引国外投资的重要市场。

相比之下，在我国本土上市的企业中，外国人持有资产的数量只有QFII与B股两类，截至2005年年底，两类市值合计为1200亿元人民币，合计150亿美元。由于没有在我国本土直接上市的外国企业，极大地限制了外国人持有这些资产的可能性。另外，我国证券业合规的海外分支机构数估计不超过20个，而仅中国银行的海外分支机构就达到560个。

上述的分析显示，我国资本市场国际化程度低，市场空间不足。

随着金融业的对外开放，应当适当加快资本市场国际化步伐，通过与外资金融机构在国际资本市场的合作，逐步提高自己。证券市场适度开放，正是这样一个起点。国外企业要在我国证券市场募集资金并且股票上市交易，必然会聘请我国证券中介机构从事相关的服务。我国证券公司面对的潜在客户群将由一个国家迅速转变为整个全球。证券公司将在世界范围内寻找、储备优质客户，其业务网络的全球化建设成为必需。对外设立分支机构和代表处，有利于证券公司不断搜集当地经济、政治和文化信息，为我国企业界、投资界国际化眼光提供长期增值服务，拓宽盈利空间。

外资企业在国内 IPO，如果考虑到承销可由国内证券中介机构参与的话，按照 100 亿美元的年筹资额，按照 1% 的承销费收入，对于国内机构将增加 1 亿美元的市场容量。此外，二级市场方面，也将吸引国内投资机构购买外汇进行投资，按照 100 亿美元兑 300 亿美元的二级市场市值计算，将每年增加 300 亿美元的外汇冲销额度，必将极大地减轻我国外汇储备持续增长的压力。

证券交易所是证券行业的重要组成部分。近年来，全世界证券交易所合并风潮迭起，竞争激烈。按世界证券交易所联盟 2005 年 10 月底的统计，我国 A 股市场的市值总和位列全球第 20 位，总交易额排名第 17 位，两项指标均落后于周边国家日本和韩国。

通过对外资开放 IPO 市场以及开放外资投资衍生金融产品等业务，有步骤地开放交易所参与全球市场竞争是交易所未来发展的必经之路。

三　缓解汇率升值压力，降低对外投资风险

我国外汇储备的相当一部分是外国政府债券，不考虑这些外汇储备的计价货币贬值风险的条件下，这些债券的回报率约为 3.5%。为冲销外汇占款，央行发行的票据利息率约为 1.4%，两者相抵，我国外汇储备的国外政府债券部分的净回报率大致仅为 2.1%。寻找更有利的投资机会已经成为外汇运用的重要任务之一。从投资海外资产的优化资产配置的角度，资产组合中也要有未来具有升值潜力的股权类资产，符合条件的海外企业的股权资产可以作为重要的备选品种。目前，我国高储蓄率的主力是政府财政收入和国有企业高额未分配利

润，因而可以利用这部分资金投资在我国上市的国外企业，以冲减高储蓄率。

QDII是资本市场开放，缓解外汇压力的重要举措之一，但也有许多缺陷：

第一，QDII制度本身存在着一定的信息缺陷、海外市场声誉缺陷、市场力量博弈缺陷以及投资成本缺陷。由于信息搜集成本和障碍，投资者对于身边了解的企业具有更多的选择偏好。

第二，像新兴市场这样的投资地声誉风险比较高，代理QDII投资的基金经理需要认真地研究各个不同证券交易所的监管效果、制度、上市公司信息披露的真实性等证券体系的声誉，增加了选择难度。

第三，金融市场投资是一个复杂的动态过程，其中由于博弈的原因，机构投资者通常对于市场上其他机构的资金动向会予以密切关注。目前，我国开放QDII额度不可能特别大，加上没有与外资基金合作过，我国QDII的资金进入市场后很有可能会引起海外其他机构的密切关注，并被列入狩猎对象，从而承担较大的博弈力量风险。近年来，我国民营资金和国有机构几起在期货市场受到海外基金的伏击就很能说明问题。

第四，如果选择国内机构代理进行海外投资，也会增加海外差旅、信息搜集、交易结算等费用，使得成本上升难以避免。这无疑会侵蚀潜在投资收益。吸引优秀的外资企业上市，能够综合地降低QDII投资风险。

四　完善资本市场全球配置和吸纳资源的功能

长期以来，我国资本市场在国民经济中的重要作用和功能没有完全发挥。资本市场是优化资源配置的重要场所，随着我国经济开放的广度和深度的进一步发展，我国企业在世界范围内寻找资源要素将成为必然，资本市场将在此过程中发挥更大的作用。当前，由于我国资本市场的制度设计主要为国内服务，因此多数的政策导向以利用外资为主，比如外资并购上市公司管理规则、QFII及合资基金管理公司政策等。

此外，从利用外资的宏观管理政策取向上看，单向以吸引外资流人的政策取向的副作用逐渐显现，我国吸引外资的政策门槛不断降低，不少以土地、资源、环境为代价的竞相杀价，人力资本工资长期得不到提高，要素价格人为扭曲，在一定程度上也抑制了创新的内在冲动和要求，抑制了我国产业结构升级和技术转化的速度。

实际上，吸引外资的政策必须同时与提高资金使用效率结合起来。资金的双向流动并不可怕，关键的问题是能够找到某种途径或方式，使得从国外筹集来的资金成本低于国内运用这些资金所产生的收益率。

当前看，我国资金优势逐渐显现，银行储蓄持续上升。2005 年年底我国居民储蓄已经突破 14 万亿人民币，然而，由于投资渠道狭窄和消费意愿增长不明显，资金在金融机构“空转”的脱媒现象严重，以至于银行的经营界出现了“流动性困境”的呼声。这与我国的金融体制主要以银行业为主导的结构有关。这种结构突出的问题是银行信贷资金对于创新性产业和项目的支持存在制度缺陷和渠道断裂。银行信贷的信用与创新性产业和项目风险之间缺乏过渡和担保机制。对于刺激经济长期增长的机制优势，我国的金融结构还缺乏完善的体系，创业投资体系迟迟未能发挥作用，产业技术演进后继乏力。

我国不仅要吸纳直接投资的资本资源，更应当重视高速成长的企业优势资源，优秀的企业在长期发展的积累财富的速度要比一般利用外资的效率高得多。只有快速积累财富的部门不断壮大和发展，才能带动和化解我国当前混合经济体制中滞后因素，维持我国高速发展的经济态势。

五　资本适度开放不会对国内股票市场构成压力

从长期看，股票市场指数的上升最可靠的动力是上市公司业绩的不断提升，分红回报稳定增长。绩优上市公司是证券市场向好的基础。对于我国当前市场指数的下跌，一方面，要通过政策引导，大力支持上市公司扩大规模，提高竞争力，以提高分红回报率；另一方面，对于新上市企业，一定要把好素质关，在治理结构、产品竞争力、经营层构成等方面设立更多、更细致的指标，杜绝上市之后业绩大幅度下滑的内在因素。此外，也要改善监管制度存在的导向问题、制度严密性问题、执法问题等。

从短期看，资本双向流动也不必然分流资金，造成引起A股指数下跌。首先，外资企业在我国上市的IPO筹集资金的大体规模可以实行额度制，实行有限度、有步骤的资本开放，这个额度证券主管部门可以控制。另外，投资在外资企业上市公司的资金以外币为主，我国外汇储备充裕，即便按照上市后每年300亿美元的市值算，也仅占我国外汇储备余额不足4%。再有，作为这些上市企业的投资者需要从央行手中用人民币购买外汇以投资时，将计算人民币资金成本、投资A股的机会成本、购买外币的手续费，以及投资这些外资企业的未来预期收益之间的差额。如果这些外资企业的经营回报不能有更大的吸引力，A股的存量资金流到这些企业中的数量有限。最后，这些外资企业上市公司对于外资投资者以及B股投资者实施开放。这些企业上市，有可能直接使近年来通过间接渠道进入我国A股市场的地下资金转为公开合法资金。

相反，通过筛选更优质的企业，按照符合国际化要求严格和规范上市标准，将在一定程度上优化我国上市企业群体。出于筹资及后市表现的考虑，企业素质成为发行人、保荐人、监管者以及投资者集中关心的问题，对于促进我国资本市场优胜劣汰机制的完善无疑是有好处的。

干预市场在于维护金融稳定[①]

现代市场经济理论和实践已经证明，市场不是万能的。由于信息不对称、逆向选择、交易成本等原因，市场经常失灵。政府是提供公共产品的部门，正是由于市场存在种种缺陷，使得政府政策成为调整和校正市场行为的重要工具。金融市场的一个重要特性是，金融资源经常在膨胀、流动性过剩和萎缩、流动性突然消失导致市场崩盘之间转换，无论哪种状态，都会给经济造成较大伤害，因此维持金融稳定必然成为经济政策的重点关注对象。

政府救助市场是国家干预经济的重要组成部分。以经济大萧条后期的美国为例，罗斯福总统在 1933 年 3 月 4 日发表就职演说称，“我们唯一的恐惧就是恐惧本身”。其后的短短的 3 个月的时间里，连续发布了 16 条重要的经济振兴法案，其中仅涉及金融领域的有 8 条之多，如著名的《1933 年银行法案》、《联邦证券法案》和宣布废弃金本位制就是这期间的决定。罗斯福总统重拳出击，1929 年以来的大萧条笼罩在人们头上的恐慌和经济衰退的阴霾一扫而空，金融机构和银行环境得到明显改善，人民看到了新生活的希望。罗斯福总统在很短时间里直接推动连续出台重要政策，成为美国政府救助市场史上重要里程碑，史称“百日新政”。

就金融市场而言，政府救助也是市场稳定运行的重要保障。1997 年亚洲金融危机期间，香港特区政府在中央政府支持下果断采取一系列措施，击退国际投机者对香港货币金融体系的攻击，保障了金融稳定；反观危机期间甚少采取政策干预的国家和地区则损失惨重。2007 年以来的次贷危机中，美国与日本、英国、欧盟等国家和地区，通过

① 本文发表于 2008 年 9 月 23 日《中国证券报》。

提供诸如流动性对金融市场稳定采取了干预。2008 年 7 月，石油期货价格暴涨直接威胁到美国普通消费者，美国政府有关方面向金融投机者传递信息，抑制投机，使得国际通货膨胀压力得到缓解。

当前，我国经济体制正向社会主义市场经济纵深方面发展。经济转轨和过渡阶段，对市场的特性有一个逐渐认识的过程，特别政府调控市场的技术手段和艺术还有一个学习、运用，逐渐成熟的过程。在这个过程中，不可避免存在不同意见、不同力量的博弈。从促进并校正市场发展过程中，我国政府政策曾经对粮价、棉花价格进行过干预，在干预过程中甚至出现过“松时放、紧时收”和“贱卖贵买”等现象。近年来对于我国大宗消耗的铁矿石等进口价格，也出现这种的影子。这些现象，一方面说明市场发展与政策干预相伴而生；另一方面也说明我国经济政策对象，正逐渐由封闭融入全球资本和要素价格剧烈变化的环境，外部环境对政策干预的力度起反作用力，一定程度上会使得政策效果弱化甚至消失。政策干预要掌握好“对症下药”、力度足够和选择时机三个要素。

我国资本市场也是在“放松管制—纠正完善”这种螺旋往复中发展的。当前，我国金融资本市场的结构已经发生了很大变化，我国 A 股有效账户数已经超过 1 亿户，大量的普通投资者已经成为资本市场的中坚力量。党的十六届三中全会提出科学发展观，党的十七大更加明确指出：“创造条件让更多群众拥有财产性收入。”2008 年是改革开放三十周年，三十年来经济高速发展的成果应当在股市这张经济“晴雨表”上得到体现。

纵观历史，可以看到，尽管人类在相当长的历史时期中处于和平、和谐发展的时期，但是人类的科技竞争、经济竞争和金融竞争乃至货币竞争一刻也未停止。资本市场在构建本国产业竞争力的金融基础方面，发挥着一国战略作用。20 世纪末期美国在资本市场体系下支持发展信息产业，取得了对比日本在银行业体系下支持发展制造业的绝对优势，这个例子极其雄辩地证明，金融市场发展思路已经成为实现一个国家全球战略的重要组成部分。这一点对我国有显而易见的意义。

总之，我们迫切需要“不泥古、不泥外、不泥成制”，吸收经验教训，抓住历史机遇，以关注金融市场整体运行稳定安全为核心，重新反思股权改革路径与方法，重新审视对金融市场稳定发展的政策支持力度，积极推进资本市场国际化路径，改善我国金融市场服务环境。以极大的勇气和决心，以全球竞争眼光和历史责任感，深入推进我国金融市场机制建设，推进建设具有全球竞争力的金融市场。

货币为什么重要[①]

——兼谈我们应当怎样对待《货币战争》

货币如此重要，无论草根层的智慧如我国古代的《钱神论》及西方的名言——Money makes the world go round（钱使世界运转），还是专业层面的研究，都有言之。《货币战争》出版发行以来，受到广泛关注。各界读者对书中的内容褒贬不一，见仁见智，但有些观点值得进一步廓清。

一　货币博弈，历史有之

《货币战争》为我们提供了万花筒般的资料，批评者几乎可以从任何一个角度找到它的不严谨、不连贯、史料失真，甚至是拼凑、嫁接的过程，就像我们可以轻松地找到任何一本书的不足一样。但是，《货币战争》为我们推开了一扇窗户，不管这扇窗户是严谨的历史研究论文，还是“五代十国演义”式的故事，书中提到的一些资料性的索引，严谨的学者可以进一步研究，披沙拣金也好，指出错谬也好，以求探索更真切的现实。比如，哈佛大学的经济史教授也承认，罗斯柴尔德家族是世界性的银行家（the world banker）。

在当前我国金融领域日益融入国际货币体系的环境下，我们需要全方位的视角和资料，兼听则明。在国际货币体系的有关论述中，正统的现代西方经济学者本身就提供了不少有益的视角，如蒙代尔（参见《蒙代尔文集》，第四、六卷）、特里芬（参见《黄金与美元危机》）、邓肯（参见《美元危机：成因、后果和对策》）等。而中国学者对于货币现象的研究，更早、更深入，但也可能被忽视更甚。如若干关于中国货币史方面的论述，就有历代纷争，各个军事集团为了扩

① 本文发表于2008年2月25日《中国经济时报》。

大自己的经济实力，纷纷采取“小钱代大钱”的货币贬值的办法(参见彭信威《中国货币史》等)。此外，关于金融与货币内在关系冲突方面的理解，且不说1911年出版的《孔门理财学》(*The Economic Principles of Confucius and His School*)，就是当代学者的研究，也足以为我们提供丰富的滋养（如戴建兵等关于近代白银的有关论述)。按照南怀瑾先生的观点，中国传统历史的证据（特别是战国时期的各国的政治外交政策)，足以为我们理解和制定现代国际关系中的政策提供重要考鉴。同样，中国历史上出现的货币现象，也足以为我们认识现代国际货币关系和体系，提供丰沛的参考资料。

二　黄金是维护金融信用的主要品种

《货币战争》为我们寻求货币—金融—信用—黄金等之间的关系，描述了另外一个全然不同的场景。书中提到的黄金的地位，在当代货币体系下的作用，是我们撇开散乱资料，认识现代货币关系的靠得住的理论逻辑推演。只不过这种理论推演没有以干巴巴、模型化等符合现代经济学论文“规范”形式出现的。其实，经济学的成果是人类不断以不同角度思考，并呈现出来，与同类分享认识世界的一种过程，比如科斯的论文并没有传统的经济学论文的形式，投稿并未被迅速认同也是事实，但是，整个经济学界最终认识到科斯的简单、干净、抓住本质的直觉性经济学思维的创造力。现代产权理论对于中国经济制度发展、变迁过程的政策制定和生产力的释放，无疑是科斯理论最有价值的应用，功不可没。我们读《货币战争》，不能局限于其缺陷和不足。读书的目的在于借鉴，在于从纷繁复杂的资料中抽取本质。黄金作为一般等价物，在人类经济发展史上，还没有可替代品。在可预见的未来，仍然未发现。黄金作为一般等价物的特性，在马克思经济学经典论述中，也得到了坚定的、明确的、直言不讳的论断。

三　商品的内在矛盾性与货币优劣

商品的内在矛盾性体现在它能否实现“惊险的一跳”，外在化地体现在它能否换成货币。两个货币发行体的内在的矛盾性体现在这两种（包括多种）货币的汇率关系中。内在的矛盾性使得货币之间既有冲突的一面，又有统一的一面。两种货币很少有同时出现在一个接收者的现象，否则就不会有劣币、良币之分。尤其是在现代金融信用体系下，货币已经游离成接收者对发行者的信任。人类具有羊群心理，这种心理同样也会体现在对币种的接受上。但是，群羊会一直跟随一头老的、没有竞争力的头羊吗？答案是要看老的头羊有没有足够的产业竞争力。逻辑上的推演是，当人类没有可以信任的货币发行者发行的货币时，他会选择一般等价物。货币的辐射半径决定了货币被接收的广泛程度。当汇率固定时，货币之间在同一个辐射半径中是等价的，无所谓持有谁更有利，也无所谓谁是良币、谁是劣币。这种情况下（汇率均衡），货币政策协调为必需。然而，“永远不变的是变化”，当预期货币之间发生汇率重估时，货币就会发生“战争”；货币战争的结果不是其中一方的贬值，就是其中一方的货币接收半径缩小。

在纸币本位条件下，一个货币体的本币贬值是历史现象，也是历史的常态，未来也许还会如此。从商品交易过程看，倒是通货紧缩比适度的通货上涨对经济增长的约束作用更大。对于财富的数字式增长的企盼，是人性所致，人类心理所致。人们希望持有财富得到增长，表现在希望房价上升、工资上升一样。经济快速增长、交易情绪乐观，与资产价格的上升几乎是同步的，个中当然也会掺杂货币贬值的因素。货币供应是货币的整体贬值的源头，现代金融市场正是资源、财富、情绪、预期等要素重新分配的总体，这个总体将现代经济的各个要素编织、扭结到一起，这一点可能正是中国改革开放总设计师邓小平所说的“金融是现代经济的核心”的一个经济学解释。

四　理论研究在于进一步理解、解决现实问题

近年来，我国金融业逐渐开放，金融业运行环境的变化效应，扩散到产业界，扩散到商品和资产价格的变化，进而扩散到政府调控政策的变化。在过去封闭的条件下，宏观调控政策可以从商品供应、项目立项、土地供应（这些政策有的仍然作为重要的延续在使用）等产业政策方面发挥重要作用；随着市场开放，中国市场特别是金融市场卷入全球化，货币政策的效应较之在完全封闭的条件下，其政策工具的效应大大下降，2007 年以来加息和上调存款准备金率效应不甚显著即是例证。随着金融市场全球化的进一步深化，我国货币政策与国际货币政策协调成为最主要的主线。“犬牙交错的接合部”已经转化到

外部。在宏观调控中，货币政策并不能唱“独角戏”，产业政策、财政税务政策等都应当作为宏观调控政策篮子中的综合政策工具，例如正对今年以来的食品价格上涨的状况，应当主要借鉴欧盟农产品“补贴”体系，补贴传统上是财政的事权范围，但是对于哪些品种、哪些区域、补贴多少、补贴多长时间、有多快的时间将补贴落实到位、避免补贴过程被“揩油”等重要问题，则可能需要新的行政机制，补贴属于公共财政性质，其利为农民和消费者所“系”。实际上，“补贴”机制背后的价值链是行业协会，是专业分工和市场信息的迅速反应，从而使本国产品在市场全球化中占有更稳固的市场地位。如何培养这种机制，是需要真正深入思考研究的问题，也是一种改革。

在21世纪中国金融全球化时代，我们需要对金融市场的本质有明确、正确的认识。全球化意味着商品与服务贸易的双向流动，也意味着资金和资本的双向流动。在此条件下，政府政策将面临全然不同的操作套路，比之此前相对封闭的条件下应是更综合的政策工具。比如粮价上涨就不单是粮食作为食品的过程，而是粮食（特别是作为大宗品种玉米）已经成为生物能源的重要原料，粮食在现代工业技术条件下，能够很快转变成柴油。而由于国际油价的暴涨，粮食作为工业原料的属性的价格，基本上参照了石油价格的变化。从这一点上看，粮食兼具食品与工业原料双重属性。因此我们调控粮食价格，就不能简单地从食品的单一属性出发。此外，与粮食价格关系密切，近期引人关注的还有猪肉价格。猪肉的生产过程，也是粮食作为工业原料的又一重要的特征的显现。由此而及的整个物价上升，则可能是当下国际货币体系的产物（参见拙文“不稳定的国际货币体系与股票投资机会”）。

五　货币是金融的核心，金融与产业的关系是影响经济竞争力的核心

货币虽然在金融中占有核心地位，但不是金融的全部。我们在研究货币问题时，也不能忽略金融的其他部分。比如养老保险制度，对于解决居民后顾之忧，促进当期消费，具有直接的促进作用。对于我国当前的经济现实问题，分配体制改革，财税体制改革，也是促进经济增长，保持物价稳定，推进和谐社会建设的重要方面。此外，货币

经济与产业经济相辅相成的关系，更不应被忽略。即便是强大的经济体，也是如此。比如，如果美国产业经济长期丧失竞争力，美国政府和银行家再强化强势美元的地位，从长期看，其经济力量的丧失也是可以预见的。20 世纪 80 年代后期，美国经济对日本经济取得了压倒性的优势在于新型的信息技术产业—资本市场为主的金融体系，外加强势美元；而同期的日本是制造业—银行业为主的金融体系，外加高估的日元贬值。

“货币战争”问题给我们警示，促使我们考虑货币竞争的深层问题。中国实力的快速增强，的确引起了世界各国的广泛重视，特别是一些外国政府研究机构的重视。我们必须对这些“重视”引起足够的重视，就像我国学者的《超限战》引起西方世界的重视一样。货币竞争，或者说汇率冲突，在一定意义上表现为经济体竞争实力的现实及其对它的承认或否认的争议。经济竞争是比较优势的竞争，货币、信用只不过是对这种竞争优势的“数字化”承认罢了。在当前环境下，我们需要更加开放的、兼容并包的心态，广泛、深入学习古今中外成功经验，为我所用（参见 *Financial Statecraft*：*The Role of Financial Markets in American Foreign Policy*，中译名为《金融治国之道》）。可以推断，我国只有建立更加强大的资本市场，吸引全球金融资源，才是提升货币信用优势的几乎不可逾越的途径。

对美国金融、经济企稳时间的估计[①]

——基于近30年数据的观察

从次贷危机到金融危机、经济衰退和可能的持续萧条，美国金融市场的动荡辐射效应逐步放大，其严重程度远远超出当初的估计。美国金融危机对国内金融资产价格和实体经济的影响已经十分明显。因此，研究、观察，进而估计美国金融、经济的企稳和复苏时间，对于判断、预测我们所处的外部经济环境变化，有十分重要的意义。

一 美国主要经济指标周期的时长为5年左右

1. 经济增长的周期时长为4年左右

图1显示，美国GDP的环比增长率自20世纪80年代以来基本稳定在2%—3%。此前有两个剧烈波动期，波动最剧烈的时期是1978—1982年，持续时间为4年；另一个时期是1971—1975年，持续时间也是4年。

2. 消费贷款的周期时长为4年左右

美国经济增长高度依赖借贷消费。目前消费信贷占GDP的比重为18%。图2显示，美国消费信贷占GDP比例波动存在较为显著的周期性。其中1972—1974年、1977—1980年、1985—1988年、1994—1997年、2001—2003年等时间段是明显的上升期，历时3年左右。其余间隔时间为稳定期和下降期，时长一般为4年左右。

美国房地产贷款有两个快速的增长期。一是1985—1992年，历

---

① 2008年9月，美国次贷危机引发国际金融市场剧烈动荡，金融稳定面临极大挑战，国内经济金融形势也十分严峻。由于此次国际金融危机原发国为美国，因此美国的情况值得密切关注。本文为工作报告，成稿于2008年10月初，采用历史观察方法（这种方法不一定很科学，但有利于较短时间内发现问题），对美国经济未来几年情况作了预判。

时7年，二是更快的上升期2001—2006年（历时5年），房地产贷款余额占名义GDP的比重从2001年的50%迅速上升至2006年的75%，房屋贷款成为仅次于国债的最大债务负担（如图2所示）。

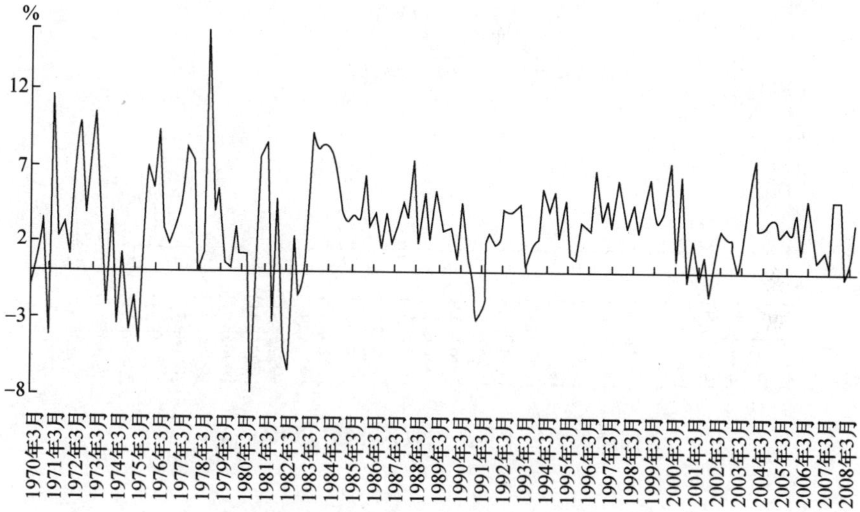

图1　美国GDP季度环比增速（1970—2008年）

资料来源：Bloomberg。

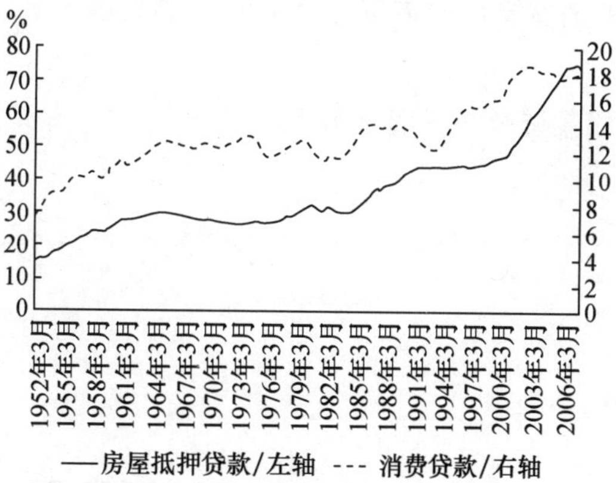

图2　美国房屋抵押贷款、消费贷款占GDP比重（1952—2006年）

资料来源：Bloomberg。

3. 资金筹集的周期时长为10年左右

（1）居民储蓄率长期下降。

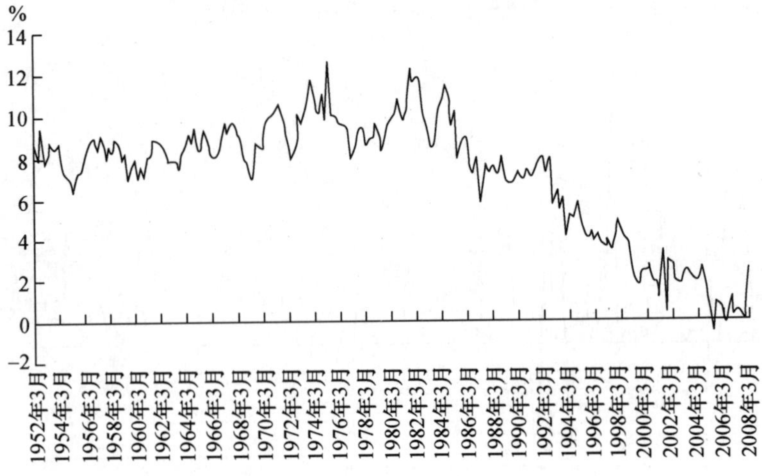

图3　美国居民储蓄占可支配收入比重（1952—2008年）

资料来源：Bloomberg。

图3显示，美国居民储蓄占可支配收入从1952—1985年大体稳定在6%—12%；1985—1995年下降较快；1996—2006年是又一个快速下降期，两个周期时长为10年，2006年还一度出现负值。

维持庞大的消费支出的借贷资金来源主要是国债和股票这两种基础金融产品。

（2）国债筹集资金量显著上升。

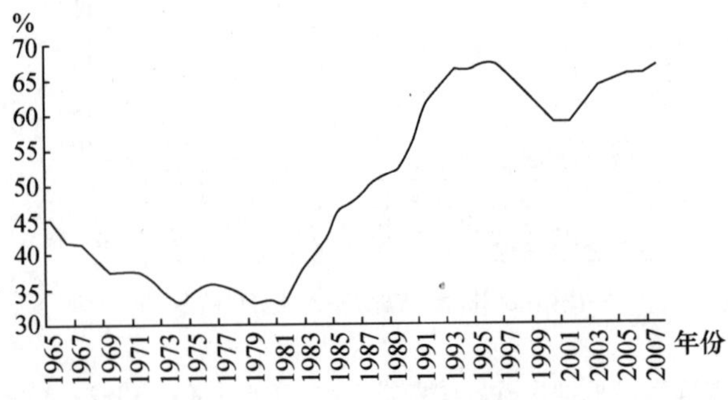

图4　美国未偿还国债占名义GDP比重（1965—2007年）

资料来源：Bloomberg。

图 4 显示，美国自 1982 年以来未清偿国债占 GDP 的比重由不足 35% 迅速上升到 1995 年的约 70%。1982—1993 年是美国国债增长最快的时期，2002 年以来，又进入了新的增长周期。

（3）证券市场运行有效弥补了国债筹资周期，股票市场的大致运行周期为 5 年左右。

图 5　美国标普 500 指数（1987—2008 年）

对比图 5 和图 3 可以发现，美国储蓄率在 1982 年达到一个次高点后，到 1993 年处于一个下降比较快的时期，而同期正好是国债大幅上升时期。国债弥补了储蓄下降所需资金。此后，1993—2001 年，储蓄率进入进一步快速下降周期，但同时美国股票市场进入了一个显著的上涨周期。我们推测证券市场上涨和储蓄率下降可能是互为因果的，即居民可能将原本不多的储蓄拿出投入证券市场；同时证券市场繁荣，企业收益提高促进了居民储蓄意愿的更多下降。但至少有一点可以肯定，证券价格上涨的最基本因素是更多的资金购买，即美国证券市场成功地吸引到了更多资金，就像它在国债市场一样。

20 世纪 90 年代以来，美国证券市场出现了两个显著上升期，1994—2000 年和 2002—2006 年，平均时长 5 年；2000—2002 年和 2007 年至今处于显著下降期。

4. 联储货币利率调整周期时长为5年左右

美国货币利率政策既是美国经济的主要指标，也是全球经济的风向标。20世纪80年代以来，美国联储基准利率调整经历几个周期，1988—1993年的降息期，1994—2000年的升息期，2000—2004年的降息期，以及2004—2007年的升息期。利率单向变动的平均周期时长为5年。其中2004年6月30日联储升息，利率由1%升至2006年6月的5.25%。此次加息提高了房地产市场融资成本，也动摇了美国房地产市场过度放贷、不断创设房地产贷款衍生品种的基础。

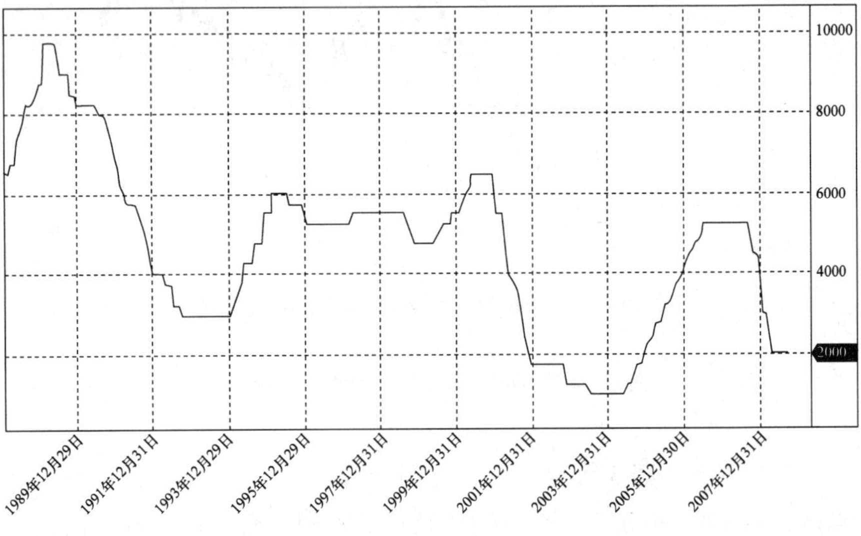

图6　美国联邦利率走势（1989—2007年）

资料来源：Bloomberg。

5. 美国失业率的波动周期为5年左右

从1950年到目前，美国就业周期有三个较明显的时段。1950—1964年为一个时段，期间一个波动周期为5年左右。1969—1985年为一个时段，期间一个波动周期也为5年左右，这两个时期的一个共同点是失业率快速上升的时间很短，失业率下降的时间较长。1982年至今的时段，失业率下行周期较长，1982—1990年为8年，1991—2000年为9年时间。但2004—2007年又恢复到5年时间。失业率下行时间较长意味着经济的总体好转，与期间美国经济的增长是对应的（见图7）。

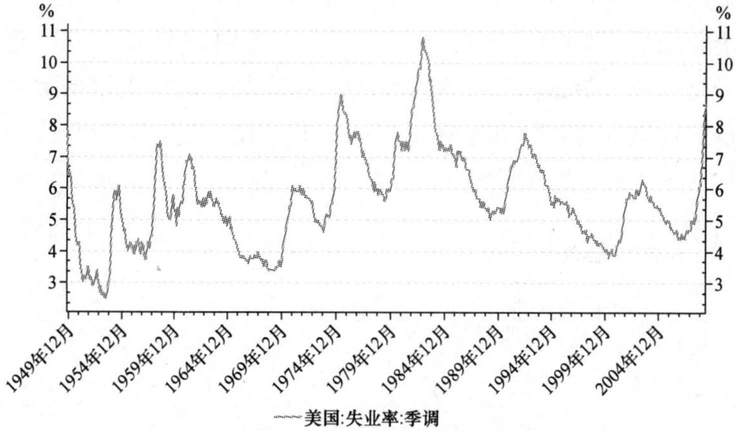

图7　美国的失业率周期变化（1949—2004年）

资料来源：Bloomberg。

二　全球流动性运行周期时长为7年左右

导致此次国际金融危机蔓延的主要机制是流动性突然收缩，信心丧失。多数研究表明，流动性盈缩与资产价格关系密切。因此观察全球流动性运行周期，有助于反过来分析判断美国经济周期。

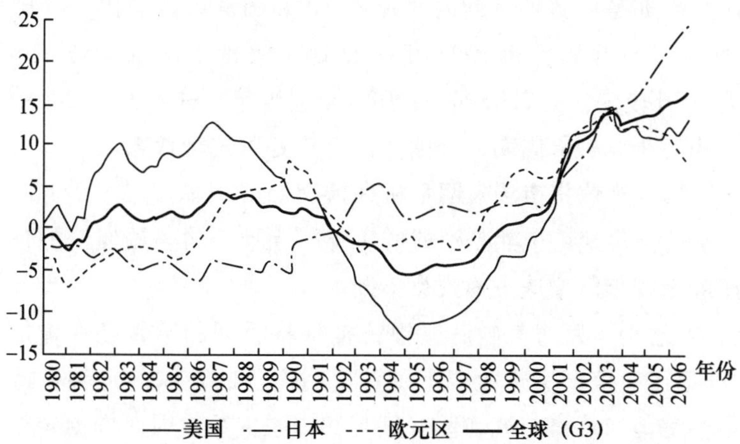

图8　全球主要经济流动性周期（1980—2006年）

资料来源：OECD Economic Out Look. No. 80。

从图 8 可以看出，全球主要经济体在过去 26 年间流动性（流动性指标的定义为 M3/GDP）周期变化趋势，以美国为例，流动性过剩和收缩的时间周期基本是 7 年左右，第一个上升期是 1981—1987 年，第一个收缩期是 1987—1994 年，第二个上升期是 1995—2003 年。由于美国具有全世界最具广度和深度的金融市场，所以美国的流动性特征表现出比其他经济体和全球更大的波动幅度，这也意味着流动性运动更加活跃。

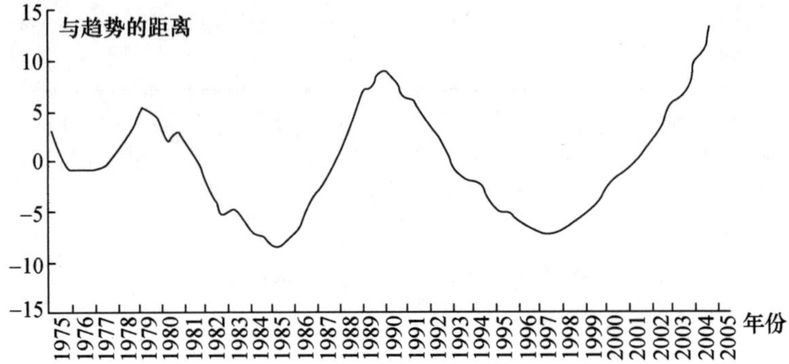

图 9　全球房地产价格周期（1975—2005 年）

资料来源：OECD Economic Out Look. 78，Ditzbase。

对比图 8 和图 9 可以发现，全球流动性与全球房地产价格运行的整体时间周期是一致的。同时对比图 10 和图 9 可以看出，美国房价在 1991 年低点开始，到 1997 年一直处于缓慢上涨的态势，1998—2001 年上升较快，从 2003 年到 2006 年上半年，进入了第二个快速上升期。相对全球房价周期，美国房价走势处于先行状态。

三　房地产信贷市场表明危机在持续

由于美国房地产依然是消费的主体，因此，对美国经济的估计可以从房屋抵押贷款增速方面观察推断。

图 11 显示，目前美国房屋银行抵押权收回的数量还在增加，同时图 10 显示，美国房价大幅下跌，说明房价的下跌的走势将持续发展。由于房地产价格与流动性有显著的关联关系，因而推测全球流动性将继续趋紧。流动性的盈缩同样会折射资产（特别是金融资产）的价格。因而全球性经济衰退的可能性还是较大。

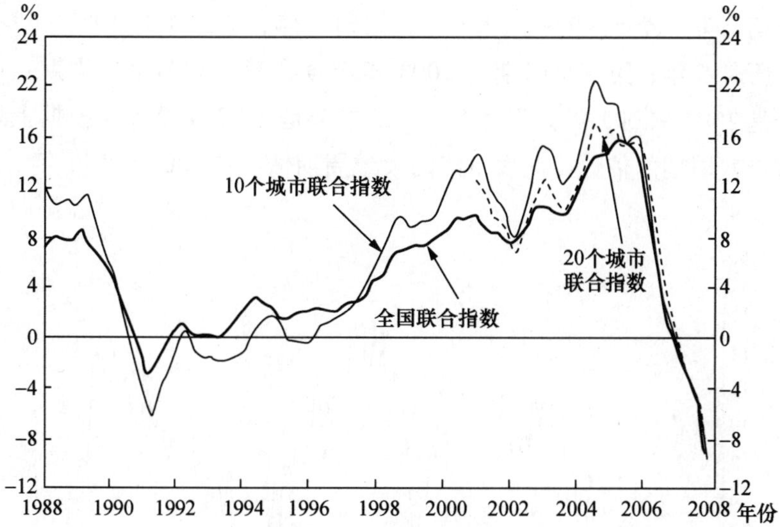

图 10　1988—2008 年美国房价指数走势

资料来源：Standing Poor。

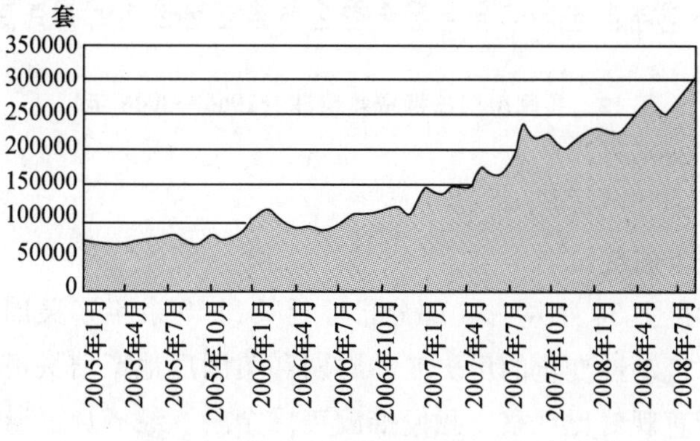

图 11　美国银行抵押权的收回数量（2005—2008 年）

资料来源：美国抵押款银行协会。

图 12 显示，美国房屋抵押贷款增速自 1960 年以来经历了大致三个显著的上升时期。第一个时期是 1971—1979 年，历时 8 年；第二个时期是 1983—1987 年，历时 4 年；第三个时期是 1998—2002 年，历时 4 年。在第一个时期中，大致又可分为两时期，一个是 1971—1973 年；另一个是 1975—1979 年，历时 4 年。同期有三个显著的下

降时期，第一个是1979—1983年，历时4年；第二个是1987—1992年，历时5年；第三个时期是2003年至今，其中有两个小周期：第一个是2003—2007年，历时4年；第二个是2007年至今。根据上述房屋贷款周期的估计，此次下降的大致周期估计在2007—2011年。

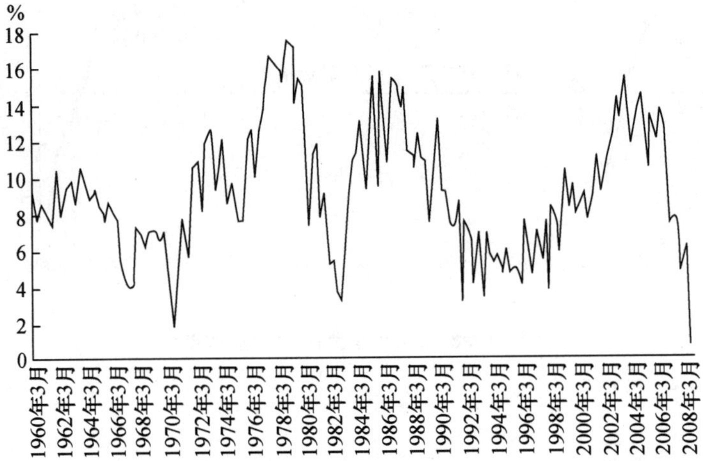

图12　美国房屋抵押贷款增速（1960—2008年）

资料来源：Blooberg。

四　初步的结论

通过对过去30年左右（部分指标延长到50余年）美国经济主要指标、全球流动性变化的历史波动周期和美国房地产信贷市场状况三个方面进行直观对比观察，我们推测美国金融、经济从衰退到企稳的时间可能需要5年左右时间，即从2007年起算，估计在2012年前后企稳。考虑到此次金融危机对美国大型金融机构的重创，估计美国经济、金融的回升时间还要延后。

美国“两房”的问题、前景及对策①

美国纽约证券交易所将于7月8日对两房（Fannie Mae和Freddie Mac）摘牌，摘牌之后，两房股票和债券将进入柜台交易。此前，两房股票价格从最高的2007年6月的99美元和48美元一路下挫，之前长期在1美元以下，FRE为75美分（市值4.9亿美元）和FNM为70美分（市值7.6亿美元）。股价下跌99%。传闻中国持有两房债券为3400亿美元（2008年7月中旬数据），数额巨大。此次退市事件，验证了从次贷危机以来，中国增持两房债券（2007年年底，中国持有两房债券约2400亿美元），并未疏解其困境，反而更陷危险之中。

一　两房的财务危机是其问题核心

2008年9月华尔街金融危机后，美国财政部以牺牲雷曼兄弟等私人金融机构为代价，挽救金融市场。其中对两房进行了救助。2009年年底，全美10.6万亿美元的住房抵押贷款中，约有一半为两房所有或其担保，即其对外负债约5万亿美元。其债券分六种：过手债券、抵押担保债券（CMO）、抵押支持债券（MBS）、债务抵押债券（CDO）、商业票据、优先级机构债券和普通级债券。金融危机以来，美国政府已将前三种债券剥离出两房的资产负债表。目前，尚不清楚中国持有两房债券的品种和比例；也不知是否剥离过程中，已经将其本土机构持有的债券大量转出。这两点非常重要。

2008年年底，两房的资产负债表内的长期债券的市场价值跌到5227亿美元，与其账面价值9765亿美元相比损失了46%。其中，还包括美国财政部于2008年11月救助计划购买的5000亿美元的以两

① 本文为工作报告，成稿于2010年7月4日。

房贷款为基础发行的债券，这些债券的偿还期处于优先级债券之前。当时，人们预计美国政府如果将两房的资本充足率维持到8%以上，需要再注入2000亿美元。但是，财政部没有这样做。2009年第三季度，两房亏损239.1亿美元。经过一年半的运行，市场并未挽救两房。偿还次序更低的优先级机构债券的价值已经趋于零。

（1）资本不足。两房的核心资本、核心资本与总资本比例一直低于巴塞尔协议的要求。可以说，两房是政府撮起来的。见图1。

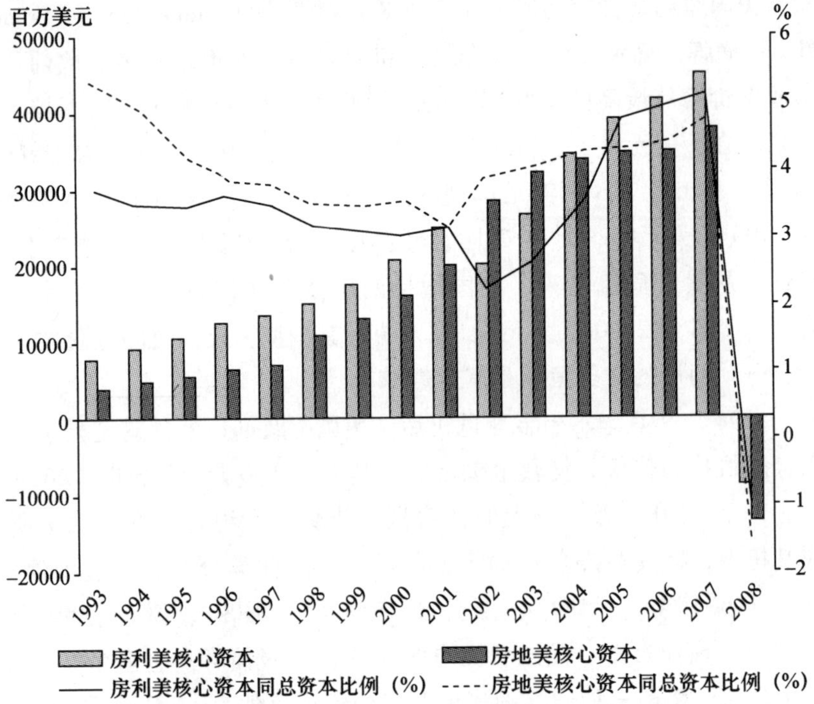

图1　两房的核心资本、核心资本与总资本比例（1993—2008年）

资料来源：房地美、房利美招股说明书。

（2）市场虚置。美国历年自有住房比例变动显示，刺激美国人新增购房的真实需求自20世纪90年代以来，已经接近饱和。这使得两房的财务盈利主要来源于购买其他金融机构发行的住房抵押贷款与自己发行MBS之间利差（2007年9月，两房自己发行的MBS为5.2万亿美元），这些 MBS 中，约有 2/3 为美国金融机构所有，1/3（1.3 万亿左右）为外国政府和金融机构持有。两房还进入了次级贷款发行领域。

金融危机前，美国有 60% 的银行持有两房的债券超过这些银行资本的 50%。这就是美国政府无论如何不能让两房在 2008 年年底倒下的主要原因。如图 2 所示。

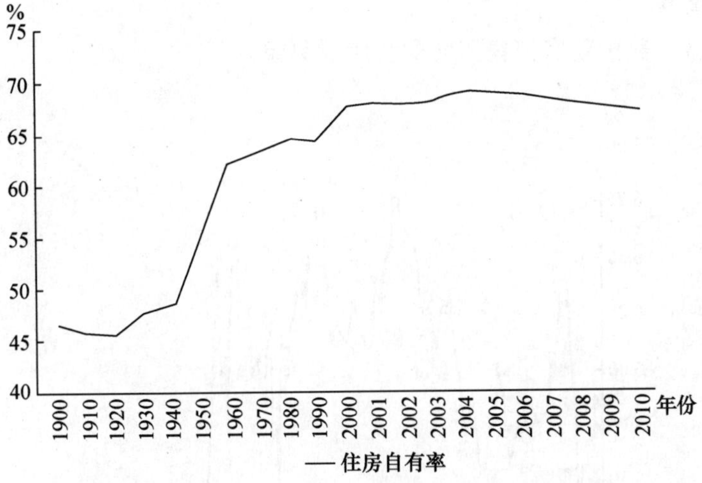

图 2　美国历年自有住房比例（1900—2010 年）

资料来源：美国统计局（Census Bureau），www. Census. gov。

（3）业务对象具有政府支持的福利色彩。两房在购买抵押贷款时，被住房与城市发展部有明确的要求。其资产主体的财务能力并不是很好。有点高福利住房制度的实现者的角色。见表 1。

表 1　“两房”在购买抵押贷款时的目标要求

年份	2005	2006	2007	2008
中低收入	45	46	47	47
特殊群体	17	17	18	18
落后地区	32	33	33	34

资料来源：美国住房与城市发展部（HUD），www. hud. gov。

二　两房的前景

住房市场信贷是两房的主要业务，是其生命所在。但美国住房市场复苏繁荣并非易事。金融危机以来，美国对住房市场的刺激效果并不明显。

（1）抵押贷款利率持续低位，联储为降低购房者成本已无计可施。

（2）银行超额储备较多，对市场放款（特别是私人和中小机构）十分谨慎。

（3）美国新房销售扭转颓势绝非易事。

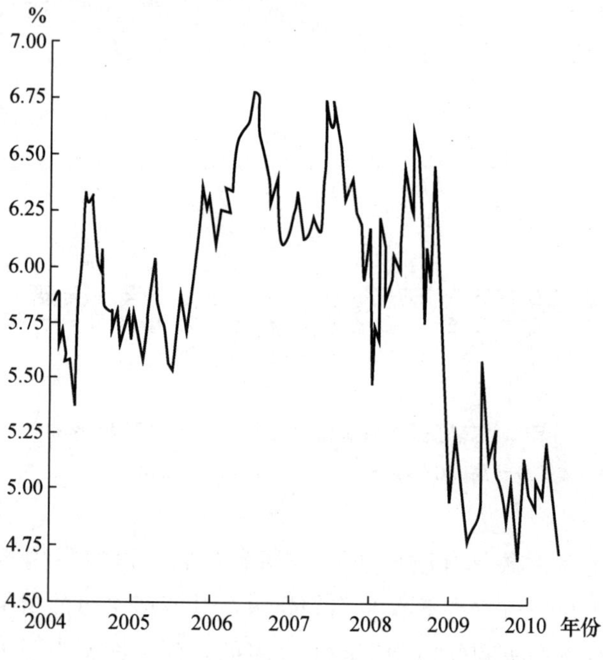

图 3　美国 30 年期固定抵押贷款利率（2004—2010 年）

资料来源：房地美公司公告。

美国的房地产市场在经历了短暂的“复苏”以后，再度疲软，2010 年 5 月新房销售量大幅下跌。从 2010 年 4 月下跌了 33% 至 30 万套（年化），创造了美国房地产周期历史上新房销售量从顶峰到谷底下降的最高纪录——78%！（如图 5 所示）

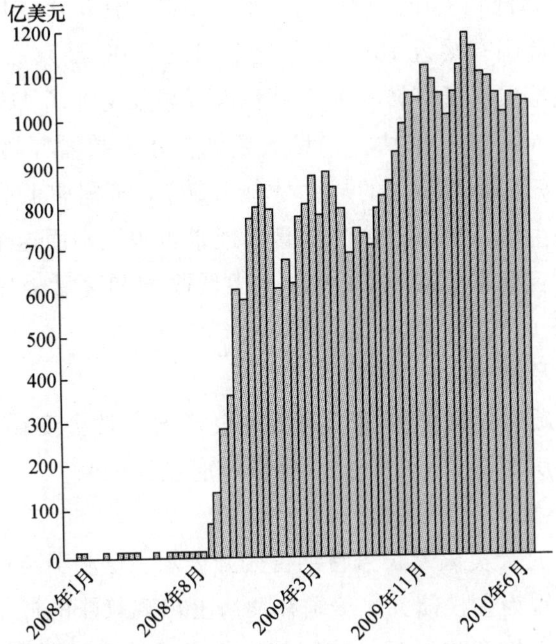

图 4　美国超额银行储备金（2008—2010 年）

资料来源：美联储。

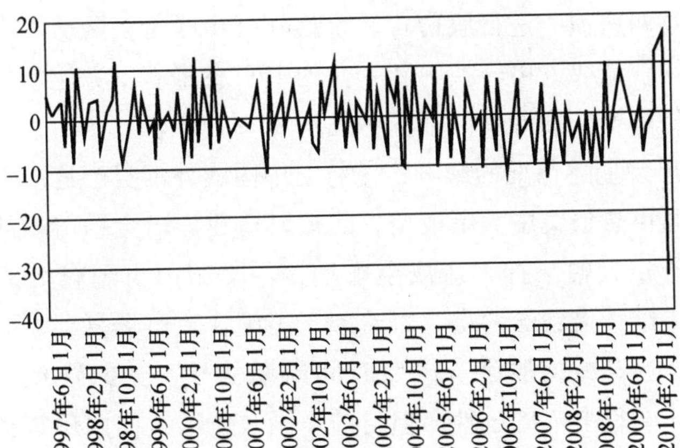

图 5　美国新房销售量波动（1997—2010 年）

资料来源：美国商务部。

（4）储蓄率低和失业人口居高不下，是制约住房市场启动的主要原因。目前，美国有接近10%的失业率和近1500万人的失业人口，此前就业状况虽然有所好转，但5月私人领域仅增加了41000人的消息无疑十分令人失望（据估计，私人领域就业人数增幅超过10万—15万人/月，家庭收入恶化的局面才能翻转）。美国中低收入者通常是失业人口的主体，这个群体的储蓄率通常也很低。而这个群体正好是两房的主要目标客户群（2008年，中低收入和落后地区占两房的客户超过80%）。

三 结论及建议

一旦失去政府性质的担保，两房的资产安全性会变得极其脆弱。目前，保持两房债券安全的，只有美国政府债券担保。

1. 影响分析

2010年4月，美国财长盖特纳曾公开表示，房利美与房地美发行的债券不应被视为主权债务，美国在两房上出现赖账的概率提高。此次两房股权转入柜台交易后，其股权和债券的流动性无疑大大下降。不排除这与其给人民币汇率施压，一计不成，又生一计，以转嫁债务负担的一个谋略组合。所以应从最坏的情形考虑对策。

（1）美国政府坚称两房债是企业债，按照企业债的形式，予以破产处理，对两房债务进行股份化，置换新公司股份。两房破产后，根据资产清理，债权人可转换为新企业的10%的股权。并重新评估、整理住房信贷资产。预计中国债券将缩水80%以上。

（2）出现上述情况的影响：①将对中国的外汇资产造成强烈的冲击；如果再由热钱集中大笔汇出，将短时造成国内金融市场的剧烈收缩，资产价格大幅下挫，造成金融动荡。②国内出现较大的政治压力。债权人继续借钱给两房，寄希望于美国住宅市场复苏，两房债券重新活跃，逐渐减持脱手。按照时间周期估计，至少需要5年的时间，中间还有很多不确定性。但目前美国政府继续向两房贷款的可能性极其小。

2. 对策

根据上述情况，建议最优的方案是：

（1）要求美国政府为两房债券提供政府债券互换担保，通过与国债互换（可能有一个折债比例），提高两房债券流动性，逐渐减持互换后的债券（最重要的谈判理由是两房具有的政府提供公共住宅的福利性质。此案本质是将投资在狭窄的美国住宅市场转向市场容量更大的国债市场）。

（2）迅速与美国持有两房债券的本土金融机构、股东和其他外国政府建立密切的协商机制，共同向美国政府施加压力，提出维权要求。

城镇化的关键在于发展服务业[①]

城市化可能是21世纪中国经济长期持续发展的最主要动力。大城市—中型城市—小城镇—农村的四级结构。由于中型城市的管理边际效益下降，将来逐渐淡出，造成以大城市为核心、中小城镇为卫星城市、农村为外围的城乡空间结构。中型城市的淡出主要理由是：交通的辐射半径（高速铁路辐射半径为500—1000千米，按照目前的设计时速，1000千米的城市间运行时间为3个小时，加上出城与进城各1个小时，总计5个小时，能够实现大城市之间的有效连接）。

一　城镇化过程中的公共产品需求

（1）水资源、水处理（干净安全的饮用水）。

（2）公共卫生、疾病诊治、预防。

（3）安全：财产和人身安全、警察系统，农村难以有效提供，有的是家族势力，有的借助于黑社会等。

（4）冬季集中供暖（需要大型电厂、热厂，且电厂、热厂到用户端的距离不能很长，这就决定了人口群体必须集中，形成了城市）。

（5）教育和医疗的需求。教育的基础是知识，而知识的密集通常来源于人口的密集，因为只有人口的密集才能形成信息交流的便捷性。高层次的教育就更是发生在城镇，因为高层次的教育的支撑是研究，是创新思想的相互启发和碰撞。同时，现代生活节奏使得研究与教育成为专业，脱离了农村劳动和生产占用更多时间和节奏缓慢的生活方式。因此，指望大规模的教育和研究产生在农村地区是不现实

① 中国经济发展到2010年前后，城镇化的渗透率逐步提高，城镇化的过程中也给地方政府的管理转型带来新的要求和挑战。本文成文于2010年3月30日，是对城镇化所涉及的一些问题从经济学原理的角度做的思考。

的。医疗也是同样的道理。高水准的医疗技术来源于对大量病例的知识积累，以及针对疾病治疗方案开展的专业化研究。对教育和医疗的需求是农村人口向城市化集中及转化的历史规律。

（6）信息和娱乐的需求。现代生活与人的信息活动是交织在一起的。读书、医院诊治、娱乐活动等，实际上很多因素已经是信息活动。只有集中的人群消费才有可能产生集中的信息产品供给，其原因在于信息产品供给中的边际成本随着产品供应量的增加，接近于零。因此，对信息产品的供应商而言，具有同质需求的客户越多，其经营效果越好。信息产品提供商的产业集中度也会越高，新产品也会越多。

二　城市与农村在经济生产方式方面存在本质差别

1. 提供的产品和服务种类不同

城市经济布局的经济学基础是专业化和分工，现代工业和服务业群聚在城市，而现代复杂的工业和服务业必须有越来越精密的分工——无论是工业生产过程还是劳动者专业技能方面。服务业更是如此。服务业的经济核心是服务标准的确定，如航空公司载客准确抵达率，银行为千差万别的储户提供的是统一的存取款业务标准，这个标准大体并未由于是招商银行还是工商银行而改变。服务标准确定之后，才能形成一项服务的定价。而消费者作为定价的接受者，或者称消费者作为定价的议价者，越是定价机制透明，越容易产生信任从而促进与服务提供商的交易的发生。而服务价格的机制的透明，全在于市场有更多的服务提供商，供消费者进行比较、谈判和选择。这就需要服务业提供商是群聚的，而不是分散的、单一的。农村地域相对广阔、人口密度小，决定了在农村发展发达的服务在经济学原理上是艰难的、高成本的，甚至可能是失败的。也就是说，高质量的服务业必然是群聚的，即在城市中产生的。群聚人口不见得产生高质量的服务业，其前提是相同或相近专业的服务业聚集，其提供的服务是相同或相似的，例如茶叶一条街、餐饮一条街、北京的官园批发市场等。这就是温家宝总理视察汶川新城时，强调的城市要有“特色”的内涵。

农村经济基础主要是农产品的提供，在农产品的粗产业链上，主要是为了满足赖以生存的食品的提供者。而且，农产品的功能对于消费者而言，可替代性强，即其功能的差异化小。比如，一个粮食种植户和黄豆种植户，对于食品消费者的选择而言，几乎是等同的。一个消费者饥饿的时候，可以选择粮食种植户产出的小麦馒头，也可以用大豆发糕代替，甚至一餐只吃农牧民的产出——牛肉也可以充饥。而城市生产则不同，由于城市生产、流通和消费建立在日益精细化的分工基础上，例如一件衬衫的功能和羽绒衣的功能差异十分巨大，甚至两件衬衫之间，对于消费者在不同场合下穿所产生的效果也不同。分工和交换的日益精细化是经济发展的必由之路。因此，农业、农村和农民的出路在于向城镇化的生产、生活方式转化。因此，农村的产出的功能与城市相比，要单一得多。即便是如此单一，还会受到很多挑战，例如：①自然灾害影响产出的确定性；②国外具有更好禀赋生产出的产品的作为进口品的竞争。农村产出品的功能的单一性，与城市产出品功能的复杂性，是决定全世界各国、各地区、各种体制下，在当代社会，农业与城市产业相比弱势的本质基础。

2. 城市人口与农村人口的生活需求有所不同

①产生住房的需求，这种住房是集中的、单位成本低的、比原先居住条件有明显改善的；②对就业和工作的需求，原先的农业生产劳动已经不适合，或者只有少数人可供从事，大多数转型成城市人口后，需要新的就业和工作；③养老的需求，原先在农村谈不上养老，变成城镇居民后，养老成为一项主要需求；④生活习惯的改变和培训，原先的农耕生活或农业生产给人的生活习惯和习俗，随着城镇生活而改变；原先的农业人口转成城镇人口后，所从事的职业将由农业转化为工业或服务业。农业生产方式给人的思维习惯、生活习俗等与工业、商业、服务业等行业需要的思维习惯、生活习俗是截然不同的，这需要大规模的培训，以适应发展中国家向发达国家发展、转化的历史过程。

3. 城镇化的信息经济学基础不同

城市化涉及的直观形象是，人口由分散转向集中，这种转向是生活起居方面的、职业生产方面的和日常活动方面的。城市化的动力，除了上述的物理空间环境使然之外，在日常生活中，人与人之间的信息沟通和管理，也是城市化的底层因素。

（1）城市化的空间基础。城市化表现出的现象是人的活动的物理空间的集中，这个集中使得公共基础设施的供给上具有规模经济。例如冬季北方的供暖，在集中时热量浪费少，如果供暖用户居住过于分散，则热量浪费严重。这样看来，居住的建筑环境是越集中效率越高；此外，夏季制冷也是如此原理。公共供水、供电、信息通信等都是如此的规律。

（2）城市化的信息基础。城市化使得人口集中，在人与人的信息沟通上具有更大的便利性，这种便利性产生了经济效率，公平、公共价值等。此外，服务业的竞争基础也由此产生，因为服务业的竞争依赖两点：一是服务提供产品的标准化，这使得消费者能够在消费这项服务之前就能够知道他能买到什么样的东西，从而促进了交易的发生。二是服务业的效率改进，例如服务新产品的开发，在于客户的信息，即准确地了解到客户的需求，并予以满足。客户的需求必须是建立在大量信息的判断基础上的，例如客户收入水平、闲暇时间、性格爱好、职业等。

（3）在财产安全和人身安全方面，城市化比农村化有更好的条件，也是由于人口集中产生的信息便利性。例如破坏财产和人身安全的作用力，在发生时，如果能够很快得到制止，财产和人身损失就比不能很快得到制止小得多。这一点也是农村由于制止力量距离被破坏体远而低于城市效率的因素，此外，遭到破坏时能够在尽量短的时间内呼叫求援，也是城市人口集中的有利条件。

4. 对城市与农村的公共管理重点不同

城市的管理以街道—社区—区和市为管理阶层，农村的基层组织本身的运行成本高，管理辐射面大，加上农村受教育程度不同，管理效果难以趋同，使得作为一个国家的管理成本难以下降（我国是一个幅员辽阔，各地区、各民族之间文化、习俗差异较大的国家，而党、政管理体制为同一的中央管理体制，因此内在的管理协调沟通成本一直比较高昂）。城市化会导致文化趋同、价值观趋同，因为城市的功能是趋同的。大量的城市化人口，将使得管理措施和手段，易于按照中央统一管理措施得到贯彻，降低整个国家的管理成本，提高行政效率。

三　城市化发展对投资的需求是长期的

我国经济结构中的投资问题一般指城镇固定资产投资。长期以来，中国经济结构中，投资在拉动经济增长中的作用，由于一直很高而受到一定程度的怀疑。怀疑的主要原因是投资是否能够长期持续。特别是自2009年我国启动应对经济危机的4万亿元投资计划以来，对投资持续增长的质疑更多了。从城镇化发展的趋势分析，这种高的投资率是需要的。试想一下，未来20年，数亿人口由农村转向城市，需要多少住房、家电、建材、教育、交通、水、电？这将是世界经济史上的又一次奇迹。

大多数已有的研究成果中，将城市化与工业化发展同时称呼，其主要的背景，笔者推测西方发达国家的城市化过程与工业化过程是分不开的。但是对于当前我国城市化（城镇化）发展的战略研究，则要深刻地意识到，在与城市化相提并论的同时，应当加上服务业化。首先，服务业的发展，在我国还比较滞后，同时，如果在城市化过程中，还继续强调工业化的话，我国的工业加工能力实际上多数是产能过剩的。如果这个政策不调整，或者这种称呼依旧占据理论的主导地位，那么在城镇化发展的过程中的政策上，就继续着工业化的推进。由于我国工业化在国际分工格局中，以重、耗、污占相当比例，与科学发展是相悖的。因此，在倡导城镇化的同时，必须将发展服务业放在优先于工业化的地位上考虑。这是与我国国情相吻合的道路。与现有的工业化状况相比，我国的服务业发展水平更低，未来发展的空间更大。其次，服务业吸收的劳动就业比一般的工业、加工制造业要多。加工制造业中，资本形成所占的比重将越来越高，对于改善劳动者收入水平的提高是没有帮助的。而服务业中，劳动者则可以通过不断的学习和培训提高人力资本，在提高自身报酬的同时，改善整个行业发展水平。服务业发展路径的难点在于行业、企业或提供的服务难以标准化、定量化和计价。在服务行业加大此方面的研究和改进，正是替代技术含量少的低端加工制造业的产业结构转换和升级的微观过程。是学界和政府应大力倡导和引导的。最后，我国服务业相对落后，所体现出来的上述缺陷正是我们发展服务业的核心抓手所在。在服务业中，大的如银行、电信、教育、医疗等，小的如家政、保姆、餐饮、养老看护、卫生防疫、城市绿化等，都存在上述问题。上述这些小的方面的服务业，正好是低端的劳动力经过初级的培训后，可以为城市提供服务，并同时解决其就业的主要途径。这也正是，将农村人口转化成城镇人口的最现实的捷径。因为城市化的过程，本质就是将农村人口通过简捷、高效的途径转化成能够为城市提供服务的人口。

四　当前农村城镇化过程中的政策措施

（1）就业方面：根据劳动者生命周期，选择年轻农民工，按照服务业发展的规律和发展方向（此问题有待深入研究，好像目前还没有关于发展服务业的系统政策），有针对性地进行培训（例如有的地方政府举办烹饪技术培训），培训的重点领域是吸收劳动就业较多、城市需要量大，行业标准较低等领域，如初级护工、保姆、卫生保洁人员、搬运、投递、配送等。此项工作的重点就是帮助农民工找出路：就业门槛较低的，城市发展需要的。

（2）基础设施建设：根据城镇生活特点，按照集中便于管理特性，重点加强中小城镇建设。统一提供自来水、污水处理、采暖、公共医疗和社会保障等最基本条件。

（3）住宅：统一进行城镇规划，采取市场化商业化建房，与政府支持建房相结合的方式，加快中低价位的廉租房或成本较低的简易房建设。

（4）加强职业技术和生活礼仪（习俗）培训，使农村人口一能适应城镇化后的正当就业及生存，二能适应城镇生活。这里实际说了两个问题：一是职业，二是生活习惯。农村生活习惯转化为城镇生活习惯，是一场人的革命。在这个过程中，政府的积极正确引导能够发挥十分重要的作用。例如，中央一号文件提出：有条件的地方农村户籍转化为城镇户籍，那么政府就要对城镇户籍进行准入式的考试，从卫生习惯、待人接物、交通出行等方面，逐渐将他们训练成举止文明的城市人。成为文明的城市人十分重要，因为它代表着东方民族的面孔。

发展服务业的关键在于服务产品标准化[①]

一　发展城镇化主要在于发展服务业，发展服务业的关键在于将产品或服务进行标准化

中国武术博大精深，种类繁多，在全世界享有盛誉。但是在全世界的普及程度则不如跆拳道。这是一个十分有趣的现象。如果从跆拳道的技击威力看，恐怕中国武术流派中的任何一个功力上乘者，都能够击败跆拳道的上乘者。但是在商业化的影响力下，中国武术则给人深奥、不易理解的印象，属于少数人的“秘宗”。这固然与中国武术的传承方式和格斗功能有关，但其商业化过程的标准化是关键。如果一种技艺不能为广大人群接受，则这种技艺就属于个性化很强的，习艺之人的功力高低，全仗自己的悟性和勤学程度。其技艺传承也全在师傅对弟子的认可程度，感情的因素十分多，因而带来产品的不稳定性。更多的问题是，师傅传给弟子的技艺十分难以定价：有的需要弟子提供一处院子供师傅养老；经济条件差的弟子，则需要师傅反过来帮助。从商业的角度看，不能持续投入产出的东西，最终会消失，就像现在的磨刀手艺一样。因此，振兴中国武术的唯一途径是将深奥的武术技艺标准化，并推向更多的人群。这就要求，每个动作、要领、着装、习武场所，包括对其的理解，需要用文字和图像、图片的形式固定下来，以方便传播给学习者。从目前的情况看，武术界在此方面还有大量工作可做。需要有较高文化水平者参与整理，对产品进行深加工、格式化，使其标准化。

从需求者的角度看，需求者代表着购买者，也即支付者。需求者

---

① 本文是对城镇化及相关问题的进一步思考，成文于2010年4月17日。

在购买行为前，要评估购买的是一种什么东西，来满足自己的需求。服务业多数是一种体验，比如满足感、愉悦感、舒适感等。只有产品标准化后，购买者再购买时才能迅速决策，首次购买服务总是十分犹豫、时间很长。这导致了交易速度较低，也即是此种服务商品化过程的“摩擦”阻力较大。标准化在于降低这种摩擦。

再以钢琴和二胡为例。全世界的钢琴中央 C，都知道在哪个键上，弹出的声音也基本一致；但是二胡则个人体验更多一些。因为二胡的声音表现形式不那么直观，声音的调校也不标准化，这就导致了二胡技艺的全球化远远低于钢琴，当然价值也上不去。一架钢琴的价格可能需要 2 万元，而一把二胡可能需要 1000 元，单价差 20 倍，培训时间价格也不一样，市场总量也不一样。

说到底，服务标准化才能与资本化相连接。任何产业，只有与资本化相连接，才能不断扩大再生产，市场半径不断辐射，越为人们广泛接受，服务的生命力也才越旺盛。

二　服务标准化的技巧

将一项服务进行标准化的技术第一步是分拆、切分、模块化；第二步是将分拆后的内容，尽可能固化在一种有形物品作为载体；第三步是对分拆后系列产品分别定价。快餐连锁、酒店服务、教学中的课程安排、跳水比赛的分解动作、医院的身体检查，甚至软件业开发和应用，都遵循了这个内在规律，概莫能外。这就是规律。

这个过程，通常属于服务业的研发阶段，当然需要投资，但上述这个规律指引的是投资的取向和路径。如果偏离这个路径，投资失败的可能性更大。这也是商业规律。

载体通常是图书、CD、音像材料、工作手册等。现在，很多载体的表现形式已经数字化了。因为数字化可以在全球更便捷地为接受者所熟识，因此，像音乐、娱乐、电视新闻、股票价格等物理形式的全球销售是最容易的。

知识的生产是一个信息化和标准化的过程[①]

现代知识是如何产生的？这是一个有趣的话题。最主要的产生基础是城市人口的集中带来的城市化过程中。由于城市人口集中，依赖土地的农村生产和生活方式被迫放弃，人们在城市谋生的方式和方法已经发生了根本性的改变。城市人口的主要谋生方式是进入制造业和服务业，即一个人或一个群体为另一个人或另一个群体提供其所需的物品或服务。产品的生产过程由农村的依靠自然生长方式，转化成依靠手工劳动，或者依靠体力支出所形成的手工艺品、劳动产品或服务。当然城市生活并不全部排除供应食品的农业生产。但是，自产业革命以来，城市生产和生活方式的发展速度，要远远大于农村的生产和生活方式的变化。因此，由于人口的集中和信息交流的便捷性，使得知识的产生和传播更加具有便利性。我们不妨推断，城市人口的集中，是知识产生的根源。在现代知识产生的主要地方——中世纪前的希腊——正好是城邦制的。显然，城邦制的人口集中更易于知识的生产。

在生产力低下的年代，具有生活用品剩余的可能性要远远小于当代。更主要的是，如果生活用品剩余的来源是供奉的话，其剩余者所需的知识探求的驱动力要远远小于剩余品是通过生产、销售后积累的模式。这可能部分地解释中国在漫长的封建社会，即使皇朝有足够多的剩余，可以豢养专门的知识生产和消费者，但由于知识的生产者是被雇佣者，很少能够体会到物质剩余生产过程的各个需要创新的地方（并从中获益），其创新知识的生产是被动的，因而是缓慢的、低效

① 本文是对城镇化问题的进一步思考，成文于2010年4月25日。

的。按理说，资本家和地主的知识的生产的驱动力要远远高于这个群体的人。因此，航海冒险家、殖民者、拓荒者，这些人是天文、航海、船舶、商品等知识最迫切的渴求者。中国漫长的封建社会，帝王家族和职业官僚的大部分精力都在干什么呢？除了少量的知识生产外，主要用于管理庞大的帝国，大部分用于维护稳定，防人谋反、叛乱、入侵。《资治通鉴》拥有如此高的文化地位就是这一点的重要诠释。

我们已经讨论并且得到一个重要的结论是，服务业的本质是标准化。在城市化的过程中，知识的普及和传播是不可缺少的。而知识的传播和普及也是一个标准化的过程。今天，从“统一思想，提高认识”这个口头禅看，也是一种知识范式统一另外一种知识范式的过程。也即一种标准统一另外一种标准的过程。思想是什么？思想是对外界现象的主观反应和思考。思想的多样性或导致各种社会现象的多样性，思想的统一性或导致社会现象的同一性。在经济学上，一种思想标准化于另外一种思想，也有成本，这个成本随着被统一的思想者的人数增多，而单位成本趋于下降。就像微软的操作系统这种思想标准化其他操作系统一样。进一步的推演，社团组织的竞争在于哪个社团的管理成本更低，其教义宗旨标准化的程度越高者，越容易赢得领导地位。

和平时期，财富的积累主要靠的是产品和服务是否能更多地满足消费者的需求。产品的创新来源于知识的创新。企业股东应当是知识创新动力最为强劲的群体。创新的知识和产品实现了潜在的需求，属于社会资源的增量部分。国家行使的税收征管权，是财富的重新分配，并不产生新的财富，是零和游戏。因而，国家机器越是庞大，其机器上的每个群体的生产知识的驱动力就越弱。财富的生产和分配形式，基本上是由这两种模式组成的，一种是创造了增量的知识和增量的财富；另一种是通过重新分配获得了财富。

知识首先是语言和文字的。语言和文字的统一，是标准化的过程。例如北京话为基础的普通话，在全中国通行；英语是世界通行的语言；汉字几千年来未变，使得现代人可以接受数千年前祖先的智慧和思想的标准。当然，语言在空间上的标准化的意义远远大于时间上的标准化。获得几千年前古人的智慧固然重要，但是辐射全球的语言给当代人带来的利益，远远大得多。

有语言、文字，才有概念、逻辑的表达和思维的分析、剖解，知识的生产机制才能启动；思想、道德、说教才能被广泛地宣扬或接受；价值观、爱好、倾向才能得以通过产品或服务来表现、定价和交易。可见，一种语言统治另外一种语言的意义有多大！

为什么不能在城乡接合部经营餐饮？[①]

——经济学的理解

通常城乡接合部人口密度较少，有的只是流动性人口，属于打一枪就走的人群，回头客很少。如果在这里经营餐饮，最好的策略是特色菜，以便尽可能吸引回头客。特色菜的一个特点是严重依赖大厨的技术稳定性，否则，同样的一道菜今天和明天的口味不一样，因为大厨今天和明天的心情、体能不一样。这样就会影响客人对菜品的评价。

客人对菜品的评价，主要是他不知道花同样的钱，能得到什么样的菜品。是他以前吃过的吗？如果是，又满意，那当然会掏钱，甚至会主动寻找这个餐饮品牌。所以说到底还是菜品的质量及其稳定性。

人流的数量，与人们强制性生活习惯有关系。比如，人们肯定要去看病、上学，要去接送幼儿，要去购物（特别是去超级市场购买日用品），因此，在强制性消费区域，才能形成强制性人流。城乡接合部形成的商业区域，发展较好的大多数是家居、装修用品等，因为此类商品体积较大，在城乡接合部较为低廉的租金下，容易生存。但是，通常较大的人流区域，还是公共交通比较便捷的地方，如地铁、公交车换乘区域、写字楼较为集中的区域、居住与写字楼之间较近的区域。

经营商业，第一是地段，第二也是地段，第三还是地段。这与经营金融业类似，第一是风险，第二也是风险，第三还是风险。地段意味着强制性人流，也即意味着强制性消费和支出——人们需要在早晨

---

① 本文是就城镇化某些方面问题所作的思考，成稿于2011年10月10日。

七八点时吃早饭，在十一二点时吃中午饭。人们愿意支付，看你有没有好的菜品和食品。我们经常能看到相邻的两个店，一个门庭若市，另一个门可罗雀，关键还是出在产品质量上。

同样，餐饮业是服务行业，因此，好的菜品和好的服务加在一起，才能形成好的客户群体。因此对服务人员的培训，使之形成标准化的行为方式十分必要。就像航空公司要训练空姐如何微笑一样，这样细致的培训也必须到餐厅服务员。

菜品的质量如何控制？只有标准化才能做得到。标准的温度、加工时间、配送时间、残品回收时间等，必须形成合理的时间规定和操作流程。这个过程，可以借助信息化技术，对流程进行数字化控制。只有每个环节和流程得到控制，才能在最终产品上得到质量控制。稳定的质量，是回头客的基础，也是管理半径扩大以后，能够有效地降低管理成本的重要经济学基础。

强制性人流为何如此重要？

当一个商业项目选址的时候，选址的依据是人流量。只有充足的人流才能有充足的消费，当然前提是要有好的产品。受各种因素的影响，人流在一定时期里，比如一年，是会改变的，如受到街道规划变迁、周围建筑物的影响。而相对稳定的集群体，比如声誉良好的医院、地铁换乘口、公交枢纽等，这些地段会带来强制性人流，同时这些巨大的人流会产生强制性消费。梅州餐饮提供有品质稳定上乘的食品，同时选址也精益求精，例如在北京妇产医院对面的店，选址就非常成功，几乎孕前检查的孕妇，都在这里有消费经验，而且由于客户需求多，生意兴隆。此外，一般街头的十字路口，公交车站旁边，也是小商贩集中的地方，也是这个原因。因为固定场所的经营项目在寻找客户方面处于被动。因此，吸引是最大、最有效的策略。这也证明，固定场所的经营项目，成功的两个重要因素一是位置地段，二是产品和服务质量及其稳定性。这些商业地段也会成为商业地产的标杆，决定着周边商业地产的价格升降。

一般来说，靠近著名医院、学校、交通换乘枢纽，是强制性人流产生的地方。客户是一切商业机构生存的基础。开发客户成为商业活动的重要支柱之一。开发客户的途径有两种：一种是强制性开发，另一种是诱导性开发。

客户的需求一般是衣食住行乐。强制性开发重要地段的住宅（人人需要住，地段的紧要性则是出行习惯形成的)，由此形成了级差地租在一定半径范围内的垄断性。还有电力、能源，也是强制性开发(人人需要取暖，夏季需要空调降温)；铁路运输（在大陆国家，成本最低的一种运输方式，又属于自然垄断性)。今天，电信、互联网也具有了一定的强制性开发的性质，随着信息的传播方式的进步，现代信息技术逐渐成为人们生活习惯中离不开的一部分。支付、银行业务活动，也具备一定的强制性开发的意义。虽然银行和银行之间，电信和电信之间具有相互竞争的格局。强制性圈定客户的行为包括占领街角（金角银边)、公交、码头、车站附近商铺。工商银行与交管局合作发行交通违章支付信用卡也是一种利用权力垄断（交通违章认定）强行圈定客户的行为。

第二种开发客户的途径是诱导性。创新的产品即属于此类别。诱导性的本质含义是将人们潜在的需求转化成可实现的产品载体。比如苹果手机的出现，将原有的许多潜在需求显性化成产品、应用软件等。今天，为了圈定客户群，商业机构之间展开了激烈的竞争，大数据即是圈定客户的一种重要技术。

理解中国债务[①]

中国政府2008年金融危机之后，采取了扩张的财政政策和与之相配合的宽松的货币政策。大量基础建设项目设立。从2011年6月国家审计署公布的《审计公告第35号——地方债务审计公告》（以下简称《审计公告》）可以看出。截至2010年年底，地方债务10.7万亿元，其中银行贷款为8467.99亿元，占地方政府债务资金来源的79.01%。也就是说，在地方政府筹集资金的来源中，有79.01%是从银行获取的贷款。

不管怎么说，政府政策成功地将储蓄从存款人手中，配置到了地方政府手中。银行的资金从哪里来的呢？大体由两部分组成，一部分是资本，主要是股东投入；另一部分是负债，即从公众手中吸收的存款。这部分钱是要还的。如果银行经营不善，还不了公众的存款，就只能拿股东的资本抵债。银行能否还款，高度依赖它借出去的贷款能否顺利收回，好的话还能带回利息，"其马将胡骏马而归"。也就是说，地方债务能否顺利归还银行，直接导致银行经营成果的好坏。

按照《审计公告》，到2011年年底，地方政府应还债务为26246.49亿元，占地方债务总比例的24.49%。按照79.01%比例计算，银行贷款约为20737.35亿元。

审计署的报告称："至2010年底，省、市、县三级地方政府负有偿还责任的债务率，即负有偿还责任的债务余额与地方政府综合财力的比率为52.25%，加上地方政府负有担保责任的或有债务，债务率为70.45%。地方政府负有担保责任的或有债务和政府可能承担一定

---

① 2008年世界金融危机之后，中国采取了刺激经济措施，债务规模大幅扩张。本文是对有关问题作的思考，成稿于2011年7月18日。

救助责任的其他相关债务2010年的逾期债务率分别为2.23%和1.28%。”审计署的报告，没有公布2010年地方政府负有偿还责任的债务的逾期债务率，我们不妨假设其为3%—4%，与前述两项债务逾期率合计为6.51%—7.51%。照此计算，2011年年底，地方政府应还银行债务而逾期的余额为20737.35×7.51%=1557.37亿元。根据银监会公布的《中国银行业2010年年报》，2011年中国银行业税后利润合计为8990.9亿元，占比为17.32%。由于大部分的银行已经上市，因此2011年地方政府逾期债务预计将吞噬17.32%的银行利润。按照银行业2011年利润增长率为20%计算，2011年的上市银行利润与2010年相比，相当于仅增长2.68%。

1. 情况可能还不止于此

按照《审计公告》，地方债务投向占前三位的分别是市政建设35301.04亿元，占比36.72%；交通运输23924.46亿元，占比24.89%；土地收储10208.83亿元，占比10.62%。三项中，只有土地收储整理后的出让定价机制是拍卖，也就是不设上限，利润率可能最高。其他两项均是服务价格定价难以上升，希望从消费中很快收回投资的可能性渺茫。不仅如此，按照国泰君安证券公司的有关报告，目前全国交通系列贷款2.3万亿元，贷款利息支出约2400亿元，而交通的年收费净收入约为1800亿元，交通收费平台项目经营现金流本息偿还缺口较大。与之相似，自然属性的市政建设，可能也是同样的结论。

2. 房地产管用吗

至少在2003—2009年，地方政府的经济行为是促成房地产价格上升的最重要因素之一，其动力就在于土地批租制度和土地交易价格的无上限拍卖制度。但是，2010年年初，一场针对房地产价格的全民舆论，促使政府展开了行政调控，其主要的方式是陆续提高购房首付比例、限购。地方土地出让市场随之降温。一线城市房地产价格涨幅得到控制，但是资金涌向了二、三线城市。迫不得已，2011年7月，政府拟推出二、三线城市房地产限购政策。2011年第一季度，上市公司存货约2万亿元，其中约有一半为房地产企业存货，即约1万亿元的房子待售。按照上市公司万科、招商、保利、金地四大上市企业中销售收入最多的万科2010年年底销售额突破1000亿元估计，第一季度房地产待售的存货是2010年上市房地产企业销售额的2.5倍，全年可能达到10倍。情况还在向同一方向奔跑，2011年上半年，全国房地产开发资金来源中，国内贷款7023亿元，同比增加6.8%；自筹资金16463亿元，同比增加32.7%；利用外资438亿元，同比增加75.5%。看起来，房地产行业仍然是吸引资金最多的行业。但是这个行业真的没有增长的尽头吗？如果有，很有可能是一次断崖式的下跌。别忘了美国经济在第二次世界大战后到金融危机前的几年，经济高度依赖房地产业的结论。只要储蓄耗尽的时期到来，它就不远了。

3. 储蓄转化成投资的过程是真实需求得到实现的过程

无论是市政建设、交通运输，还是房地产行业，与银行管理最密切的机制是储蓄转化为投资的机制，因为在中国，银行为政府所控制，银行存款利息和贷款利息这两个最重要的价格效应都是管制的。因此，银行成为储蓄转化为投资机制中最关键的渠道。可以看到，市政建设也好、交通运输也好、房地产业也好、银行业也好，在资金流动的交易过程中，消费者固然得到了更好的自来水、更好的交通出行、更大的住宅，但是付出的也很多。这个庞大的交易流程，一方面创造了上述产品和服务的供应，另一方面也付出了高昂的社会成本。

地租及有关问题研究①

一　地租的形成

人类对于空间活动的需求是绝对的、刚性的。白天的活动，摄取生活资源，需要有场所；夜晚需要休息，需要有居所。由此产生了对空间的需求。空间的需求即对土地平面的需求。人的需求，是研究土地问题的根本出发点。例如，如果没有客源，门可罗雀，再好的五星级酒店，再好的风景点，再舒适的住宅，也得关门。以往对土地问题没有根本的理论基础，其原因就是没有从人对土地的需求出发考察问题，最多只是从生产要素出发的考察。如果荒漠没有经济开发价值，人不来，那么荒漠就不会成为生产要素。同样，如果人来了，又走了，这个经济价值也会归零。人的根本需求是衣、食、住、行、性，其他需求从这几个根本需求上衍生出来。住，也可以另表达为休息，私密空间的休息。土地的价值就在于能够从一个角度上满足人的根本需求。

在农业社会，土地还是生产要素的最主要的组成部分，“土地是财富之母，劳动是财富之父”。虽然到了现代社会，土地作为生产农作物的生产要素的重要性，比之生产力较低的农业社会下降，但是农产品的重要性并未下降，只是由于国际贸易的大发展，国际农作物的贸易使得比较优势中，不太适合农作物种植的土地，被适合农作物种植的土地所替代，租金也由此得到替代。比如中国一块贫瘠的土地，被美国一块肥沃的土地产出的小麦，通过中国进口这块肥沃的土地生

① 2009年以来，中国的“土地财政”现象越来越突出，其中也酝酿着不少风险。本文是笔者从基础理论出发，结合现实观察，对土地经济学和土地经营实践做的一些思考。成稿于2011年11月27日。

产出的小麦所替代一样。同样道理，中国大片的土地变成了工厂制造业的用地，只是租金高低不同而已。虽然土地作为农产品生产要素的重要性有所下降，但是随着城市化的发展，其商业要素的重要性则体现出来。城市化使得大量人口集中到一片土地上生活，衣食住行更加集中，城市活动使得不同地段的租金差别很大。就好比肥田和瘦田，或者水浇地和旱田对于农业种植的差别一样。概括起来，土地需求是刚性的，它的竞争和替代，表现在土地功能之间的竞争和替代上，货币化形式为租金的竞争和替代。但是不论怎样，土地的刚性需求，由此导致的对需求的供给的定价，绝对地产生了租金。

在不同的经济时段上，作为生产要素，地租有不同的侧重点。在农业社会，地租主要体现为农业生产所形成的谷物地租；在工业化社会，地租表现为工业产品；在信息化和金融化时代，地租表现为信息和资金集中港的生活租金，如信息产业园、金融街的租金较其他地区为高。作为整个经济循环的组成，哪个产业链创造的价值高，哪个地方的商业租金就越高。产业有聚集效应，因此提升商业租金的最好办法是提升本区域的产业聚集效应，提升本区域产业的经济附加价值。传统的加工制造业难以提高土地的租金，只有现代服务业如金融、信息、消费等才能够提高土地租金。

二　以往的成果

（一）绝对地租、级差地租和垄断地租

马克思对地租作了大致的分类，分为绝对地租、级差地租和垄断地租。绝对地租的定价为社会生产劳动的一般回报率，即将土地作为资本品要素，投入到社会生产中，它享有的产出回报，与其他资本品的平均回报大体相近。级差地租是在绝对地租享有的一般回报水平上，得到的超额地租。垄断地租则是在绝对地租水平上，通过垄断此块土地及其他生产要素，所产生的超额回报。

（二）其他

1. 威廉·配第的地租观

在《赋税论》中，威廉·配第考察了地租问题。他提出了级差地租最初的概念，从地段对市场的不同距离，以及土地的不同肥力引出地块产生不同价值的观点，为级差地租提供了初步的基础。

2. 安德森的地租观

在《谷物法本质的研究》中，安德森分析了级差地租产生的原因，认为不同地块的产量不同，但是产品以同一价格出售使得收入不同，这就产生了级差地租。但是安德森否认绝对地租的存在。

3. 亚当·斯密的地租观

认为地租不是投在土地上的资本和利息，而是土地所有权的产物，地租与土地所有权有因果关系。斯密说明了地租的来源是剩余价值，实际上肯定了绝对地租的存在。

4. 大卫·李嘉图的地租观

在《政治经济学与赋税理论》中，李嘉图用专门一章论述了地租问题。李嘉图主要论述级差地租，分为丰度地租、位置地租、资本地租等。

5. 屠能的地租理论

在《孤立国同农业和国民经济的关系》中，屠能首次论述了土地位置与农业生产和地租的关系，即不同的地理位置与地租形成的关系。

6. 马歇尔·德地租理论

在《经济学原理》中，马歇尔认为，土地有各种特性，土地是一定形式的资本，使用土地的权利就是对一定空间的支配，土地肥力来自自然界，也来自人类的改良。他认为所有地租都是稀有地租，所有的地租也都是级差地租。

三　租金的归属

土地需求是刚性的，那么土地的使用，一定有一个权属问题，即谁在使用谁的土地。就像谁使用谁的资本一样重要。这个问题有了答案，关于地租的分割才有答案。当然，不管是谁，生产要素的参与者，总希望从中获得最大的回报。如果确定了土地使用，肯定会产生租金，那就需要看看土地归谁所有，由此带来的租金归谁所有就一目了然了。土地的归属，无非两类，即国有和私有。国有即归全体人民所有，私有即归部分人所有。承租人在土地上盖住宅、盖工厂，或者开发为旅游景点，都是为了通过吸引客户，形成现金流后产生利润。中国的土地归属国家，即全民所有。但是在使用上，分了三类，即国有土地、集体土地和农民宅基地。随着城市化发展，这三类土地都被开发利用，国有土地的出让实行了市场拍卖机制，价高者得。农民宅基地在强拆中，逐渐减少。强拆的问题，即是土地租金的定价问题。即强拆者无法在租金支付价格与土地所有者的预期达成一致。

四 租金问题的难点

租金的定价难点主要是由两方面产生的。一是除任何商品的价格形成相对稳定的市场价之外，仍有个别价格并非按照统一的市场价格执行，其原因为交易双方对市场价格并非掌握充分的信息，即市场价格的不对称性。二是土地作为生产要素，比其他生产要素，例如资本、机器、劳动，在空间上的改变更为困难，也由此产生了垄断地租，这个垄断因素并不能与其他同类的地段相比。因此在一些特殊地段，几乎产生了唯一性。对唯一性的商品定价，一般只能通过议价或拍卖解决。例如，房地产开发商对一块特殊地段的地块出让的价格争夺非常激烈。

上述两方面的原因产生了土地租金定价的问题。对于不动性生产要素而言，不光是由于人的需求产生的绝对性地租需要通过交易使它的价值显现出来，土地使用权的出让者，还希望以最高的价格将其价值变现。变现后的资金回收，作为财政收入，进入了公共财政的使用和支付范畴。如果这个道理说得通，那么集体土地和农民宅基地，也可以通过拍卖的机制来实现出让价格的定价。

五 土地财政

中国过去十年是房地产市场大发展的时期，城市化和居民收入增加是房地产市场发展的重要推力，但是地方政府从中利益驱动也是核心之一。近年来，土地出让金收入已经占了大城市地方财政收入的一半以上。地方财政被称为“土地财政”。土地财政收入的增长，支持了地方政府的基础设施改善等公共支出，但是也不能忽视由此带来的高房价、腐败和社会不稳定因素。

六 土地作为不可替代性生产要素，不能按照拍卖这种纯粹市场机制定价

概括近年来我国土地出让及由此导致的一系列社会问题，政策上主要的原因是忽视了土地作为不可替代性生产要素的特性。不可替代

性生产要素不能采取纯粹市场机制的方式——例如拍卖——来定价，而是需要采取价格管制与市场机制相结合的方式，以价格管制为主，市场交易价格作为参考价。就像电力、石油等，作为公共品其价格采取管制加市场参考价格，土地的性质也一样。其实近年来我国煤炭价格也出现了与土地价格一样的矛盾。如果石油价格参考国际价格，其实国际石油价格也有一个欧佩克石油组织制定石油保护价格，并且，国际对石油资源的争夺经常采取激烈的军事手段，这在我们国内进行不可替代性资源的分配时是绝对不行的。同时，更为重要的是，国内对石油、电力、煤炭、土地等公共资源的消费群体的消费能力，远远没有达到国际市场剧烈波动所产生的价格冲击的承受能力。因而，当前我国在石油资源定价上，受制于国内需求和国际资源分布极不平衡的力量挤压当中。换句话说，国际石油价格可能被操纵，并且给操纵集团带来巨大的收益；但是国内不可替代性自然资源的价格制定，则绝对不能形成被寡头操纵的形成机制。土地的拍卖制度，一定意义上是不可替代性自然资源被操纵的机制。经济学上，对于不可替代性公共资源的产出分配和定价，都会面临这个问题，如教育、医疗等。我国近十年的医疗和教育改革成效不大，也是没有抓住这个经济规律问题，造成人民群众意见很大。也就是说，对于不可替代性生产要素（或供给要素），需要有一整套价格管制加市场参考价来分配其资源与产出，且这种价格制定和分配资源的机制必须是透明的，也即是民主公开的。

由政府对全国土地地块的功能和基本租金的大规模测量和核算，并非不可。在历史上，我国曾经推行过几次均田制。均田制的核心是对土地总面积和总人口的测量和计算，并且对土地地租进行估计和测算。2013—2015 年，我国对国土资源和住房资源的系统性调查统计，性质也与此类似。

参考文献

［1］［日］高二素之：《地租思想史》，王亚南译，北京图书馆缩微中心 2006 年版。

［2］［苏］柯佐多耶夫：《社会主义制度下的级差地租》，中国人民大

学出版社 1958 年版。
[3] [苏] 柯佐多耶夫：《资本主义制度下的地租》，中国人民大学出版社 1958 年版。
[4] 白凯：《长江下游地区的地租、赋税与农民的防抗斗争：1840—1950》，上海书店 2005 年版。
[5] 陈伯达：《近代中国地租概说》，北京图书馆缩微中心 2004 年版。
[6] 邓宏乾：《中国城市主体财源问题研究：房地产税和城市土地地租》，商务印书馆 2008 年版。
[7] 谷志科：《中国农业地租理论初探》，专利文献出版社 1998 年版。
[8] 顾书桂：《地租推进型通货膨胀的通货紧缩效应研究》，经济科学出版社 2011 年版。
[9] 蒋学模：《资本主义的地租》，华东人民出版社 1954 年版。
[10] 李静茹：《西方经济学收入分配理论的比较研究》，硕士学位论文，东北财经大学，2010 年。
[11] 四川大学第二资料室：《社会主义制度下的级差地租》，油印本，1962 年。
[12] 乌廷玉：《中国历代土地制度史纲》，吉林大学出版社 1987 年版。
[13] 叶莉萍：《社会主义绝对地租初探》，硕士学位论文，西南财经大学，1992 年。
[14] 赵国良、黄理平：《中国历代改革》，黑龙江人民出版社 1988 年版。
[15] 朱剑农：《马克思主义地租理论概要》，农业出版社 1984 年版。
[16] 邹宇：《社会主义地租理论研究》，硕士学位论文，西南财经大学，1994 年。

三大经济体的内部问题[①]

欧盟问题是内部问题，美国问题也是内部问题，只不过它把内部问题外部化了。中国的问题也是内部问题，同时还有美国的外部威胁。未来几年全球经济衰退，倒可能成为中国内部加快改革，一举脱颖而出的良好时机。这要看谁处理内部问题的速度快。

欧盟的问题表面是欧元问题，在一个内部不平衡的经济区域中，共同持有一种货币。目前，欧元区处于骑虎难下的状况，未来几年也不见得能全面解决问题。美国与欧盟的金融业联系密切，加上自身内部经济增长动力缺乏，很可能受欧元区金融衰退的拖累。美国目前暂时维持稳定的主要新鲜血液来自美元和美国债券的外部融资。通过这两个工具，美国将经济衰退风险转移到全世界，特别是一些高额持有美国债券类外汇储备的国家。

中国目前的主要问题是腐败严重，社会缺失正确的价值观，涉及社会监督体制不改不行，需要重塑。经济增长需求依然旺盛，但是经济结构性失衡十分严峻，高度依赖投资、出口，内部消费相对不足，资源更加向权力部门集中，形成生产要素性垄断。同时，中央与地方的经济关系也需要深入调整。

三大经济体特征不同，但暴露的本质是相同的，就是生产生活资源趋于集中和集聚，社会更加不平衡。正如老子说的："人之道，以不足奉有余。"目前，欧洲、美国都有罢工和游行示威。国内当前维稳的压力也很大，社会不稳定因素增多。发达国家，特别是霸权国家，希望中国爆发大规模的动荡，以从中渔利。所以，国内加紧进行

① 2008年世界金融危机后，尽管各经济体都采取了应对措施，但是危机给各主要经济体带来的后果远远没有消化。本文是对当时经济现实所作的思考。

一些制度性改革，对维护自身安全和利益十分紧迫。

未来几年，国内经济改革主要集中在财政体制和金融体制上。财政体制改革是安内、创造社会公平和基本和谐的基础；金融体制改革是防御外部讹诈、欺凌，提高经济竞争力，保护国民财富，维护国家核心利益的重要内容。这两样手段一样也不能少。

金融改革方面，主要是建立保护人民币稳定的机制。美国是通过华尔街、西方七国首脑会议、八国组织等各式高峰论坛与精英俱乐部，以及金融专业人才注册权等各类机构来保护美元的。人民币也需要借鉴之。

发挥资本市场功能，服务经济发展方式转变[①]

党的十七大明确提出了加快转变经济发展方式的战略任务，这是党中央国务院正确研判近年来我国面临的国内外形势变化，做出的重大决策部署，是今后一个时期我国经济工作的指导思想和发展方向。正确认识资本市场的本原特征和功能，利用和发挥好这些特征和功能为加快转变经济发展方式服务，是做好资本市场各项工作的总要求。

一　资本市场的功能特征和调整经济失衡的核心

金融市场的功能主要有：价格发现；信息加工、整理和传递，解决信息不对称交易问题；分配风险；跨期、跨地、跨行业促进资源流动等。概括起来有两点，即筹融资功能和资源优化配置功能。资本市场也不例外，但是在价格发现、风险分散和资源优化配置等方面，效率比商业信贷市场更高。

现阶段，我国经济发展失衡主要表现为内外部失衡和内部失衡。这是传统要素投入型经济发展方式运行的结果。加快经济发展方式转变，其目的就是要加快对失衡的调整。对失衡的调整可以概括为“一个促进，两个调整”，即调整内外部经济失衡和调整内部失衡，促进中国经济在全球经济格局中地位的提高。内外部失衡的核心是货币问题和技术进步问题，内部失衡的核心是国民收入分配问题。因此，一个促进和两个调整实际上是一个问题的三个方面，三位一体，即如何提高人民币地位，如何促进技术进步和如何实现国民收入分配再平衡。资本市场将在其中扮演重要角色。

① 本文发表于2011年11月25日《领导参阅》。

二　促进经济发展方式转变的主要方面

利用资本市场，促进经济发展方式转变主要有以下几个方面。

（1）促进靠要素投入的增长方式向依靠科技进步的方式转变。从凯恩斯主义的政府主导的投资向索罗的内生增长方式转变。通过市场机制，激励创新主体。鼓励有利于提高竞争力、健康发展的创新和创造。

（2）促进产业结构升级和转变。加大高污染、高耗能产业的退出力度，从低效加工制造业向高新技术产业转移。完善天使投资、创业投资、风险投资和企业上市及投资退出产业链。促进上市公司之间的横向或纵向产业吸收合并，扶优限劣，提高规模经济效益。支持第三产业发展，逐步提高现代服务业企业在资本市场的比重，降低能源和重化工比重。

（3）深化国际合作，优化全球资源配置能力。发展金融中心，组织和优化全球金融和企业资源，需要吸引全球优秀企业来交易所上市。巨大的外汇储备资源也需要通过在本土的交易所进行资产配置。中国作为巨大的商品消费国，在商品定价权上，需要有金融产品的价格作为依据。同步提高外商在华直接投资和金融市场投资的利用水平。

（4）发挥金融市场对投资的硬约束作用。对地方政府的债券募资的使用途径、效率和风险进行评估和定价，促进发行债券的地方政府建立更加透明的财政体系，做到财为民用。

（5）建立多层次资本市场体系。深化债券、股票、基金、期货等市场建设，为不同规模、不同行业、不同风险偏好类型的企业、机构、投资者提供有差别化的服务，拓展市场广度和深度。

（6）做大市场规模和提高发展质量并举，下一阶段侧重在提高发展质量上下功夫，提高整个市场的投资回报。通过改善上市公司业绩、强制分红、国有股减持收入部分纳入社保等政策，提高市场投资回报。发挥再分配的作用，提高居民财产性收入比重，提高居民消费能力和意愿。避免逆向选择等市场负效应。

（7）维护金融市场秩序和稳定。依法严厉打击内幕交易，操纵股价和暴利行为。保护公平、公正和公开的市场环境。防止市场“以不足奉有余”机制的负面效应。

三　需要处理好几方面的关系

经济社会转型时期，经济发展方式的转变不是单靠一个部门，资本市场也不是孤立地存在的。为了发挥资本市场服务发展方式转变的功能，需要处理好以下几个方面的关系。

1. 与宏观调控的关系

随着我国经济金融融入世界经济的深度和广度，宏观调控受到内外部因素的影响。这些影响因素主要包括：短期热钱流动、经济周期、货币政策、社会融资总量等。资本市场政策服从总的宏观调控思路，同时又要结合市场的特殊性和特殊时期，出台有针对性的举措，落实调控部署。

2. 与产业政策的关系

宏观总量、产业布局、行业政策导向、价格和产业管制等，是一个国家一定时期经济平稳健康发展的保证。积极支持发展重大科技进步项目及其配套产业。

3. 与财政税收的关系

财政支出、信贷配给和资本市场直接融资是促进社会经济发展方式转变的三大支柱金融手段。三大手段形成合力，转变经济发展方式的步伐就会快一些。“有保有压”，税收政策必然在产业、居民收入、投资等方面发挥重要作用。财税政策在实现国民收入分配的再平衡方面，扮演着极其重要的角色。

4. 与国民经济各行业的关系

优选在各自细分行业中综合竞争力排名居前的企业上市。支持企业发挥技术进步主体效应，加大对研发和科技攻关的投入，引进技术人才和成果。促进企业在行业内整合资源，提高资源使用效率。企业强，行业强，市场才能强，国力才能强。

5. 与地方政府的关系

逐步剥离地方政府融资平台从商业银行的信贷规模，转移到地方政府债券置换信贷的途径上来。建立资本市场对政府投资的硬约束机制。发挥资本市场的投资信息公开和效率优先的功能，提高地方政府融资使用效率。鼓励具有地方优势的支柱企业上市，优化区域经济布局。

6. 与投资者的关系

证券市场是开放的市场，利益相关者和受到的关注来自各方面，其中投资者的关注最为强烈。投资者是“水”，筹资者是“鱼”。只有恰当的投资回报，“水”才能源源不断涌入。只有保证适当的水位、清洁度和流动性，才是一个健康活跃的市场。

树立中国资本市场发展的“三个自信”[①]

党的十七大明确提出了加快转变经济发展方式的战略任务，党的十八大提出树立中国特色的道路自信、制度自信和理论自信，党的十八届三中全会更进一步明确了“市场在资源配置中的决定性作用和更好发挥政府作用”。自信者，自己比他人有优势之信心也，是个看得见摸得着的东西。资本市场作为金融市场的重要组成部分，下一步发展将走什么道路，举什么旗帜，是否能沿着这三个自信的道路上走呢？是健步前行还是跌跌撞撞，还是崴脚趴下？如果把美国市场和中国市场过去几年以来走势进行对比，A 股股东们恐怕多的是苦涩，个中鲜明对比，需要深刻反思。

一　问题

改革开放 30 多年来中国经济成就辉煌，令世人赞叹。中国资本市场建设与发展 20 余年来，也取得相当成绩，但是其中的问题也不少。其中最核心的关于市场的功能、定位、为谁服务等问题一直不明。由此导致的各种制度建设眼花缭乱；各种市场之怪现象层出不穷。这凸显了在重大利益机制设计上系统思维和智力准备不足；拓荒开野，为推动人类科技文明发展做出贡献的雄心和信仰不足（前端是教育问题），与经济高速发展的大国影响力不相称。

十年前的资本市场，以国企脱困为利用点，股民投资补充了银行贷款的不足；十年内做了一次股权分置改革，但是小股东的权益诉求、保护机制付之阙如。资本市场“软骨病”的特征没有改变。相反，资本市场体现对革命性科技的创造助推能力和风险分担机制体现

---

① 本文发表于 2014 年 1 月 27 日《证券时报》。

甚少；“创新型”国家的建设目标，在资本市场功能作用发挥方面未得到应有体现，国家重大科技创新依然高度依赖财政投资，倾一国之力搞重点科技攻关的模式未有改变；科技文明的全民参与动力和比例严重不足。特别是当前在中国经济减速、外需不振、投资受政府债务规模困扰，以及消费暂时不会很快增长的环境下，资本市场作为有效配置资源的组织体系，其健康的功能发挥尤其迫切。只有从道路、制度和理论三个方面提高认识，深入挖掘，并以这三个支柱为核心，在制度建设上改革创新，才能在新的起点上促进资本市场进入健康发展新阶段。

二　资本市场的逻辑

资本市场的功能是促进投资和筹资交易便利化，主要表现在：①价格发现；②信息加工、整理和传递，解决信息不对称导致的高交易成本问题；③分配风险；④跨期、跨地、跨行业促进资源流动等。资本市场在价格发现、风险分散和资源优化配置等方面的效率，要比商业信贷市场高得多。

金融机构和市场投资者的利润来源，如果不是纯粹获得货币供应的优先机制，则归根结底来源于分享实体企业的经营成果；实体企业的利润来源于技术和产品；伟大的产品来源于高强度、有效的研发投入；前端是正确的教育、智力投入。具有伟大产品的上市公司才能推动资本市场健康持续发展。政府财政支持性研发投入的效率，肯定比不上以市场需求为导向的企业等私人部门研发投入。只有理顺这条价值链，科研人员创新成果的价值才能得到充分体现，风险投资、保险公司、养老基金等代表储蓄资源的金融投资机构才能有长期稳定受益的可能，财富才能在代际安全传承，债务负担才能不单纯依靠通货膨胀消解，健康的价值创造和投资理念才能在中国市场结出硕果。

以银行业为主的金融体系，在发挥经济增长的推动作用面前，常常需要更多的货币，这与中国经济结构长期内在失衡是密切相关的。在正常运行的经济系统中，新增货币会进入经济循环，因此并不需要远远高于经济增长水平的货币供应。中国经济增长长期依赖高货币供应的原因有几个方面：①廉价的商品补贴全球其他国家，特别是巨额贸易顺差的对手国家；②部分高端货币供应不再进入经营领域，变成私人存款流出；③个别高价格、低流转领域冻结，例如房地产领域、股票大小等；④新增货币进入低效部门，例如基建投资和政府项目；⑤货币供应常常需要关注并必须保证的民生领域部门，普遍在经济循环系统中议价能力很低，能得到新增货币中的比例也极低。上述五个方面，说明中国经济机构长期存在内在分化的机制，决定了经济增长依赖高货币供应。这种机制酝酿的内在风险是控制实际通货膨胀压力的难度非常大，弱势社会群体的保护和维持公正，常常会消耗政府很多精力。

资本市场是怎样认识企业价值的呢？企业的价值来源于内生价值，而不是规模。中国股市长期低迷的最主要原因，是过去十年总体看是规模增长性，钢铁、水泥、能源、地产、银行等都是规模增长性行业，股市权重也最大（原因是当时规模增长需要很多资金，这些资金缺口只能到股票市场融资，形成了当前积重难返的局面）。企业最佳投资期，是其内生最快的改善期，且是唯一时期，而不是其他任何时期，包括规模扩大期。规模型企业、行业，或经济体，一旦市场需求收缩，市场价值就会急剧下降。就像这两年我们看到的大盘指数一样。市场需求的收缩，主要来源于消费需求和投资需求的下降。消费需求下降源于劳动力人口下降，及居民收入增长缓慢。投资需求下降源于资本品过剩，以及厂商预期前景不好而缩减投资，间接地，对商业银行信贷需求，及新增货币供应减少。所以我们看到，冲击性波动的市场对信贷供应量非常敏感。因为其他变量暂时都是稳定的。

三　对资本市场监管的要求

市场本是一个自由竞争、优胜劣汰、新陈代谢的交易组织体系，这是它发挥资源配置决定性作用的内在动力。纯粹的市场本身就有内在缺陷，在法治不健全、环境不透明的条件下发展资本市场，还要防止市场机制沦为合谋、操纵和洗劫财富的工具。中国资本市场诞生于特殊历史时期，发展初期蹒跚前行，本先天不足。至今仍有许多阻碍前行的制度，例如大部分的权重股控股股东为国有，股东、经理层在资源、效率和激励机制常常目标不一致。正是如此，从对市场倍加爱护角度出发，正确而适当的监管干预既十分必要又需要高超的技巧。该除草除草，该剪荆棘剪荆棘，该放水放水，该施肥施肥，该休耕休耕，要把资本市场当成自家花园平台，培育出最灿烂的自信亮色。比如有的中小企业市盈率炒到几百倍，日换手率达到百分之几十，是否酝酿着巨大的风险呢？再比如从新股发行的上市公司而言，如果要体现产业转型升级导向，则关于电力、煤炭等强周期、重资产型大型企业本应暂不放行。而且即使是中小企业，也应体现行业、技术、资产特征等方面有所侧重，鼓励提供中国最短缺产品和技术的企业上市，甚至对一些代表未来方向的优势企业，要“礼贤下士”、“三顾茅庐”，做一些放宽上市规则的适当安排。比如：①业务国际化程度（国际市场份额/市场总份额、非本土收入占总收入之比），大家都知道能在国际市场站得住脚才叫真正有竞争力。②重资产还是轻资产（专利、专有技术、商誉等知识产权占总资产的比例，以及土地、机器、厂房占总资产的比例），大家都知道轻资产才更有可能商业模式创新，重资产多数是资本占用性企业，很容易再造产能过剩。③污染物排放处理量占总污染物排放量的比例（环境友好、产出过程不应产生或尽可能少产生二次污染和排放），大家都知道环境污染治理的代价有多大。对于符合条件、有产业前景的行业领头企业，应当积极、主动争取到国内交易所上市，为什么要让它们跑到美国、中国香港上市呢？大家都知道腾讯是广大 A 股股东错失了极好的发展机会，那么，以后会不会继续错失这类机会呢？

四 “三个自信”的曙光和迫切性

近两年来，在我国经济转型战略的推动下，我国市场环境和资本市场投资取向发生了深刻变化。过去单纯依靠投入带动产出增长的企业和商业模式受到投资者的冷落，而不断创新的产品、技术和商业模式的企业受到投资者的青睐，我国资本市场正越来越多地反映实体企业界发生的演进变化。受历史惯性影响，一些传统产业技术进步转型仍然不顺利，环境代价依然较高，企业家经营思想还停留在指望金融资源放松回到曾经有过的甜梦中。一些被并购企业技术不成熟、价格虚高现象依然存在。不少企业家已经认识到互联网、技术研发等新经济形式成为不可阻挡的趋势，在新经济的浪潮中破壳而出。当前最重要的是，一些先知先觉的企业要用全球市场角度物色项目，组织资源，走自我研发与并购相结合的道路。此外，还要注意企业组织形式的变化，以适应科技高速发展和科技人员管理的特征，以使自己能在激烈的竞争中，不断保持领导地位，为投资者带来源源不断的回报。

市场的快速发展需要监管思想迅速跟上，社会各界普遍对中国资本市场健康发展寄予厚望。“三个自信”对于老百姓来说是实实在在的，民富才能国强。衣食住行之后，老龄化成为新的挑战，老百姓渴望储蓄和财产性收入不断保值增值，以补充劳动性收入随年龄增长的下降趋势，这是中国向现代社会成功转型的根本标志和基础。投资具有强健的产品和技术的上市公司是弥补劳动力缺口（刘易斯拐点）导致的居民收入下降最重要的途径。在资本市场，就是投资者有足够的动力源源不断愿意投资，而不是撤资。资本市场投资者投的是“预期”，也就是说投资者投资的驱动力是预期未来会比现在变得更好，而不是更坏。只有资本意志（特别不能忽略小股东意志）和监管的共同协作，才能推动上市公司向更有健康竞争力的方向发展，进而带动资本市场价值中枢复归，才能支撑社会富裕平稳发展。

环视全球，中国在世界大国行列中资源禀赋先天不足，能源、水资源、空间结构、环境、地缘，以及文化传承等方面均受到很大的约束。经几十年总量扩张性社会财富的积累，当前社会财富结构性失衡严重，失血和臃肿并现。前面的道路并不平坦，还面临着中等收入陷阱的威胁。这就更需要从制度、技术、人力、资本等方面寻找红利激发机制，促进转型。只有这种机制得到可控制的、实实在在的释放，并持续不断产生国家间的竞争优势，我们才能说实现这种优势有制度优势，自信才能落到实处。而资本市场正是这种机制得以良性顺畅转化的最重要的资源组织形式和场所。

固定收益条件下人力资本积累分析[①]

人力是一种资源，可以用投入与产出的经济学关系进行研究分析。劳动是财富之父，土地是财富之母，说的就是劳动创造财富的道理。劳动价值论的核心思想，也是强调劳动创造价值（价值的外在表现形式是财富）。在经济增长的基础理论那里，资本和劳动是最主要的生产要素。特别是在工业化早期的生产形态中，这两者的关系更加突出。在信息化、金融化、科技化和全球化为发展方向的当代经济形态中，劳动投入，换言之，人力资本投入成为较之以前的生产模式更加重要的因素。因此，研究人力资本投入与产出效率，成为研究现代生产和资源组织形式的重要基础之一。

单个个体的人力资本有投入产出周期，是一条向下开口的抛物线。也就是说，有顶点。这个顶点取决于人的生理和心理成熟的集中期。通常来说，25—40 岁是一个加速产出的时期，到 40—45 岁时，达到顶点。当然也因人而异。只要保养得法，人力资本的产出顶点期可以加长，甚至可以向上进入新的高涨期，直至年老力衰，出现突然下降，并在短时间内消失。例如有名望、经验丰富的医生、教授、律师等。政治家也属于此类职业，因多年积累，提拔后生，影响力日增，这种影响力甚至能延续几代人。

劳动和资本的合作关系是一种市场选择的结果。资本雇用劳动，是在以流水线为代表的传统的生产制造领域，例如富士康在 2010 年出现了密集的员工跳楼事件。在现代以及未来，产业结构向信息化、

① 本文是对企业管理中人力资本相关问题所做的观察和分析，成稿于 2012 年 4 月 19 日。

金融化和高科技化发展，出现一种趋势，是劳动雇用资本，准确地讲是人力资本雇佣资本本身，例如在创业投资领域、产业投资领域和金融领域，劳动所需要的技能越来越高、越来越复杂，需要的人力资本投入越来越多；相反，在一些产品研发和创新性领域，由于新产品和新的商业模式均不确定，需要由出资人的资本来弥补人力资本投入所承载的风险，因此，出现了劳动雇用资本的一些现象。例如苹果公司雇用乔布斯，还是乔布斯雇用苹果公司，已经变得并不那么清晰了。你雇用了资本，你就变成了投资家、金融家、科技资本家；你被资本雇用，你就成了流水线上的工人、文员、管理人员等。这是两种完全不同的职业定位和职能。所以中国不能出现“乔布斯”，不仅有制度的因素，也有产业水平没有发展到一定层面的关系。

人力资本的回报是工资、薪酬等。对于人力资本的投资来说，是一种具有现金流性质的收益。收益一般有两类，固定收益和权益类收益。业绩提成、佣金、花红等一般属于权益类收益，就像股东投资一样，普通股和优先股，如果人力资源不参与决策，类似于优先股，只有提成、佣金、花红（分红）。如果参与决策，就类似于普通股（含有建议权和决策权的优先股)，这种组织形式有合伙人制等。

每一种产业、行业，都会大体对应着两种人力资本的回报方式。商业模式稳定的、市场容量基本确定甚至饱和的传统行业，一般对应固定收益方式。创新的、商业模式不完全成熟的、市场容量不太确定的新兴行业，经常对应权益收益方式，有时还会用期权的方式表现出来。但是，新兴行业往往也是从传统行业诞生出来的；即便是完全依靠社会资本的投入，例如运用风险投资、创业资本的方式，其项目的客户群和消费形态也没有离开传统行业有多远。因此，传统行业孕育、分娩出新兴行业，是创业投资这类金融资本与产业相结合的产融结合形式的第二种体现。

在传统产业向新兴产业诞生的过程中，人力资本发挥着巨大的作用。既然是资本，就有它的特性：它活跃、会跑路、有自己特有的价值导向、带着自己的气息。对于从固定收益到权益类收益转换的过程，有其自身的投资回报率的衡量。首先是其自身的人力资本有没有过类似的投入，其次是市场平均的投资回报率有多高，最后是自身预期的投资回报率。自己有没有过开展创新性业务的人力、时间、经验投入，自己很清楚。商业模式是否确定，需要出资人和管理人共同探讨。在固定收益环境中，人力资本的增长方式，只有自身独特的眼光、思考和愿望，有计划地做准备，才能使潜在投资回报增加。

“大数据”时代对金融业的影响[①]

信息时代风起云涌，技术革命推陈出新，发展洪流势不可当。在过去的三年里，人类产生的数据量比以往四万年的数据量还要多，由此我们已经进入了一个大规模生产、分享和应用数据的时代——大数据时代。有人预测，未来十年，大数据将是下一个社会发展阶段的“石油”和“黄金”，得大数据者得天下。金融业是严重依赖信息数据、资金和人才的行业，大数据对这个行业的冲击可能会更大。因此有必要深入研究分析大数据可能对金融行业格局产生的影响，以及对公司金融产业的启示。

一　大数据及其核心

（一）大数据的内涵

根据南加利福尼亚大学的研究，2007 年人类大约存储了超过 300 艾（1 艾 =260）字节的数据，相当于 3000 亿部被压缩后的数字电影。而到 2013 年，世界上存储的数据预计能够达到 1.2 泽（1 泽 = 270）字节。这些数据不仅包括书籍、图画、电子邮件、照片、音乐、视频，还包括电子游戏、电话、汽车导航和信件。如果把这些数据记录在书中，这些书可以覆盖整个美国 52 次。从 2007 年到 2013 年，仅仅用了 6 年时间，数据量已经翻了 1024 倍。

研究机构 Gartner 曾对于“大数据”（Big data）给出了这样的定义：“大数据”是需要新处理模式才能具有更强的决策力、洞察发现力和流程优化能力的海量、高增长率和多样化的信息资产。

在人们的日常工作中，微信沟通、信用卡刷卡消费等这些看似无意义的行为其背后却隐藏着巨大的数据信息，人们何时何地买了什么

① 本文是一篇工作报告的主体部分，成稿于 2012 年 8 月，合作者是常程、焦方。

东西，其喜好、品位以及支付能力都被信用卡提供商编目归档，人们所有的个人网页、博客空间都被保存在多个服务器上，人们的即时行踪完全被手机供应商掌握，容貌和穿着打扮都被安装在各大商场和街角的摄像头捕捉并记录。这些生活信息完全可以被数据库记录的信息串联起来。这些看似杂乱无章的信息在没有云计算以前，也许用处并不大，但是随着云计算的深度应用，通过收集、整理和挖掘，已经可以预测人们的商业需求了，其成功率高达93%。

大数据技术的战略意义不仅在于掌握庞大的数据信息，而且更在于通过海量数据加工，提取一些对数据的使用者有规律性指导意义的特征。换言之，假设大数据是一种产业，那么这种产业实现盈利的关键，就是提高对数据的“加工能力”，通过“加工”实现数据的“增值”。有个著名案例，讲的是国外一家超市通过对大量数据整理和挖掘，发现男人在买啤酒的时候总是喜欢捎带买几包婴儿尿不湿，于是超市根据这个数据信息，将啤酒和尿不湿放在一起，果然销量大增。后来，通过深入分析后发现，男人之所以在买啤酒的时候买婴儿尿不湿，是因为女人在家里照顾孩子没有时间去超市，所以让男人去超市买尿不湿，而男人一般不愿意逛超市，因此买尿布湿的同时一起把啤酒买下以便节约时间。虽然，超市一开始并没有找出原因，但是却根据大数据分析的结果，调整货架摆放从而增加了销量。

从宏观角度来看，大数据将影响人们的生活模式，就像互联网一样改变生活习惯和生活模式。2012 年 3 月 29 日，美国政府发布了《大数据研究和发展计划》，将应对大数据技术革命带来的机遇和挑战提高到国家战略层面。2008 年 11 月，美国总统奥巴马利用大数据技术，借助强大的互联网交流动员能力战胜了共和党麦凯恩并当选总统。奥巴马团队在竞选中曾经收集了 1300 万人的个人信息和邮件地址，如今他拥有 2000 多万的脸谱粉丝、1000 多万的推特粉丝，大量的粉丝奠定了奥巴马获得选票的基础。还有一个例子是美国研究人员通过大数据来准确预判流感暴发。流感是全球性传染病，多年来医务人员一直致力于研究它的暴发周期和特点。美国的研究人员通过对全国 2 万多个药店的销售数据进行挖掘后发现，在医院大规模地收治流感病人的两个星期之前，药店柜台的感冒药会有一个销售高峰，这个高峰只要超过一定的"阀门"值，就预示着一场流感将要暴发，由此匹兹堡大学研发了"疾病暴发实时监控系统"，对宾夕法尼亚全州药店药品销售流量进行监控，从而准确利用大数据预测流感暴发时间而提前进行预防。

(二) 大数据的核心作用全面采集数据，并对适应性需求做出预测

大数据的发展驱动力来源于人类测量、记录和分析世界的探求。而计算机和网络技术的成熟与深化，使得对于海量数据的存储、分析和挖掘成为可能。

借助大数据对未来事物进行预测的成功案例很多。比如，微软纽约研究院一名经济学家，在2012年美国总统大选中，正确预测了51个选区中50个地区的选举结果，准确率高于98%。不久前，他通过大数据分析，对第85届奥斯卡各奖项的归属进行了预测。这次预测结果准确度高度惊人，除最佳导演外，其他各奖项预测全部命中。

再如，2010年海地发生了毁灭性的地震灾害，卡罗林斯卡研究院和哥伦比亚大学利用移动数据，获悉难民的活动情况，并预测了这些难民随时发生的健康危机。两个研究机构的研究人员获得的数据，是通过跟踪地震发生后，从太子港流动出来的200万张ISM卡得到的。基于此，他们能够准确地分析出超过60万来自太子港的灾民的最终目的地，并把这一信息及时传递给政府和世界人道组织，以便控制和处理危机。同年的晚些时候，一场霍乱突然暴发，正是同样的研究团队利用移动数据跟踪了从疫区流动出来的人口信息。援助机构利用这些数据和信息准备预防新一轮的疾病暴发。

从以上可以看出，大数据的预测功能，是一种将看似支离破碎、混乱无序状态下的数据进行尽可能全方位收集，并按照使用者需求进行逻辑预测。预测的过程也许不需要知道"为什么"，只需要知道"是什么"就够了。具体来讲，就是不需要找数据内部的原因，只需要找出数据的相关性即可。举例来讲，国外的超市通过数据分析，发现啤酒和尿不湿这两样本没有联系的物品，放在一起销售导致销量大增，当发现它们之间具备这种相关性的时候，即使找不出原因，仍然可以根据数据结果来提升销量，所以大数据的预测功能是根据相关性来判断的。

二　大数据对金融行业格局影响

金融行业具备数据、资金、客户关系和人才四个基本属性。数据又是后者的物理承载，蕴藏了无穷无尽的利润来源。大数据在金融行业的应用，将催生新的商业模式，并对传统金融机构的组织结构模式构成挑战。大数据将分散的微观个体行为收集整理，再将加工后的数据产品分配给分散的微观个体，正好与金融企业的业务链模式完全一致，因此谁在金融大数据领域捷足先登，谁就会获得重要的竞争优势。

（一）催生新的产品生产模式和运营模式

1. 以阿里为代表的互联网小微金融可能颠覆传统银行

据测算，中小企业总体资金需求规模超过 10 万亿元，但其中 70% 的企业因为没有抵押物和担保而无法获得正规银行贷款，资金短缺已经对中小企业的发展产生严重影响。阿里金融公司正是盯上了这块传统银行尚未关注的“蛋糕”，于 2010 年 6 月成立了全国范围内首家完全面向电子商务领域小微企业融资需求的小额贷款公司。到 2012 年 6 月，阿里金融公司仅用了两年，就为超过 13 万家小微企业提供融资服务，贷款总额超 260 亿元，实现单日利息超过 100 万元，折合年利息收入 3.6 亿元以上，不良率为 0.72%。

也就是说，大数据时代小微金融可能成为大受益者。量变带来质变。让阿里金融公司得以基于电子商务交易双方的交易数据，通过计算机系统分析出贷款申请者合理的信贷额度，并进行批量放款，及时满足资金需求。对于阿里金融公司这样的金融企业而言，最为可贵的是在客户信贷额度快速循环使用的同时，极大地节约了贷款企业的资本金占用，往往几千万元的资本金高速运转可以带来每年数亿元的信贷投放，从而以极小的人力成本和维护成本换来了高额的企业利润。一旦出现违约风险，阿里金融公司可以通过支付宝随时掐住商户的现金流，保障贷款的安全性。与商业银行相比，阿里金融掌握的客户数据更多，而且获取数据的成本更低，并且可以借助大数据将自身优势发挥到极致。

互联网金融平台伴生的两个副产品，一是通过综合考量客户的综合贡献度、评估风险，通过电子商务平台率先实现客户存贷款利率的市场化。二是随着电子商务的井喷式增长，相伴而来的是小微金融公司完全可以通过门类齐全的电子商务交易每一单的价格，汇总得出各类商品价格指数，通过每笔真实的交易，汇总形成宏观经济统计数据。

2. 显著提升差异化金融产品的定价科学性

对于金融机构而言，需要计算其金融产品的风险收益能否覆盖其成本，即需要计算产品的风险定价。以汽车保险为例，如果保险公司能够提前了解客户的用车频率是天天开车还是偶尔开车，用车地点是高速公路还是施工工地，以及驾驶者生活习惯是喜欢熬夜、喝酒还是健康规律生活，或者其他一些数据，通过统计分析可以得出哪种人群赔保概率高，哪种人群赔保概率低，从而设计差异化的保险品种，对经常开车、路况较差、喜欢熬夜和喝酒的人群收取较高的保费，而对偶尔开车或生活规律的人群收取较低的保费，以个性化来应对不同人群的差异，提升自身的市场竞争力，与客户实现“双赢”的局面。

人寿保险在大数据方面也存在较大的应用空间。“生命表”是人寿保险获取“死差”收益的基础，该表格主要用来测量和跟踪每一个特定年龄人群在未来若干年后存活的概率，人寿保险由此作为计算保费的依据。以往“生命表”是根据大数定律，由样本去估计总体情况，但实际上常常受到抽样技术、概率分布有偏或者拖尾等因素干扰。有了大数据这个强有力的武器，保险公司可以实现全体人群的跟踪，数据将更接近真实情况。此外，有人寿保险公司依靠咨询公司的帮助，已经实现了用客户的信用报告和顾客市场分析数据来替代以往的申请者血液和尿液分析化验（因为很少有投保人情愿在购买保险时出具这样的化验）。

信用卡发卡机构可以精确评定信用额度。有些银行的信用卡中心已经做到根据信用卡申请人在社交网络或者同学、朋友圈中其他人的信用记录来识别和确认申请人的信用情况，给予合理的刷卡额度。对于商务卡公司，也可综合考虑客户信用报告、顾客市场分析，包括其朋友圈的信用情况来给予客户信用额度。

3. 通过定量分析提高金融投资的决策科学性

金融市场波动是社会信息的综合反映。大数据时代，对宏观经济运行指标的判断或许会发生许多有趣的变化。美国西雅图交通数据处理公司研究发现，上下班高峰期的交通状况变好的同时，或许失业率在增加，经济情况变差了。他们将大型零售商场附近车辆的情况卖给投资基金，因为附近车流量较多时商场的销量也会增加，这个分析结果要比商场的季度报表公布日期早了很多。对于投资部门而言，可以将某个行业全部企业的用电量（或者购买机构研究出来的相关性有关指标）作为该行业或者该企业的景气指标，随时随地提取数据，提前判断经营情况，相机做好投资决策。

（二）传统金融企业组织模式面临挑战

一是零售金融将逐渐取代批发金融，就像电子商务使得批发商消失一样。大数据将成为企业最重要的生产要素。二是金融企业的资源将更快地向客户的真实需求积聚。金融行业是一个相对充分竞争的行业，各企业都在争夺客户。大数据技术将使得一些优势企业的产品定价更接近客户真实需求，从而抢走客户。三是大数据将倒逼金融企业成本降低，金融机构内部资源将向效率更高的部门集中，金融企业的组织形式将更加灵活，传统的科层制金融企业组织结构将向以客户和市场为导向的组织结构演变。

以上可知，面对以大数据为标志的新时代，金融业方方面面都将面临新的机遇和挑战。只有率先启动大数据并不断深化应用的金融集团或金融公司，才能在这次时代浪潮中取得优势。

三　对金融集团经营发展的启示

（一）金融集团的客户及其利用成为最重要的资源

行业领先的电子商务网站、社交网站或者搜索引擎，竞争优势并不在于经济规模、网络效应或品牌价值，而在于其具备了庞大数据库、可以轻易知道客户最有可能想要什么。大数据对金融集团类公司将产生类似的影响。金融集团具备了银行、保险、证券、信托、基金等业内重要信息和客户资源，如果能够将这些数据进行合理的挖掘，即可掌握客户对金融信息的需求和投资意向，同时可以向客户提供相应的金融产品，比如集团内的某保险客户，对证券投资或基金投资有隐性需求，通过大数据分析并发现其需求后，可以第一时间为该客户提供集团内部的证券或基金开户信息，以及其他金融产品，实现集团内部客户资源共享和业绩提升。

（二）有助于提高金融机构的风险控制能力

大数据对金融风险监控具备无与伦比的优势。回顾金融机构风险案例，可以发现大部分的风险案件是因为内部风险管控不到位、内部人员欺诈等造成的。随着大数据的开发和利用，这些风险可能会被提前预测而得以消除，因为任何欺诈的行为都会产生异常的数据，如果能够开发一种监测异常数据的系统即可及时、准确地发现这些风险，就可以提前采取行动规避风险。

（三）深入研究大数据对金融业可能带来的挑战，转变发展方式，顺应发展趋势

在牢牢抓住机构客户的同时，金融集团应认识到零售金融将逐渐替代批发金融的行业发展趋势，提早研究市场导向的组织机构，按照营销和投资两个主线设计业务建制，将集团的资源更多地向客户开发和客户服务集中。利用大数据技术收集潜在客户各种信息，深入挖掘客户消费方式和真实金融需求，提高金融产品营销渠道效率和资产管理的科学性。

金融产品和服务的特性及分层管理策略①

——基于微观机制的视角

金融业的主营业务是围绕交易开展的，交易是金融活动的细胞。金融企业是围绕金融主营业务的资金、信用、信息和人力资源的组织形式。组织的发展壮大是从细胞分裂生成开始的，交易作为细胞，喜欢安全、便捷、盈利的环境，环境适宜的时候，会产生“野蛮生长”的态势。因此从构建组织的有效性看，必须围绕促进交易活动更加安全、便捷、盈利组成。

一　金融产品和服务的特性

金融产品是资金、信息和人力资源三位一体的物品。任何一项的“短板”，都会成为严重制约其发展的障碍。它严重依赖于信息或知识产品，在资金和人才一定的前提下，金融产品几乎等同于信息产品，也就具有信息产品一样的属性。在资金和信息渠道、来源暂时固定的前提下，它与人又有共同的属性，完全可以用研究人的激励约束机制的方法来考察它。从另一个角度看，信息可以包含在人力资源内。在自然经济和农业时代，土地是生产要素的主要组成部分；进入工业革命以后，资本成为生产要素的主要组成部分；21 世纪金融全球化社会，信息成为生产要素的主要组成部分。但是在这些生产力发展的主要阶段上，都没有脱离劳动作为主要生产要素。在金融产品和行业中，从资本和人力资源的二元生产要素分析，人力资源占有相对更为活跃的地位，因为资金是同质的，人力资源不同质。由此可见，金融机构的经营活动产生了规模效应或者集聚效应，优势资源会向竞争力

---

① 本文发表于 2010 年 12 月《英大金融》。

强的企业集中。

金融产品更多体现的是一种契约或合约。金融产品受交易标的影响，变化较大，合约中约定的期限、收益率不同，都可能导致与客户的权利义务发生变化，而成为一款新的产品。主要金融产品的销售，就是在合约签订的基础上，完成资金的回收和兑现服务的承诺。随着信息技术的日益发展，金融产品越来越多地体现在虚拟化上，资金流游离于实体经济之外，变成了数字流。

金融产品种类和产品差异化较大。虽然产品目的接近，但表现形式往往差异较大。由于各自产品特征不同，促销手段和借助的渠道不同，有的需要产品广告，有的需要形象广告，使销售激励需要差别化管理，例如不同产品的佣金比例不同。

金融产品制造时间短，易模仿和被模仿，没有存货，不需要搬运，不涉及物流管理。这些因素造成金融产品模仿容易创新难，如市场上人身险产品、证券投资基金产品雷同，客户选择余地大。

金融产品虽然有如此多的与传统商品不同的特征，但还是服从于与传统商品一样的定律，成本与收益定律。金融产品有成本，它会从不安全、利润率低的地方向安全、利润率高的地方流动。当成本长期高于收益时、当客户需求会消失，这种产品也会消失，先期的开发成本成为“沉没成本”。

现代市场营销理论的核心组成部分即所谓的4p，即产品（product）、价格（price）、地段（place，或者译为渠道和网络）以及促销活动（promotion）。在这里，产品和服务实际上是一回事。对于一个组织而言，产品或服务是它产出的载体。只有有效的产出，才能与社会其他经济体进行资源的分工与交换。因此，开发产品与服务成为金融机构的生命线。在经济发展的初级、中级，有形产品是经济活动和市场交易的重要组成部分，随着经济水平的不断发展，专业化分工的不断加深，现代服务业使服务成为一种可交易的产品。服务的内容即价值含量，以及价格、产品一致性成为影响服务受客户欢迎的重要因素。现代金融业是高度专业化的服务，因此，对服务的重视，任何时候都不过时。

对服务的重视和改善，从价值含量、价格、产品一致性三方面下功夫。价值含量即增值服务，价格即给客户看得见的实惠，如同一款保险产品，一个机构的价格比市场竞争者的价格要低。产品一致性是指同样一款产品，在一个机构的任何分支机构购买后，获得的消费体验是一样的。例如，在麦当劳的任何一家分店，任何时间，购买到的薯条的口味、质量是一致的。产品的一致性的重要意义不在于一次性消费，而在于重复消费时，消费者的消费体验一致，进而产生消费者主动寻找的吸引力，从而提高产品声誉和定价主动权。

分支机构的数量，意味着服务密度。分支机构密布，意味着接触客户的机会很多。当然，限于当前经济水平和社会信用体系，多数的金融合约还是通过面对面签约。因此，固定经营场所的销售网络，还是具有较大的价值。

二　金融产品和服务的类别

金融产品和服务大致可以分为两类。一类是单品毛利率较低，单价较低，面对的客户群较为广泛，市场上产品同质性较强，如银行的汇兑业务、证券业中的交易经纪服务、保险业中的人身意外险、汽车保险等，这类产品适合大规模营销（mass marketing）。从成本上看，这类产品越是出现在广泛的市场销售网络中，单品的边际成本就会摊销得越低，产品的盈利总量就越大，特别适合促销组合计划，如制定详细的广告促销手段（最近一段时期的平安车险），我们不妨大致将这类业务称为“规模效应型”。另一类是客户群相对确定，涉及资产资金规模大，商业运行模式成熟，每一笔交易都有自身特征，产品几乎没有同质性，每一笔交易都需要面对新的内容，需要高度的智力、知识和信息作支撑，如银行业务中的私人银行、财富管理，证券行业中的投资银行中并购重组财务顾问。资产管理大致属于此类。我们不妨大致将这类业务称为“知识效应型”。

投资业务是典型的“知识效应型”，以此为例进一步说明投资业务的性质和类型特征。投资（或资产管理）业务是保险、信托、证券、基金等行业的核心业务，投资业绩显著影响金融机构和金融集团的经营效益。对于金融资产的投资运作，取决于正确的认识和快捷、果敢的行动。正确的认识取决于长期、深入、多角度、互相启发性的研究（且这种研究是可积累的）。需要对正确的东西有近乎“谦卑”

式的认同。因为在变幻莫测的市场中，谁都无法保证“常胜将军”，只有如履薄冰般的谨慎，不断的反思、总结，才可能取得长期的良好业绩。否则，很可能出现一次性重仓投资，而对形势作出错误判断而导致元气大伤。越是管理资产规模大，越需要慎重，越需要深入研究，做出正确判断，容不得半点闪失。这就需要静下心来，全神贯注，凝神定气，运用科学的方法，做深入细致的分析。搞投资非得自己做长期艰苦努力才行。

成功的投资取决于两方面，对未来形势的正确预期和果敢的行动能力。正确的预期是长期跟踪研究的结果。研究可以是多方面的，但重心是影响资产价格的经济周期。经济周期性波动是在中外经济史上极其常见的，甚至可以说，经济周期性波动是经济运行自身的重要特征。经济周期显著影响资产价格，包括房地产、证券、大宗商品、贵金属等的价格，都受经济的扩张、收缩影响。经济扩张期，价格上升，交易活跃，情绪乐观，资金流动速度加快。经济收缩期，交易量下降，价格虚置，资金逃脱，资产价格迅速下降。从实践中看，2002年到2006年、2007年，再到2009年，直至现在，金融资产价格的变化是十分显著的。这种经济周期的波动，在社会主义体制下也是存在的，例如新中国成立以后到改革开放时期，我国执行的是高度的计划经济体制，价格实行严格的管制；但是，其间也出现过几次较大的产出波动映射了经济内在的不稳定性。在资本主义体制下，经济周期性波动更是有目共睹。金融资产的价格波动从大范围来讲，几乎可以说就是宏观经济运行的函数。对于投资业务，认识、理解进而顺应经济周期波动，能够在提高资产回报率方面更加事半功倍。果敢的行动能力是“谋定而后动”的产物。

三　金融产品和服务的分层管理策略

既然是不同的物品和行业，就需要认识它的特性，顺着它的本性从微观机制上设计它、驾驭它。金融集团是经营和管理金融产品和服务的企业集团。从每一个交易单元、每个岗位职能，到集团的职能和资源配置，都可以顺乎产品和行业特性来设计。不能简单移植其他的管理模式。在决策、产品研发、资源配置、投资研究等方面是集团或总部的重要职能。重大经营事项的选择，集团内激励与约束机制的设计，经营环境的重要形势跟踪分析，主要产品的设计和推广计划等，都需要集中资源，特别是人力资源，并且这些人力资源的创新机制管理至关重要，重点是能够激发创造力，相互启发，相互完善，“如切如磋，如琢如磨”。机制设计不可回避地需要讨论激励和约束问题，例如2007年度的诺贝尔经济学奖得主赫维茨（Leonid Hurwicz）和马斯金（Eric S. Maskin）主要是因经济机制设计理论和激励理论及其机制的研究成果而得奖的。

受行业特殊性监管，金融企业管理的要素除了牌照管制之外，与其他企业管理并无二致。在重点资源流动趋于集中的内在张力下，“规模效应型”产品的销售则是与客户及潜在客户见面的机会越多越好。开发新产品，挖掘新市场，建设新渠道，不断提高单品毛利率。这就使构建营销网络，管理好网络，且不断降低网络运营的成本，成为金融机构经营和竞争力建设的重点。随着社会信用体系的完善，客户消费体验形式的变化，固定场所的分支机构由于客户辐射能力下降，可能会被无线、移动的网络营销所替代，营销渠道的变迁，成为金融机构管理的新命题。“知识效应型”业务则要及早重视，加强积累。

积极谋求构建我国的金融主导权体系[①]

2010年2月3日，胡锦涛总书记在省部级主要领导干部深入贯彻科学发展观加快经济发展方式转变专题研讨班开班式上明确指出，“认真总结应对国际金融危机冲击的经验，深入研究后国际金融危机时期我国经济社会发展面临的理论和实践问题”，“努力从国际国内两个方面为我国经济长远发展营造良好条件”，“不断提高我国经济的国际竞争力和抗风险能力”。金融主导权是经济主导权的核心部分，积极开展我国金融主导权体系的理论研究和实践探索十分重要且迫切。

一 什么是金融主导权

金融主导权（financial dominance）主要是指：一个国家在国际金融体系和国际经济格局中，在货币、市场交易、价格制定、金融体系标准、监管标准等方面，具备超越其他国家实力，能够深刻影响或左右其他国家金融市场和政策走向，并从中获得维护自身经济长期增长和金融市场稳定优势的基本要素组合。其内涵包括：①货币主导权（其中包括货币竞争力主导权、信用主导权）；②市场主导权（其中包括产品、机构、价格和交易制度主导权）；③监管标准主导权。

金融主导权的概念，目前在国际学术界尚未提出。在全球金融市场占主导地位的美国，仅有学者提出“金融治国之道”的概念。虽然学术界并未就此展开系统研究，但综观全球经济和经济力量的转换历程，目前美国仍然在全球范围内掌握货币、信用、市场制度和体系等这些构成金融主导权的核心要素。也就是说，虽然美国并未说金融主导权这回事，但事实上一直在做。

---

① 本文是一篇工作报告，成稿于2011年11月23日。

二　构建我国金融主导权体系的必要性

（1）金融主导权是我国经济崛起可能面临的重要机会和挑战之一，对于当前我国具有十分重要的意义。我国改革开放以来经济高速增长，经济实力明显提升，在国际经济格局中的地位显著提高。按照经合组织学者麦迪森（2008）的估计，我国GDP总量将在2030年前超过美国成为全球最大的经济体，2030年我国人均生活水平也将达到日本和西欧20世纪90年代的水平。可以推断，未来20年将是我国经济发展非常关键的时期。邓小平说过："金融是现代经济的核心。金融搞好了，一着棋活，满盘皆活。"一国经济能否快速稳定健康发展，金融体系起着重要的作用。金融主导权得之（或部分得之），对经济又好又快发展起到促进作用；失之，则可能放慢经济发展的步伐，甚至丧失发展的主动权。

（2）从发达国家的金融发展史来看，在国际金融体系中掌握主导权后，给本国经济的发展和稳定带来了长期的利益。正如麦迪森指出："1680—1820年间，英国的人均收入的增长超过其他任何一个欧洲国家。这归功于它对由荷兰人建立的银行、金融、财政和农业制度的改进，也得益于英国人巧妙地采用了商业策略而获得的商业霸权地位。"第二次世界大战结束后，美国获得了全球金融主导权。金融危机导致国际经济力量此消彼长，也为我国加快提升国际经济地位提供了良好的机遇。但是经济金融主导权和主动权不是别人赋予的，是需要自己努力争取的。后金融危机时期，中国经济的崛起将进一步改变原有的国际经济格局和秩序，原先领先的一些国家可能会通过制造贸易经济摩擦，以汇率等借口、高技术产品出口限制以及金融等种种手段，延缓、遏制甚至阻挠我国发展。我们必须深入了解金融主导在国际上变迁和转换的脉络，分析我国的优势和不足，制定切实有效的对策。

三　构建我国金融主导权体系的建议

构建我国金融主导权体系，提升我国在国际金融市场地位，是一个"谋定"和"实践探索"缺一不可的过程，应当从理论和实践两方面着手。

（一）理论方面

金融主导权是一个跨专业、多领域、综合性和实践性较强的研究主题，目前国内还没有开展过以“金融主导权”为题目的专项研究。建议尽快组织综合部门，挖掘金融主导权理论内涵，系统梳理体系表现的方方面面，吸取发达国家已有的经验得失，提炼理论对实践的指导性。

（二）实践方面

一是加快经济发展方式转变，提高我国实体经济发展效率和稳定性，其指向为提高人民币竞争力，提高人民币在世界市场中受欢迎程度，为加快推进人民币国际化创造条件。

二是深化金融市场化改革，不断开发和增加新的金融工具，吸引和增加市场参与及交易主体，其指向是拓展金融市场广度和深度；加快建设多层次资本市场，推进资本市场要素国际化，支持金融机构拓展国际市场，其指向是构建我国金融市场定价和制度的世界影响力。

三是深入研究、及时总结我国应对金融危机、防范金融风险的监管经验，形成自身特色的金融产业监管指标、制度、标准和体系，成熟时不失时机地将其在国际金融领域宣传和推广，其指向是树立我国金融监管在国际金融监管界的威望，提升影响力。

四是加强金融风险管控，维护金融环境稳定，不断积累经验。如热钱监控，控制虚拟资本总量与实体资本总量的适当比例，防止股票、房地产等资产市场价格暴涨暴跌等。

济南调研情况概要[①]

2012 年 11 月 30 日，借参加相关会议机会，调研了济南房地产市场情况和电动汽车站情况。

目前济南房地产出现较大的供过于求的局面。在高新区，看到的新楼盘的有效使用率大概只有 20%，很可能是 20% 以内。济南的经济产出及其对外资源交换中，高新区应当占主要部分。此次观察，几乎见不到什么货物大车进进出出的场面。整个区域活跃度很低，街上人员很少。济南的高新区主要是新楼盘，应该主要是近三年的楼盘。有效使用率是指真正有人活动的空间占建筑面积的比例。因冬季气温所限，人的活动主要在室内，因此人均房地产有效使用面积，是一个比较科学的指标。

11 月 29 日晚乘车沿主要街道回住所，路上见到房屋亮灯情况，入住率大概只有 1/3，特别是老城区，大概还要低一些。新盘中，有部分达到 1/2，好的在 2/3，但仅是非常少的楼盘，如鲁能开发的领袖城。11 月 30 日从市区到西站的路上，也能看见路上还在施工、扩地的场景，已建成的房屋、办公楼，大概只有 20% 的有效需求。因此，从市面的直观观察看，新房再盖多少，已经意义不大，因为真实有效需求已经不多，而负面作用日渐显现。

如此多的已盖成的办公楼、住宅，冬季采暖是个大问题。如果入住率低，供暖收费对于业主是一个重要的负担，对于能源整体而言是个浪费。为了社会稳定，很多欠费恐怕难以强制收取。且采暖对煤炭的消耗量很大，空气质量也受很大影响，济南的这几天灰蒙蒙的。济

---

① 本文是笔者 2012 年 12 月 4 日在济南草根调研后整理的简文。

南没有地铁，车辆拥堵比较显著，也是造成能源利用效率低、空气质量差的重要原因。

济南还看不到太阳能屋顶节能项目，因此冬季采暖、夏季制冷，可能都需要煤炭这种传统能源。能源利用效率低、节能意识不足，导致环境差、空气污染比较严重，这种不合理的经济结构的产物，在济南比较明显。

未来国内经济发展的大体趋势，是看得见的。在投资增长模式出现向消费模式转换的大背景下，经济结构调整可能需要3—5年的时间。这个阶段经济总体将维持相比过去十年增速而言的低增长，因为带动大规模投资的房地产和汽车行业，增速不可能像过去十年那样快了。接下来的转型，需要有新型产业的出现，这个产业判断主要就是节能环保，特别是清洁能源领域，当然还有其他重要的消费经济领域。因此未来3—5年经济结构调整，可能对相当一些还停留在过去十年商业模式上的企业，是煎熬痛苦的。资本市场是上市公司经营效果的反映，同样的情况也会出现。

济南的电动汽车充电站，共投资2000万元左右，有交流、直流充电桩若干。私人轿车的交流充电时间约为6小时，直流充电时间2—3小时，还有换电模式所需要的设备、换电箱等。但是济南还没有电动公交车，因此极大地限制了充电汽车的使用，这也是造成空气污染的重要原因。青岛已投资约2亿元建成电动公交示范工程，用电由政府补贴。地方政府与电力系统共同合力，才能把市区交通空气污染指数尽快降下来。

济南充电站的设备都是国产化设备，但是很重要的限制还是进入技术壁垒。充电汽车、设备，据说都要电网认证才能“入网”，进入充电站。笔者认为这是不必要的，也增加自身的社会责任负担。充电站设备、电动汽车除电池外，都是装备制造业中的低端设备，国内已经有大量的民营企业可以生产。电网在充电站建设上，应该打开闸门，在设备采购上采取供应商招标的方式，允许有条件的社会资本参与，不一定非要系统内的厂商接单。从功能上看，电网是现代社会能源传输和有效利用的一个平台，是服务商，关起门来搞，社会资源运转速度会降低，舆论上也会被动；对经济转型和节能、环境友好社会的建设也不利。因此，开放技术标准，吸收社会资本参与电力能源供应终端建设，是十分必要而有利的。

关于能源基础功能及发展方向的思考[①]

——学习党的十八大精神的认识

刚刚闭幕的党的十八大举世瞩目，党的十八大报告全面分析我国当前所处的变革环境，做出了“我国发展仍处于可以大有作为的重要战略机遇期”的判断，形势需要“准确判断重要战略机遇期内涵和条件的变化，全面把握机遇，沉着应对挑战，赢得主动，赢得优势，赢得未来”。这个判断和要求，必将对未来我国经济社会发展起到重要的指引作用。党的十八大报告对能源的论述主要是：“推动能源生产和消费革命，控制能源消费总量，加强节能降耗，支持节能低碳产业和新能源、可再生能源发展，确保国家能源安全。”

一　能源的功能

能源作为基础领域，是以需求为导向的。没有需求，能源供应方的建设没有意义。为了提高产业和消费的竞争力，就需要降低能源生产，以及需求与供给之间的成本。未来，国内能源生产和供应已经多元化，从安全的角度看，也需要多元化，煤炭、石油、核能、风、光、气等，综合布局，靠近用户端，为需求提供有效、低成本、快捷的供应。从能源向需求方输送或者配置的角度，也就是提高供应与需求方之间技术和降低成本方面看，管道、铁路货运、电力（交易载体）都是可以选择的方向，也可以近距离或者就地消化吸收，也就是直接用户端到用户端的方式。随着技术的进步，交易手段促进了交易成本的不断下降，过去技术没有发展的时候，商品和贸易需要从大的批发商中转，再分配给过小的批发商，再分配给零售商，最后通过零

① 本文是笔者2012年12月对党的十八大报告中关于能源部分学习后的思考。

售交易形成与用户的见面。随着电子商务的出现，物流配送更加快捷、便宜、个性化。2012 年 11 月 11 日，天猫商城一天的营业收入达到 100 亿元，目前整个阿里集团平台上的年成交额超过 1 万亿元，占全国商品零售额的 5%，这是传统的坐商贸易无法想象的。历史地看，任何产业的商业模式都有生命周期，经济技术发展的主要动力就是用更便捷、更低成本的商业模式代替笨重、高成本的商业模式。从能源业未来的商业模式看，能源输送和配置的模式也可能会出现类似电商点对点销售的局部现象，这将带动能源销售与生产方式的革命。

从企业的商业模式看，产品的需求端决定了企业长期的生命力。以美国企业数史为例，20 世纪初的道琼斯工业指数成分企业，与 21 世纪初的成分有显著不同。中国上市公司近 20 年的发展，也呈现出对新产品、新技术、新商业模式创新的价值认同。

二　未来经济和产业发展

经济总体和产业发展是能源的需求端。过去十年中国经济成长主要体现出了三大特征：一是世界工厂，为全世界加工制造产品；二是房地产大发展；三是汽车特别是私人轿车的发展。这三个特点在未来十年均难以像前十年一样出现。目前各主要经济体谋求自身经济发展，促进自身就业，2012 年，发达国家从中国进口商品额已经显著减少。未来十年经济增长速度比过去十年下降是确定无疑的。作为过去十年拉动经济增量最大的产业部门，住房和私人汽车未来的发展态势，将是改善性的需求，也就是消费的结构性升级，50 平方米的房子要换成 80 平方米，桑塔纳要换成奥迪。改善性需求，就使得存量发展速度大大低于增量。房地产业是能源电力终端消费最大的产业，其带动的钢铁、电解铝、水泥等行业均是高能源消费行业，这个产业未来十年的增量会大大下降。从能源消费总量的控制来看，国家控制总量，加上地方政府和产业部门的增长冲动，客观上会促使微观经济主体向更加节能的方式转变。能源总量的限制，将使得能源消费端寻找更加直接的、自用型的替代能源，最便捷的方式可能是太阳能的直接利用。这就有可能引起电力弹性系数的下降，即每万元国民生产总值的耗电量下降较多。

三 能源在未来国际竞争中的作用

未来十年，中国核心的任务仍然是和平崛起，与美国的霸权力量的转换不可避免。美国提出了再工业化，相应减少进口，增加自己的生产能力，增加就业。目前美国新能源产业发展突飞猛进，页岩气、页岩油大量商用，估计到2020年，美国可能成为取代沙特成为全球第一能源出口国。能源是一个国家工业和经济的基础行业，能源成本的高低在一定意义上决定了经济支柱产业的竞争力，其次是人力资本、货币资本、土地、技术等。中国过去十年竞争力虽然大幅提高，但是付出环境的代价也很严重。党的十八大提出美丽中国和中华民族的永续发展，直指环境代价。未来十年，要更多地利用清洁能源，高效能源，也确定无疑。中国和美国之间的竞争，还会在技术、货币资本、人力资本等方面展开。但是就目前看，这几方面我国尚无优势可言，因此，中央主要领导在两年前反复强调产业结构转型，就是要降低资本消耗、能源、土地和环境消耗性产业，向更接近需求方（人民，老百姓）的产业转换，例如服务业、第三产业、创意产业、医疗、教育和高科技产业（高科技产业一般是资本和技术密集型产业，因此是提高资本和技术竞争力的重要领域），相应地压缩高耗能、高污染行业。《国家“十二五”规划纲要》提出，2015年单位国内生产总值能源消耗要比2010年降低16%（“十一五”期间这个数据下降了19.1%），可以预计，未来单位GDP的能耗，呈现逐渐下降的趋势。事实上，数据显示，2012年以来，这个数据已经开始呈现较为明显的下降趋势。根据银监会的统计，2012年前三季度高耗能行业增速持续低于工业整体水平，单位国内生产总值能耗同比下降3.4%。如果这种趋势持续下去，其前景是十分明确的。

四 当前能源领域出现的新现象

新能源代表了科技和人类生活方式变化的趋势，据《中国能源政策报告》，到“十二五”末，我国非化石能源发电装机总容量将达到30%的比例。在此过程中，水电的增长比例为25%，大部分的增量要靠核电、太阳能发电、风电和其他新能源，但是产业发展过程中还存在政策障碍。以太阳能光伏发电为例，目前国内太阳能光伏发电的产能为4000万千瓦，2011年全球安装量为2800万千瓦，2011年国内总装机量为300万千瓦，据《中国能源政策》报告，到2015年，我国太阳能发电装机容量将达到2100万千瓦，据此推算，将是2011年的7倍。目前，中国太阳能大部分产能未能有效利用，大量投资变为沉淀投资。此外，到2015年风电的装机容量将突破1亿千瓦，比2011年4700万千瓦的装置容量翻一番多。所有这些，都对基础能源配送功能、技术和管理机构提出了新的要求和挑战。在大范围能源配置的基础上，建设智能电网，降低能源市场需求和供应交易成本，提供交易便捷和清洁用能，服务能源革命，维护国家能源安全，是电力能源基础设施公司的发展方向和使命。

两人模型：金融机构的核心能力解构[①]

——基于个体能力和团队合作

一　金融企业的本质和市场起源

金融机构是由一群人组成的企业。企业的本质，在科斯那里，与市场并无本质的差异。只不过是为一个目标而形成的团队而已。由于涉及多人和目标，所以企业需要有严格的科层体系。而在市场里，这种科层体系是不存在的，市场中的每个参与者，都是交易的甲方或乙方，他们的交易关系是平等的、自愿的。

金融企业最早的发端是来源于市场的。通过自由寻找，市场中的个体形成了相对固定范围的长期关注的一个群体，这个关注的范围是资金的使用和筹集。最初，这个资金需求和供给的信息是由一个人处理的。这个好办，因为个体都是理性的。他一方面搜集项目信息，另一方面搜集资金富裕者的信息。但是，一个人的能力、时间和精力总是有限的，为了扩大业务，他需要一个帮手。或者说，他在与一个资金提供方的代理人交换信息时，对方提出了合作建议：由他专门搜集项目信息，代理人专门搜集资金信息，然后两人结成牢固的合作关系。——我们看到，最早的私人银行都是这样形成的，甚至是两个家族之间的合作（罗斯柴尔德家族曾经与希夫家族住在同一栋楼上）。这一点很好理解：家族内部有更好的信息沟通机制和互信管理。家族之间的合作，与我们要讨论的两人世界的模型并无二致。

我们假设最早是有两个人，甲负责搜集资金需求方的信息，乙负

① 本文摘自本人博士后工作报告《金融集团管理问题研究》，发表于2014年6月10日《证券时报》。

责搜集资金富余方的信息，两人定期在一个固定地点交换信息。最早的交换地点是梧桐树下，或者咖啡馆里。两个人讨论的目的是将各自搜集到的信息变得一致起来。使得一系列的信息流成为一个逻辑合理的链条，即变成一宗环环相扣的交易。随着梧桐树下或咖啡馆里同业人员的增多，由于多人形成了这样一个同行业的群，由此形成了最早交易所的雏形。随着专业化的发展，这个群体中形成了融资方、投资方、报价人、中间人、律师、会计师等职业。这些人职业的核心，就是加工信息，将市场中散乱的、不真实的信息，加工成相对系统的、真实可靠的信息，供筹资人和投资人决策。显然，如果谁加工信息的能力不足，或者效率低于其他对手，谁将被这个市场淘汰。加工信息能力不足，是指对信息的真实性的甄别能力不足，还有就是是否向对方披露了真实、不蓄意掩盖的信息。

二　金融企业的内在机制

金融企业是从事金融业务的人组成的团队或组织。形成的动力是由于这个群体比散布在市场中的各个独立的人，更加能够高效、快速、真实地加工资金需求和供应信息的能力。也就是说，金融团队的核心业务是更加高效、快捷、真实、低成本地加工关于资金和项目（或者说是资金融通）的信息。这是金融团队的核心能力，也是金融机构的核心能力。高效、快捷和真实，对个体的要求是较强的信息获取能力、相对严谨和理性的判断力。通过观察可以看到，市场中，业务能力比较强的人员，通常表现出了这样的素质。多个个体形成了团队，团队的高效、快捷和真实，除了团队中的个体需要的能力外，还有一个附加就是相互信任。相互能够及时、高效、真实地向对方提供信息。我们看到，有的金融机构竞争力不强，并非团队中的个体能力不强，而是不团结，也就是相互不信任，团队中的一方难以给另一方授信，因为受信的一方没有按照默契的约定回报授信一方，导致合作难以持续。这种金融机构的竞争力是低的，股东难以长期维持，没有投资价值。

要不断提高竞争力，金融企业就要始终不渝地提高两个能力，第一个是团队中每个成员的能力，第二个是团队的合作能力。第一方面中，信息的获取能力，合乎理性的严谨思维，相对来说容易一点，最难的是判断力的培养，即明智的判断力。市场中信息纷繁复杂，金融学上讲的“噪声”很多，羊群效应十分显著。对经济金融本质规律的摸索和把握能力，需要很多年的积累和磨炼。这也是金融企业人力资本相对高的一个重要的原因。团队的合作能力，有时候能通过培训得到提高，有时候则需要市场机制的选择。有的人和人之间合作，出于性格、价值观和偏好等不同，难以长期保持激情和创造力；所以黄金组合的形成，有时候是市场中相互碰撞、寻找产生的，也是极其珍贵的，例如巴菲特和芒格组合。

在实践中，我们不妨将金融机构的业务像资产负债表一样分成两半。左边是资产，右边是负债。资产项表示金融机构可运用的资源，包括资金需求方资源；负债项表示金融机构可筹集资源，包括金融资源提供者资源。资产意味着金融机构可运用的资源，主要运用途径是投资，负债方意味着金融机构的另一主要业务是营销，即通过营销金融产品和服务，向市场和客户筹集资金。通过负债融来资金，再通过高超的投资能力，获取资金收益与成本之间的差额，即是金融机构的利润。毫无疑问，越是赚钱的金融机构，这个差额越大。银行业利润来源于利差，保险业利润来源于“三差”，证券业也一样。因此，金融机构尽管看起来千差万别，但是有其共性。

金融机构内部的工作人员，大量应该开展的是这两边业务的信息内部交流，即使资产和负债两边的信息“对称”起来。我们假设金融机构的工作人员分为两组，分别为资产组和负债组。在资产组，应当大量搜集项目信息；在负债组，应当大量搜集资金富裕方的信息。资产组和负债组每日定期开会（例如晨会），交换信息。这个比喻解释了金融机构的本质业务，即左手找项目，右手找钱，中间坐在股东资金的椅子上。如果找来的资金一时较多而项目较少，那么金融机构会将暂时富裕的资金借给金融市场，即金融机构的“投资”业务。如果一时找不来项目或资金，只好吃股东资本金，这时候金融机构是亏损的。或者投资业务如果是亏损的，将吃掉利差业务的利润。如果两项都是亏损的，那么翻身很不容易。商业银行的模式如此，租赁、信托、基金管理（含财富管理）如此，保险、投资银行也是如此。就连私募股权基金 PE 也是如此，自己投 1，客户出资 99，还要收客户的

2%管理费。银行的结算业务、证券和期货的经纪业务，主要是通道服务费，好比建了一条收费公路。至于客户走不走这条路，要看便利与否，过路费率高低，以及有没有增值服务。因此，我们看到一是经纪业务手续费一路下降，这是一个趋势，不要指望有回升；二是国内声望和效益好的证券营业部，都是大户集中、交易活跃的，由此带着一批散户。

我们设想这样一个从事金融业务的家庭：两个儿子分别搜集项目信息和资金富裕方的信息，两个女儿分别帮着父亲记账和从事投资，妈妈做后勤家计，忙里忙外。晚上，一家人围在一起聚餐，交流一天业务情况。爸爸听取两个儿子、两个女儿的汇报，做最后的业务裁决。毫无疑问，爸爸在信贷（资金供需）、投资、会计（核算和经营业绩评估）方面经验丰富。这是一个最基本的金融企业模型。一个金融企业的杰出领导人，无疑，像一个乐团的指挥家一样，需要精通至少两个以上的金融子领域。全才毕竟很少，这也是真正的金融家非常稀缺的原因。

有了上面的基础分析，我们得以观察一家金融机构的生命力，或者说发展前景、投资价值、管理诊断。是严谨勤奋做事，还是无所事事，甚至杂乱无章？是团结的，还是离散的？是全副身心加工、交换业务信息，还是瞎聊八卦？是给全副身心的工作人员良好的职业回报，还是前途渺茫？看得清清楚楚了。

价值创造与投资价值[①]

——对一些金融机构的观察

不创造价值的公司不投资，创造大价值的大投资，创造小价值的小投资。这是投资的基本准则；也是产业革命带动商业发展的本质规律：创造价值的企业（人）有大发展，不创造价值的企业（人）没有发展前途。不创造价值，或者价值量很低，意味着市场空间极其有限。如果想在狭窄的空间里打出一番天地，肯定需要改变原有利益格局。这样就形成了一种在狭窄的空间中博弈的结果，而且是一种零和博弈。历史上，争夺土地、政治权力等都属于这种博弈结构。证券市场的二级市场投资，在一个短的时间区段里，也属于这种结构模式。相反，在人类历史上，创造性地突破了一些技术障碍，给人们生活带来极大便利，甚至改变人的生活模式的一些企业，其市值（市场价值）都有一个短时间急剧膨胀的过程，股票价格也腾升而起。这种例子数不胜数，如微软、百度、腾讯、阿里巴巴等。再远的有电灯、电话、飞机、汽车等。其背后的原因就是价值创造能力的力量。也就是说，价值创造能力是衡量投资与否的准则，而不是其他任何的东西。间接地，如果一个投资机构（含资产管理或基金管理公司）或投资经理，不能够发现价值创造能力，那就只能在零和博弈的市场中沉浮，前景难测。

分析一个金融企业是否创造价值，最可靠的方法或视角是观察它与客户的价值链互动过程。以人寿保险公司为例，人寿保险公司的业务主要有两个，一个是销售保单，另一个是利用保单收入暂时没有赔付的支出沉淀进行投资。在充分竞争的市场中，投资能产生多大的别

① 本文是对一些金融机构行为的观察和思考，成稿于2013年6月3日。

人难以替代的价值，很难说。保单的销售，则是保险营销员说服客户的机制。保险营销员保单销售成功有较大比例的提成，因此，在一定意义上，是投保人养活着保险营销员。我们再看看投保人得到什么。像声称的那样，投保人得到：出险时的赔付，以及未来未出险的补偿（补偿很低，长期看很难对抗通货膨胀）。出险是投保人也不愿意看到的事，因此，客观上投保人会尽量避免出险。这就变成了一个不创造价值的金钱游戏：保险公司高额提成（首单提成高达30%）鼓励保险营销员说服投保人出资给保险公司，保险公司拿着股东、投保人的资金，住高级写字楼，拿高额的薪水和福利。而投保人的资金，在如此成熟的现代金融市场，完全可以直接投资获取投资回报，绕开保险公司及其经纪人。也就是说，保险公司的业务价值链，不能证明它的价值增值过程。这是保险公司没有投资价值，以及近年来保险行业规模增长缓慢，未来也不看好的根本原因。

一个企业价值关键在于其内生价值，即企业内部的研发创新能力，比之在市场散布的研发创新资源要素要集中，且这种创新的成果在企业内部转化的效率高。从这个视角看，企业的投资价值在于其资产的价值，上述研发能力是支持企业长期发展的内生因素，也是价值创造本身。如果一个企业缺乏这方面的能力，剩下的只是有形资产，而有形资产是容易一眼看得见的。

结合到人寿保险公司，就要看它有没有产品研发能力，有没有投资研发能力。不幸的是，市面上寿险公司的产品非常雷同；投资能力随着个人能力的变化可以在保险公司之间流动。因此，在能力方面遥遥领先于行业的人寿保险公司是比较少见的。保险资产规模的增长，短期内严重依赖于产品销售，因此，在比拼资产规模导向下的保险公司行为中，有些公司的营销手段备受争议。

保险公司还有一个声称别人无法代替的职能是保障功能。但是保障的功能是投保人和投保人之间的事，好比农民互助合作社，每家出资100元，如果发生损失可以得到最多150元的补助金。其中的50元是通过使用100元资金的投资获得的回报。最早的农村信用联合社的基础即是如此；保险行业最早的基础也是如此。海事行业的从业人员组成的互保组织，经过政府认证，变成了满足一系列刚性成本的保险公司。这种认证的组织结构是难以承担实际保障功能所带来的收益的（实际互助保障收益非常低，具有公共性质，基本没有太多的商业价值）。因此，互联网金融兴起，最先损害的就是那些靠批量中介业务吃饭的金融机构的利益。

宏观经济金融形势分析的初步方法[①]

宏观经济金融形势跟踪分析，对于金融集团的经营管理有重要的意义。特别是在金融市场日益开放的时期，对宏观经济金融形势的分析应当建立在对全球主要经济体的观察上。

中国经济已经是全球第二大经济体。中国的经济形势和政策变化，对国际市场已经起到不可忽视的作用。同时，由于美元的全球货币地位，在第二次世界大战以后并没有特别的改变，因此对中国经济和美国经济及其货币金融政策的跟踪研究，是金融集团必不可少的工作。

研究中国经济的分析方法主要是定期跟踪分析经济运行指标。这些主要指标包括工业企业增速、固定资产投资（民间固定资产投资、房地产投资、房地产到位资金、销售面积和金额）、社会零售总额变化及 CPI、PPI、PMI 指标等、进出口额（必要时延伸到国别和区域）、社会用电增速、全国铁路货物运输量变化、全国财政收支情况（短期内主要是收入情况）等。这些指标中部分国家统计局会定期发布，国家能源局、铁路总公司、海关总署、财政部等也会发布相关数据。国家统计局一般还会按照季度发布 GDP 指标，是观察经济总体形势的重要指标。

金融指标包括 M2、M1 和 M0 等货币供应指标，本外币存贷款变化情况等信贷指标、银行业资产增速、全社会再融资总额、股票市场指标运行情况、债券市场短期长期利率走势等。这些指标一般可以从中国人民银行、银监会、保监会、证监会等监管机构网站上，以及金

① 本文是对宏观经济跟踪分析工作中部分经验的总结，成稿于 2013 年 8 月。

融资讯中获取到。特别是股票和债券市场运行情况，能够表明当前金融市场总体形势和走势，对于对比金融资产价格变化的参考意义十分明确。

近些年来，我国金融市场发展迅速，金融监管政策变化也比较大，金融企业经营必须适应合规要求，因此需要定期跟踪一行三会金融市场及监管政策变化。央行一般会定期公布中国金融稳定报告和季度货币政策执行报告，银监会、证监会、保监会也会及时公布各行业监管政策。

我国是经济大国，人口众多，各地经济发展不平衡，改革、发展和稳定的政策平衡十分重要，中央对经济金融形势起主导作用。因此及时跟踪党中央和国务院，及各主要经济部门政策导向和措施，才能做到不漏重要信息，宏观形势了然于胸。中央经济工作会议、政治局研究经济、安全会议，以及一些专门会议（例如中央城镇化会议、周边外交工作会议等）、国务院常务会议等，均反映国家重要政策导向。这些重大会议从新闻联播和《人民日报》等公开媒体可以获取。

中国是人口大国和制造业大国，而能源总体短缺，公司又处在重要的基础能源领域，因此观察分析能源供应、通道、消耗、节能减排、结构变化等国家重要举措，对于分析判断公司所处的外部环境也具有重要的意义。

美国仍然是世界第一大经济体，而且拥有实力较强的众多盟国，美国主要经济政策也一直是影响全球主要经济体的重要因素。美国对全球经济的影响主要是贸易政策和美元货币政策，对金融市场和资产价格较显著的直接影响是美元货币利率政策。

美国是高度依赖消费的国家，因此对美国经济的观察和分析的主要指标包括 GDP、财政和债务变化情况、房地产市场价格变化、消费信贷、消费者信心指数、首次失业人口、新屋开工情况；金融方面主要包括股票市场指数情况、上市公司盈利改善情况、债券市场收益率变化情况等。由这些指标来综合判断美国经济走势变化，结合美联储定期会议公告，推测其货币政策变化的方向和力度。美国是成熟的市场经济国家，主要经济数据都可以从公开金融资讯和相关机构网站上获得。美国军事经济金融在全球特别是贸易政策在大西洋和太平洋均有重要影响力，这些影响力的变化会对国际资本流动形成重要影响，对例如高技术、航空、粮食等许多产业的长期影响也不容忽视。美国还是全球主要能源和农业大国，因此对其贸易、金融乃至安全政策的及时分析观察也是十分重要的。

产品独有性、平台战略和免费[①]

——互联网商业模式的经济学分析

最近北京奇虎360科技公司的创始人周鸿祎发布了关于商业模式中免费的思考。的确，免费产品颠覆了过去许多收费模式。以北京奇虎360科技公司为例，它最早开发免费杀毒软件，积累了很多免费客户（只要是免费，就有人趋之若鹜），其后向其他行业进军，号称跨界。腾讯也是如此，免费的游戏（打飞机）增加了客户黏性。阿里巴巴也是如此，免费开网店；新浪则推出免费邮箱。为什么免费大量出现在互联网行业呢？这里面有什么经济学原理？哪些行业可以免费，哪些行业不行？可以免费的企业，盈亏平衡点在什么地方？传统行业如何借鉴免费模式？这些都是有意思的话题。

（1）商业社会可以大致把商品分为三类，产品极致型、总量扩张型和免费产品。产品极致型和免费产品在这个世界的两个极端，总量扩张型属于中间形态。产品极致型是指在同领域中占据绝对的影响地位和形象，几乎没有竞争对手。"唯有偏执狂才能生存"就是这种产品的思想。总量扩张型是这个社会最常见的产品，也叫传统产品，衣食住行，大众化产品。从产品毛利率看，极致产品、中间产品到免费产品是递减的，而且递减的速度特别快。在传统产品中，有一些敏捷者已经开始搞O2O线上线下同步进行销售，在这个领域向免费靠近一端，出现了平台战略的雏形，靠服务辐射面见长。在极致型中，则高度依赖研发。苹果初期属于这类产品，而小米则起步于攻其下路的做法，未来往哪个方向侧重，还需观察。由于大量存在极致产品和总量扩张型，免费者常常被看作是搅局者，如阿里巴巴诞生初期和北京

① 本文发表于2014年1月21日《证券时报》。

奇虎360科技公司。

（2）毫无疑问，互联网是信息行业，一切信息行业都满足信息经济学的规律。也就是说，这个企业的产品的边际成本趋于零；产品客户越多，其成本越接近于零。有了这个规律，对于免费就很好理解了，越是多数人面临的信息问题，越是可以用免费的办法来圈定这些客户。比如，大多上网电脑不经意会中木马病毒，以及其他病毒，如果有足够多的互联网用户，就可以用免费的杀毒软件来满足这些用户的需求。公司的营运成本、开发成本，可以用这些用户在使用杀毒软件的间隙时间，播出广告，或者其他应用软件商，由其支付广告费和推广费来弥补。腾讯也是如此，它依靠庞大的即时通信软件、游戏软件等，进入这些客户群的其他需求领域，例如银行支付、图片欣赏、个性展示等，增加了客户黏性，又从另一个领域获得了收益。

另一个领域是产品独特性的领域。产品独特性领域是指某类厂商拥有其他厂商不具备的知识、技术、材料、工艺或资源，能够向消费者提供其他人无法提供的产品，而且这种产品与客户的关系是一次性支付的关系，即客户无法再消费完这种产品后，能够原价或者接近原价将此商品转让给其他客户，即一次性产品。比如矿泉水、洗衣机、飞机用特殊材料等。

与信息产品这种虚拟产品对应，一次性产品广泛存在于实体产品中，食品、饮料、衣服、交通出行费用、居住费用等，衣食住行用的日常产品大部分是一次性产品。也就是说，这个行业不适合免费，谁免费谁活不长，这是由产品的特性决定的。这种产品的特性包括：一次性生产、消费；低毛利率；购买和消费都是面对小众的，不是大众的；储存、运输成本较高等。与之对应，免费产品的特性包括：大众的；低储藏和运输成本（甚至没有成本）；使用后可再次使用而不影响再销售的（可再消费性）；潜在的高毛利率。我们可以看到，大部分的信息产品具有上述特征，另外一些产品，比如新推广的化妆品中的低端产品，没有什么品牌效应的新推广产品，也有免费试用的案例（我们能看到，有些商业机构为了吸引顾客，搞抽奖活动、打折、送积分等，大家可以看到，这些活动的奖品价值量都很低。本质上是向免费端靠近的一种行为）。布道也属于此类产品，听的人越多，越容易形成客户群。信的人越多，越容易顺势推销其他一次性产品。

独特性产品最典型的产品是烟花爆竹、军工产品，打一次使用结束，再打需要再买。这种产品的特征决定了它会不断用先进的技术、材料，来制造更好的产品效果。也就是说，这个领域的技术替代非常快（高毛利率吸引竞争对手的进入）。军工产品决定生死，所以倾其所有研发、购买也在所不惜。

明星为什么喜欢被“消费”、被八卦，背后的原理就是“免费”成为大众关注焦点，再从商家处获得广告、服装等收入。走的也是免费—收费路径。小米的商业模式也是从免费到收费，在一定时间里构造了一个“低价抢购”（类似于免费，或者接近免费）的局，来圈定感兴趣的人，其后再在公开市场以高毛利率销售硬件，绑定销售应用软件。小米做得不够之处在于其“免费”部分的力度还不够。很可惜，铁路春节票价不能按照“免费—收费”的模式操作，否则铁路挣点票钱，真是易如反掌。最近恒大开始大规模销售冰泉矿泉水，就是借助了免费产品（足球赛事，大家都可以看转播，看转播的过程是免费的、大众的）吸引客户群的关注，进而切换到大众消费品领域（矿泉水，一次性产品，需要支付费用，高额利润率产品）；保险公司也是如此，交通意外险可以免费一次性提供，而其他产品则是高毛利的、付费的（很多保险公司没有注意到，并且使用这个规律）。

通过上述分析，可以看出，360、腾讯、恒大的成功不是偶然的。所谓跨界，就是将免费产品客户圈定，再向他们兜售独特性产品的过程。

（3）与上述产品的分析对应，商业或者说经济的一切发展路径，可以分为三种：从免费到收费、从收费到收费，以及从收费到免费。从收费到收费的商业模式，大多数是资源投入型，即总量扩张型，有多少投入，才有多少产出。比如，中国的银行业、地产业等，以及大多数资源消耗性企业。能够看到，这类企业高度依赖金融投入，中国过去十年经济总量的增长，主要依靠的就是这种模式，而且在经济循环的时候，常常有加杠杆的事情，因此一旦经济收缩，进入去杠杆时期，就会很惨。有没有从收费到免费的模式呢？有，但很少。这个领域比较常见的是财政救助。在平稳的年景，财政收入是收费的；在灾年荒年，赈灾资金发放是免费的。历史上可以看到，赈灾资金或者救助资金与日常收费额度相比，是很小的比例。

发展事业，就需要研究是从免费到收费入手，还是从收费到收费入手，还是从收费到免费入手。从收费到免费基本不用考虑，没有一个企业具有天生的收费权，除了国家强制征税。目前大量的收费到收费模式的传统行业，正受到互联网服务的挑战。因此，创业的起步发展只有前者两条路径。当然初始投入是必需的，因此，即便是走从免费到收费模式，也有一个开发免费（大部分是信息产品）产品的前期投入过程。大家知道很多互联网企业收的费是广告商投放的广告费，问题是谁是广告的投放者呢？他们是从收费到收费模式中的传统产业，如速冻水饺、酱油、汽车等一次性消费产品。在一次性消费产品行业，只有把产品做到极致，才能有立足之地，这个行业，奢侈品行业的生存模式最具有代表性，在追求产品极致性的同时打造个性，比如卡地亚和宝格丽代表截然不同的文化气质（当然是厂商优势塑造的），即在产品极致的同时做到差异化，才能在激烈竞争的市场中站得住脚。汾酒和茅台的差异化是这个道理；范冰冰和李宇春的粉丝不一样也是这个道理，大部分走中间路线的艺人后来不了了之。所以在产品极致之后，任何标新立异的行为都可能是一种获取潜在的商业价值的表现。中国股指为什么一蹶不振？原因是大量指数权重很大的企业提供同样产品，此类产品趋于过剩；差异化的很少，所以市盈率炒得很高。在供给总量不足时，这些企业估值较高（2003 年后煤电油运反复出现紧张状况），一旦进入社会供给总量过剩，即价值下跌，进入去杠杆周期。

极致产品、常见产品和免费产品代表了三个清晰的战略划分。今天，任何企业都需要在这三个清晰的战略游标卡尺上找到自己的位置。一个既不能提供免费和极致产品的企业，必然只能提供常见产品（常常也是平庸产品），企业的再造和提升，其行为基本上是从常见产品向极致产品升级的过程。

（4）互联网用高度的扁平化战略，颠覆的是高度的科层战略。这一点是显而易见的。诺基亚的塞班系统最后让位于安卓系统的背后逻辑即是如此。即便是在高度科层的军队中，现代战争已经使得科层制度在高科技的现代信息战争中，已经处于极易受到攻击的境地。现代战争不以占领为目的，而是以快速打击，使敌方在极短时间内丧失系统作战能力，陷入一片混乱，在极致常规武器（精确定位、精准打击、破坏性强）的压制下，败局即定。因此，现代商业领域的竞争一个重要的潜在特征是扁平化战略。扁平战略为什么不易洞察而又真实存在，且将成为主导商业社会潮流的一种趋势性力量呢？因为教育。教育使得千千万万个体有了独立的思想、行为和认知，更主要的是价值观。这些个体大部分具有良好的知识训练，健全的体魄和人格。而在高度科层化的结构中，这些个体的创造力和自由的精神大部分得不到释放。因此我们能看到，在高度科层化的社会，这两种力量反复博弈成为一种社会精彩纷呈的事件组合。

企业发展离不开社会环境变迁。从传统的高度科层化社会向开放的扁平社会转型的过程中，原有的思想、认知和行为都会崩离，资源将重新组合，新的力量将崛起。除了“创造性毁灭”的这种形式外，改良的商业模式也将崛起并形成新的社会组成部分，这个新的部分将以平台战略为典型。

媒体、电视台、金融机构、贸易商和大部分的基础设施服务供应商等，从最原始的形成和发展过程中形成的业务特征看，本身就是中介机构，即在商品的供给和需求中间，为了促成和便利化供需交易的劳动或服务。传统的平台渔利的主要手段是在供方和需方之间建立隔离墙，控制信息和资源交流，形成“水位差”。随着互联网更快送达供需双方的需求和供给信息，这种传统的固化隔离墙的做法难以为继，因此，拆掉隔离墙，构建更广泛供需资源成为平台战略的主要工作。在传统平台内部，需要更多的资源倾斜于寻找供求双方，将大量的时间、精力和资源投入到客户体验和产品研发两极，提供更快的内部处理信息的技术，提供更好的客户建议，帮助产品供应商稳定产品质量和质量标准化，更好地分析需求方潜在需求等，通过创新产品、服务和客户群构筑新的利润“水位差”。适应环境变化而发展的企业内部，就是一个不断“拆墙”和“筑墙”的动态过程。

雾霾、房地产和转基因[①]

——无限的私人欲望和有限的公共资源矛盾分析

雾霾天持续、大规模、频繁发生，严重程度没有缓解。雾霾危害之高，不能不让人产生紧迫感。细察背后，实则是无限的私人欲望和有限的公共资源之间的冲突，这也凸显我们需要反思中国经济发展模式和路径的迫切性。中国人口基数大，宜居空间占国土面积比例低，生态环境安全边际十分脆弱。这就决定了中国不能模仿发达国家的居住和出行模式，必须从国情出发，从实际出发，探索适合自己的道路。

中国大陆性气候的条件，产生了冬春沙尘和雾气。雾气和工业排放相结合产生雾霾。仅仅是沙尘排放并没有雾霾对人健康的副作用那么大。工业排放从哪里来？工业生产、汽车尾气和能源生产。毫无疑问，我们生产了太多的实物资产，也生产了相当多的工业排放。人们常常认为，工业生产是吸收劳动力最有效的部门，而事实上，恰恰是服务业。服务业包括金融、电信、餐饮、旅游、科研、娱乐等行业。在经济中，科研的贡献远远不足。从财政收入上看，我们依然高度依赖进出口关税、制造业和土地收入。因此，在这种制度激励下，工业制造业、房地产还在拼命发展，还在鼓励利用自己微薄的资源，为世界其他国家提供产品补贴，直到咽下最后一口气。

房地产建筑业属于高耗能行业，其带动的钢铁、水泥、玻璃、用电、用水等都属于高耗能领域。分散的能源使用，对大气污染的贡献很大。因此，最好的路径是发展轨道交通，将人活动所需的能源消耗产生的二次污染集中回收治理，减少整体污染排放。

---

① 本文是对生活中一些现象的经济学思考，成稿于2014年2月24日。

具有居住密集特征的国家，本不适合发展私人轿车。私人轿车的排放是分散的，特别是污染物难以挥散的城市区域。轿车的停放占用很多区域空间，影响人们活动。为了建造轿车停放场所，又需要投放大量能源。而且，在发达地区，不少家庭不止一辆私人轿车。大规模人类活动所产生的衣食住行，成为污染的主要来源。

土地集约利用程度低，铺摊子现象熟视无睹。在西部二线城市调研发现，城乡接合部的房地产项目开发过程中，工地、土地裸露，大型水泥和材料货车频繁通行，加上大规模汽车排放，造成极大的污染，行人无法呼吸。大多数新建房地产时，原地大部分耕地、滩涂或者湿地遭到破坏。自然资源十分宝贵，各地为了开发房地产，将这些土地集中划片予以开发。新城区越建越大，老城区弃之不用，新开和废弃并存，土地集约利用效率十分低下。

以电力为动力的交通方式使用少，以内燃机为动力的使用多。轨道交通、电动汽车所需的能源是一次集中供给的能源，主要是电力。而发电产生的污染可以通过集中回收大幅度降低。轨道交通还是建得很少，影响出行便利。目前国内除了大型城市之外，二线城市地铁密度十分低。目前不少城市依然采取的是拆房扩路的办法，意图发展私人汽车。例如，北方某重要省会城市，环城改造依然以拆迁建公路为主，轨道交通发展缓慢。

这种大范围空气流动，势必影响几个城市污染治理的效果。像股价是社会经济、政治、科技、军事、心理等多重重要因素的综合反映一样，雾霾也是社会多重因素形成的综合物，如果按照现在的发展模式，不进行大力度调整，我们面临最严重的雾霾威胁的顶点也许还没有来到。中国经济不是不发展了，而是转型太慢了。原有的传统模式惯性很大，依然顽固。新兴行业和模式力量微小，处于发育阶段。这就是当下雾霾严重的经济实情镜像。

与国际主要大国相比，中国的实际国情并不允许采取无节制的消耗性增长。中国人口基数大，居住密集。适宜耕地少，宜耕区自然气候并不优越，旱涝常有。房地产发展消耗了大量优质耕地，使得粮食安全越来越严重依赖于国际市场和转基因食品。人均住宅面积虽然低，但是住宅市场结构失衡严重。2013 年以来，笔者在哈尔滨、济南、西安、成都等数个二线、三线城市，以及县级和乡村反复做过纵向实地调查，观察到的事实是：大部分的乡村已经是二层小楼，而且农村人口以老年人口为主，由于年轻人口外迁，使得那里的人均居住面积过剩。在县级和二、三线城市，大部分是旧城和新城并存，虽然各城市具体比例不同，但大部分城市旧城与新城入住人口在6/4开，甚至更低，这就造成了新城空置率高，实际土地利用率低的局面。各地在新城建设中，“摊大饼”现象十分严重，新区大部分是宽阔的马路，寥寥无几的行人。实地调查的二线城市大部分已经出现住宅过剩和空置并存，就连县级城市，也是此种景象。实际生活模式已经城镇化的人口，远远高于户籍所列示为农村人口。换句话说，城镇化的潜力也许并没有那么大，继续依赖城镇化的传统增长模式带动经济的指望可能会落空。

能源消耗方面，建筑业排名第一，建材其次，污水处理居后。能源的生产、运输和消费过程本身就是高耗能行为，加上我国能源以煤炭为主，这就决定了我国空气污染的主要原因不是直接回收治理，而是要从减排的角度。首先要限制人均住宅面积，提高住宅和空间使用率。要明确空间的准公共性原则，在这样一个人口大国，如果单纯追求房地产带动的经济发展和人均面积达到发达国家水平，是脱离国情的，必然遭到经济规律的惩罚，这个惩罚最直接的就是对空气和食品。

环境污染还有一个重要原因是汽车。汽车作为经济的重要部门，有其意义。但是中国的国情并不适合大规模发展私人轿车。首先，私人轿车在时间和空间上排放是分散的，排放无法集中回收。其次，停车场占据大量宝贵的空间，特别是在空间更加珍贵的特大型城市，私人汽车占据的空间与人居空间接近1∶3。为了建设更多停车场，需要征用更多土地，客观上挤占更多可用耕地。实际上，私人汽车只是提供一种方便、快捷的出行方式，而这种方式是可以被现代其他交通工具所取代的，比如轨道交通、出租和公交客车。而私人轿车的副作用十分大，除了排放、占地外，还要停车人员管理，带来的社会效应极其有限。中国受人均空间实际情况所限，不允许大规模发展私人轿车。

如果社会资源错配，就会形成很多低效、高污染的活动。经济学是研究资源约束和有效配置的科学，因此现实生活中的“错配”，绝对应当成为经济学课堂的主题。

生活中的错配现象比比皆是。假如你预定了某日去上海的车票，但是临行前有别的事情，只好退票，预订费就是错配的代价。还比如你买了100股股票，其后价格下跌，便是资产错配。其他与预期不同向变动的，都符合此类模型。见微知著，上医治未病，说的也是这个道理。

经济和商业活动是资源、信息、资金、设备、房屋、土地、劳动力等要素资源的组合、分离、重新组合的过程。在组合的过程中产生了要素资源之间的交易价格。价格信号的不断变动，是这些资源组合、变更、毁约等行为的反应。由于人们需求和心理的变化，这些价格信号还会掺杂心理的影响。在一个辖区范围人群中，逐渐向外围扩大。社会环境的变化，使得原先看起来均衡的组合方式经常性地出现错配。当错配的比例变得严重时，会出现调整。调整也会带来原有价格体系的变动，有的资产价格崩盘了，有的突起了。资产价格在看似稳定的运行中，出现突然的方向性变化，最容易造成财富或者人生命运的大洗牌。但是，在看似平稳的运行中突然的方向性变化，也不是无缘无故突发的，只是潜在的动力发生改变而已。在要素资源重新组织的过程中，各种交易条件也会发生变化。在趋势上看起来相对是短缺的，价格会上升。在趋势上看起来是过剩的，价格会下降。决定价格变动方向最强大的力量是趋势上资源的紧缺和过剩。趋势是人们心理预期。在群体性参与的市场中，预期是社会变动最主要的动力。各种社会力量的相互博弈，会使得预期的方向和走向发生变化。在一定时期里，哪种社会力量强大，就会引导社会预期向着对这种力量有利的方向发展。执政党经常说“顺应民心”，民心指的就是这个占主流地位的社会力量。

一类资产价格的变动和形成也是如此。在一个市场中，总是有一些大的买家和卖家。大的买家和卖家形成的庄家行为是市场经济中的正常现象。任何行业、领域都是如此。剩余的小的交易商、投机商，频繁买进卖出，但不会影响价格大的变动趋势。世界也是如此，大国之间的博弈影响全人类命运的走向。小国固然也有相应对等的外交礼仪和权利，但是基本不会形成影响大国的重要走势。

大萧条的真相[①]

经济周期的荣枯跌宕，是经济社会数千年来的规律。伯南克将大萧条作为研究对象，体现了这位学者兼前美联储主席的研究眼光——大萧条有太多需要后世的经济学家、政策制定者，以及市场人士研究、吸取的内容了。

许多著作描绘了大萧条时期市场形成的现象，比如流动性急速下降、缺乏中央银行稳定货币等。但是，不少研究忽视了两个因素，一是美元货币在那个时期不是由中央银行无限供应的。也就是说，通货膨胀并不是可以无限创造出来的。二是资本收益率下降，导致的资本外逃，在大萧条时期的前端，表现十分突出。在更早的20世纪20年代，美国已经完成了大部分的产能准备，举个例子，1919年，美国的铁路里程已经达到42.5万千米的顶峰时期。大部分的美国房地产也是在20世纪20年代完成的。[②] 所以，20世纪20年代美国股票上涨，是伴随着企业盈利增加的，股价也许只是一种企业盈利能够继续增长的预期反应。到20世纪20年代后期，实际资本收益率下降（产能过剩），大的资本开始寻找新的领域、地域和国家，资本趋利的本性使然，使它迅速从收益率趋缓的美国市场，转移到其他国家和地区，从而造成了美国股票市场的崩盘。股票价格的崩盘只有一个原因——没有资金愿意持有股票，只愿意出售。资本的态度为何要转向？这是所

---

① 长期高强度投资之后，可能是长期的萧条。本文是对大萧条经济学的学习笔记和思考，成稿于2014年7月。

② 这里可以用人均住宅面积的指标来验证。比如20世纪20年代总人口及总建筑面积之比这个数据，来对比第二次世界大战结束后婴儿潮阶段的人均住宅面积的数据。由于一般而言这个数据是相对稳定的，即超过一定人均面积（比如50平方米）后，人们的活动事实上不需要更多的住房，也就意味着更多的住宅建筑是相对过剩的。

有现实经济学家要研究的问题。很多研究金融市场的人士，将目光过于集中在市场本身，其实金融背后是实体经济，最终是由宏观经济的总需求决定的，金融只是一系列价格信号的传导、显示系统。从这一点上来说，市场营销这门学科是商学中很有价值的一个，它是开宗明义研究人的需求（demand）[①] 的学科。经济活动是为人服务的，如果一个公司的产品或者服务没有人要，它的企业就不可能好，股票价格就不可能成长。如果一个国家的经济体（可以由这个国家的股票群体表现）不行，一定也是这些上市公司不行。

一定程度上奥地利学派揭示经济周期的真相，马克思的剩余价值理论在这方面起到了证明支撑作用。在经济上行期间，货币主义常常是凯恩斯主义的盟军——在商品短缺的阶段，这种驰援也许是合理的。但是，要看到近代以来科技发展使得生产技术水平极快提高。大部分的短缺商品会在很快的时间里变成相对过剩。这个过程，就是凯恩斯主义的项目立项，货币主义的货币供应的过程。但是，当商品过剩之后，先前供应的货币并没有消失，它本能地需要寻找新的产品以保持资本回报率。当社会大部分商品（或者日用基础商品）过剩后，这些资本还会不断游荡，游荡到创设的金融产品中。一旦金融产品的收益率也难以达到资本收益率要求时，资本就会大规模退出，暂时安歇起来。这个大规模退出的过程，就是经济危机开始的过程。资本从实体经济、金融部门退出，就是实体经济和金融危机共同发生的时候。

资本从金融部门退出的过程往往较快，导致金融资产价格快速下跌，并由此可能形成金融市场主体之间的信用和支付失序，进一步传导到实体部门，直至发生产业部门的资本周转和支付失灵，裁员失业增加。失业人口购买力下降进一步恶化产品市场的正常流通、消费和循环，由此形成全面经济危机。

---

① 消费者的真实需求是支撑经济稳定运行的基础。产能过剩直接表现是生产的商品远远超过了消费者的真实需求。此时，如果想使经济重回到稳定循环的状态，要么减少产能，要么增加人口。但是除了扩大移民之外，自然方法增加人口常常是很缓慢的。因此，战争常常是消化产能的重要方式。这也是历次经济危机之后很容易导致战争的重要原因。世界性的经济危机导致世界性的战争。如果不想发生战争，就只能主动放慢经济发展速度，通过经济循环消化过剩产品和库存。

由此我们可以看到大萧条发生的顺序：总需求启动—资本（加杠杆）加快投入—经济高速增长—过度投资导致产能过剩[①]—总需求平稳（或收缩）[②] —产业资本逐渐退出，（同期）金融部门供给过度，资本收益率下降—资本全面从产业部门和金融部门析出—资本品价格下跌—金融机构和产业部门支付周转失序—金融危机和经济危机发生。

所谓投资就是将资本投出去，让其加入到大的经济循环中，由储蓄变成资本。那么，资本的原始驱动力是什么？只有两个——劳动生产率[③]和资本的投资回报率。资本是自由流动的，这两者的任何一个下降（常常会同时下降），都会引起资本的撤离。资本会撤离到更高的劳动生产率和投资回报率的地方。由于这两个基础因素，经济常常会出现在过剩和短缺之间徘徊。过剩和短缺是生活感性的，而劳动生产率和资本回报率是隐蔽地起作用的自然法则（law of nature）。通过各种数据、图表对经济数据进行分析，可以发现经济现象背后的规律。

在当代的货币信用环境，发生经济和金融危机时，中央银行至少在理论上可以无限量提供流动性，以缓解市场信用失序。但是，正如上述分析，中央银行无限量的潜在货币供应只能“托底”，稳住价格信号体系，给经济转型以时间窗口。无论是新增货币还是存量货币，必须疏浚货币流通渠道，使其高效地流向劳动生产率和资本回报率高的部门，才能真正带动经济走出下行压力。资本市场的历史也证明，只有真正的革命性技术的诞生和应用，才能带动资本市场走上真正的“牛市”。从这一点看，信息透明、制度健全、监管严密的金融市场体系是现代国家经济安全稳定运行的基础。

---

① 特别是资本品过剩（产能过剩）。

② 降低增长速度，使经济靠自身循环消化原材料存货和产品库存。这个阶段常常是商品暴跌的阶段。因为商品市场价格的巨大波动形成的风险和收益（在期货市场价格体系反映最为突出），只有非金融企业部门才能吸收，吸收的方式是购进原材料和成品库存。两者合称存货。企业总体的存货不稳定性正好是商品市场价格波动的反方向。因为商品的生产者和企业部门正好是交易对手。而企业部门的另一个交易对手——消费者，其消费是相对稳定的。因为人口的变动是相对缓慢的。但是，如果一个经济体人口政策发生快速变化，例如移民政策和生育政策的剧变，也会导致商品价格体系做出因应之变。

③ 劳动生产率是技术和劳动力的函数。两者中的任何一种发生变化，都使劳动生产率发生变化。这也意味着，如果想提高劳动生产率，对技术和劳动力的投入是必要的。

构建中资企业海外资产的“护城河”体系[①]

——金融的视角

近年来，不少中资企业抓住世界经济调整机遇，海外业务取得长足发展，并取得了良好的投资收益。随着全球经济持续低迷和国家“一带一路”战略的推进，中资海外资产投资的规模预计还将稳步增长。同时，大部分中资企业海外资产规模大、投资周期长、经营过程和收益容易受到国际环境及金融市场波动影响。因此，有必要从金融的角度，探索建立相关海外资产运营及安全保护管理体系。

一 中资企业海外资产的特点和盈利模式

中资企业不少从事大型基础设施经营管理业务，在本国的经营受国家财政、信贷、价格、地方政策等多方面支持，也不用考虑结算货币问题。在国外经营，商业利益容易受各方面侵蚀，资产风险容易暴露。特别是近年来一些国家实施遏制中国战略，中国公司海外经营压力增大。中资企业海外资产分布在不同的国家和地区，各国的政治、经济、能源行业监管和金融货币市场差异很大，在高收益的同时普遍具有以下特征：投资规模大、运营周期长、资产流动性弱、财务杠杆高等特点。

中资企业海外资产盈利的主要模式是，以管理优秀的基础资产为支点，以金融市场流动性周期变化为杠杆，以专业化优势的筹资能力为条件，通过设计资产在不同期限、品种、地域的风险分散、转移、缓释和重新计价，保护其海外资产能够在动态的市场环境中规避重要风险，保持良好盈利能力。

---

① 本文发表于2015年9月24日《证券时报》。

从经验看，海外资产赚钱最丰厚的部分多数来源于金融条件的改善，因此准确判断国际金融市场的总体走向至关重要。不少金融危机期间走出去的项目经验显示，随着国际金融市场危机缓解，海外投资资产的回报条件得到较大改善。但是随着美联储升息预期，将造成全球资本回流，对海外投资及高杠杆企业经营的外围环境形成明显压力。

二 金融的国别和货币风险

美元霸权是第二次世界大战后美国政治、经济、科技、军事、资源等多重优势的载体，在国际货币体系中仍具有“中心”地位。不少中资企业的海外资产所在国经济体，在国际金融体系中处于相对“外围”的区位。历史上，1995 年前后拉美金融危机中巴西、阿根廷受损严重。1998 年亚洲金融危机期间，多数亚洲新兴国家损失惨重。2012 年的欧债危机中，葡萄牙、西班牙、意大利和希腊是受冲击最大的一组国家。2013 年 5 月，美联储首次宣布将逐步退出量化宽松货币政策，部分新兴市场国家即遭资本逃离，金融市场反应强烈。2015 年年中以来，随着发达国家金融市场的动荡，不少新兴市场国家受到冲击，货币贬值、大宗商品和金融资产价格剧烈下调。尽管这些国家有经济体量小、财政脆弱、金融市场过于开放等自身弱点，但是美元周期性的货币政策变化，是构成这些国家受冲击最直接的因素。

中资企业海外投资在很大程度上受美元与项目当地国家货币汇率之间的关系，以及人民币与项目当地国家货币汇率之间关系的影响。由于人民币总体采取盯住美元的策略，因此海外资产投资运营需要考虑美元、人民币和结算货币之间的汇率关系及未来走势。

三 构建中资企业海外资产的“护城河”体系

“护城河”、“安全垫”和“能力圈”等是巴菲特的投资精髓，是大型投资资产应对频繁波动的金融市场需要优先考虑的内容。金融是现代经济的核心，任何商业活动都离不开利率和汇率两个基础金融工具的影响。2008 年金融危机之后，美、欧、日、中等各主要经济体纷纷放松货币以刺激本国经济增长，币值和汇率变动很大程度上成为国家之间的货币竞争的直接反应，实力较小的国家在国际资本洪流中如一叶扁舟。对于那些具有高杠杆特征海外资产，客观上需要寻找金融工具予以保护。中资海外资产需要制定包括金融、法律、税收筹划、人员安全等全面风险管理体系，可以增厚其海外资产运营的“安全垫”，构筑保护海外资产在波动不居的市场环境中保值增值的“护城河”。进一步，中资企业海外资产营运发展，需要建立“主业、金融、贸易”三位一体，能够全方位保护其海外资产免受国际金融市场波动冲击的体系。从工业资本、商业资本和金融资本三个维度，构筑扎根当地市场并不断有步步为营扩张能力、风险掌控的营运体系。

四　有关建议

（一）贴近对全球主要国家经济金融的跟踪研究

金融资本和产业资本的关系，总体看是对立统一的；在宏观经济活动中金融资本常常居于主导地位。对于那些海外资产和业务占比较高的中资企业，尤其要注意从金融的角度筹划业务发展和风险管理之间的平衡。国际宏观形势变化和资本流动是有规律可循的，目前美元仍居于国际货币体系的中心地位，美元货币政策的变动主要考虑的是美国本土经济和居民的利益。深入研究美国本土经济的现状并预判其趋势，及时预期美元利率变化，便于部署利率、汇率等重大经济数据变化预案，防范其海外资产因国际资本流动造成的金融风险。

（二）有针对性地发挥分支机构优势，发挥协同效应

为了实现海外资产风险控制下的长期发展，需要根据当地资源优势，按照不同类型资本性质，有针对性地调整并对接海外机构优势。比如，纽约是全球金融资本集聚中心，纽约联储、大型金融机构、保险、养老基金、金融资讯等资源汇集。在纽约设立办事处的机构更多应该利用当地金融资源优势，加强与大型金融机构的交流与合作，办事处作用将得到更充分发挥。又比如，印度过去十年 GDP 增速一直保持在 6% 左右，近年来新总理执政后，经济政策已经发生了重大变化，开放和增加基础设施投资成为印度经济政策的主线，印度股票指数上涨表明国际资本对印度前景的乐观预期。未来印度将有可能像中国过去十年一样，成为亚洲最大的能源市场。这个市场模仿“综合商社”经营模式，从能源、贸易、金融等其他角度深耕。对于国际化程度较高的中资企业，更要发挥众多海外分支结构和办事处的综合、协同效应。

（三）建立和加强自身专业团队

近年来，不少中资机构积累了一套熟悉中国市场的打法和经验。随着国际业务和海外资产运营业务不断增加，需要更加深入探索投资当地国家及国际金融体系。一是加强国际经济金融人才和项目管理队伍建设，提升自身专业团队能力，学会利用国际金融产品和工具规避市场风险；二是建立项目所在国宏观经济金融数据库，加强与当地顶级经济学家合作，贴身了解项目国的经济、金融趋势和项目运行环境，提前数年进行谋划布局（2009 年中信泰富就是由于过度持有澳元敞口，造成 155 亿港元损失而拖垮企业，其原因主要是对澳元走势过于乐观，采取激进策略，结果判断失误所致。其深层原因是对澳大利亚经济体基本状况了解不够透彻）。

（四）加强与大型国际金融机构合作

一是建立与国际大型养老基金、并购基金等金融机构在项目投资前期合作，寻找低成本资金，分散投资风险，增厚海外项目的“安全垫”；二是通过与国外（美元、欧元区）大型金融机构共同设计有关合约，将海外投资项目实体风险通过金融合约分散、转移、对冲给金融市场；三是引入国际资本或当地国资本市场机构投资者，将海外项目与相关利益机构“捆绑”，进行资产证券化，增加项目资产流动性，形成海外投资资产进退从容的良好局面。

后　记

新世纪以来，中国经济快速稳定健康发展，使无数人从中受益；金融市场不断深化发展，服务实体经济的功能越来越强，并跻身为世界金融市场的重要组成部分。中国经济蓬勃发展的态势给每一个身处其中的人留下深刻印象。我们经历了长达十多年的景气周期、经历了次贷危机引发的全球金融危机、经历了中国市场的深度开放和全球化融合等。中国经济的每一次阶段性重大变革、创新都深深地影响着每个人。中国经济社会发展的探索、政策和市场的变化，都吸引并激励着人们去学习、思考和实践。

笔者是这场最鲜活的场景变化的受益者、经历者和学习者。从20世纪末走出校门参加工作，到进科研机构进行学习深造；再回到工作岗位实践锻炼，再学习提升，几个来回过程。本书的许多内容是我在这个过程中，对所处的经济环境变化和工作所做的粗浅观察、学习和思考。这些年来，特别感谢对我的学业进行精心指导和严格要求的导师郭国庆教授、李茂生研究员和刘克崮研究员；特别感谢我所在单位的各位领导和同事，对我工作的指导、帮助和支持；特别感谢各位经济金融行业师友的启发和帮助。

学习研究的目的在于抛砖引玉，相互启发。收录在本书中的文章，虽然有的经媒体垂爱得以发表，但由于本人水平有限，不少主题仅做了粗略的探讨，甚至可能还有不少错谬之处，除文责自负之外，也敬请各位读者朋友批评指正；以便能够更好地理解中国经济，为这个时代做出努力。

田晓林

2015年11月18日